NOUVEAU COURS DE LANGUE ALLEMANDE

GRAMMAIRE ALLEMANDE

MÉTHODIQUE ET

PAR

I. STOFFEL

Professeur au Petit Séminaire de Noyon

TROISIÈME ÉDITION

Revue et corrigée

LYON
Emmanuel VITTE, Éditeur
3, place Bellecour, 3

PARIS
VIC et AMAT, Libraires
11, rue Cassette, 11

1891

Edmond Plagens

Construction succincte.

$\int \Big\{$ Sujet
Verbe et complément

$\int \Big\{$ —— autre que le sujet
Verbe
~~sujet~~

Compléments

$\Big($
1/ pronoms sans préposition
2/ adverbes de temps
3/ noms sans préposition (Datif av. l'Accu[satif])
4/ Tout le reste $\{$ ——
5/ nicht.
6/ attribut

$V \Big\{$
particule séparable
participe
Infinitif
Verbe (p. subordonné)

[Handwritten notes:]

Prépositions pour le datif
- von, — de la part
- mit — de
- bei — deux
- mit Brüder — frères
- nach Hause — envoyé
- zu Jemand — à la maison

GRAMMAIRE ALLEMANDE

MÉTHODIQUE ET COMPLÈTE

Troisième Édition
Revue et corrigée

[Handwritten notes:]

Accusatif

Ohne Widerstand führten sie den jungen Prinzen durch den Umweg.

Sans résistance ils conduisirent l'empereur par le chemin de ronde.

Nouveau Cours de langue allemande

GRAMMAIRE ALLEMANDE

MÉTHODIQUE ET COMPLÈTE

PAR

I. STOFFEL

Professeur au Petit Séminaire de Noyon.

TROISIÈME ÉDITION
Revue et corrigée

LYON

LIBRAIRIE GÉNÉRALE CATHOLIQUE ET CLASSIQUE

EMMANUEL VITTE, DIRECTEUR

Imprimeur-Libraire de l'Archevêché et des Facultés catholiques

3, PLACE BELLECOUR, ET RUE CONDÉ, 30

1891

PRÉFACE DE LA 3ᵉ ÉDITION

L'accueil bienveillant fait à notre *Grammaire allemande* a vite rendu nécessaires de nouvelles éditions. Déjà, profitant des gracieuses observations que nous avaient communiquées nos confrères dans l'enseignement, nous avions, dès la seconde édition, opéré les corrections et les additions utiles.

Cette fois, c'est surtout la forme extérieure qui va être sensiblement améliorée. Tenant à une impression soignée, nous nous sommes adressé à M. E. Vitte, dont la librairie et l'imprimerie sont justement appréciées non seulement à Lyon, mais dans la France entière. C'est sa Maison désormais qui sera chargée de la publication et de la vente de nos ouvrages et nous sommes assuré qu'elle y apportera tous ses soins.

Faut-il d'ailleurs ajouter que nous serons toujours heureux et honoré de correspondre avec nos chers collègues, de recevoir leurs remarques et, s'ils le jugent utile, de leur donner tous les renseignements capables de faciliter une tâche parfois si pénible et qui, plus que jamais, a pourtant son importance ?

Nous mettons en même temps sous presse une *nouvelle édition* de notre cours d'*Exercices et de Thèmes*, complément pratique et nécessaire, auquel le *nouveau programme* a, croyons-nous, donné définitivement et complètement raison.

4 novembre 1890.

PRÉFACE DE LA 2ᵉ ÉDITION

Notre grammaire, comme nos *Exercices* et notre *Cours* tout entier, a rencontré auprès de nos confrères un accueil très favorable, dont nous les remercions vivement. C'est ce qui nous permet de donner dès aujourd'hui une nouvelle édition entièrement *revue*, soigneusement *corrigée* et notablement *augmentée*.

Nous avons trouvé pour ce travail de revision un précieux concours. Plusieurs de nos confrères, en France et en Belgique, ont jugé notre grammaire digne de leur collaboration et nous ont envoyé des notes détaillées et des remarques judicieuses dont nous avons profité avec empressement et reconnaissance.

Nous avons voulu que cette nouvelle édition, tout en conservant la méthode, la marche et la clarté de la première, fût encore plus complète et plus pratique. Quelques erreurs redressées, des mots ajoutés, des règles mieux expliquées et appuyées par de plus nombreux exemples, enfin des notes nouvelles sur l'orthographe, etc., et la liste complète des noms irréguliers : telles sont les améliorations apportées à l'œuvre primitive. C'est donc avec confiance que nous présentons aux maîtres et aux élèves cette nouvelle édition, pour laquelle, sans épargner aucune peine, nous avons mis à profit les résultats d'une expérience quotidienne, les conseils d'aimables confrères et les travaux parus jusqu'à ce jour en France et en Allemagne.

En terminant, nous croyons utile de répondre à une objection qui nous a été faite plusieurs fois. Cette grammaire et les *Exercices* correspondants ne sont pas faits pour les commençants : ils supposent que l'élève a déjà suivi, pendant un certain temps, une *Méthode élémentaire*, qui lui a appris les mots principaux et les règles les plus essentielles de la langue et de la construction allemandes.

25 avril 1887.

PRÉFACE DE LA Ire ÉDITION

Malgré tant de grammaires et de méthodes diverses qui ont paru dans ces derniers temps, pour l'enseignement de la langue allemande, nous espérons que le présent ouvrage ne sera pas sans utilité. Nous osons le dédier à tous les élèves et à toutes les personnes qui veulent avoir de la langue allemande une connaissance approfondie, méthodique et complète.

Voici les raisons qui ont amené cette publication. Parmi tant de grammaires allemandes, qui ne sont assurément pas sans mérite, les unes, trop surchargées, manquent de clarté, les autres sont incomplètes sous prétexte d'éviter les difficultés de la langue et de faciliter la tâche aux élèves. Les premières inspirent vite le dégoût, les secondes réservent plus d'une déception, pour les hautes classes, à l'élève qui croira savoir, et qui verra pourtant, malgré le dictionnaire et la pratique auxquels on le renvoie sans cesse, ses thèmes fourmiller de barbarismes.

Nous avons donc voulu composer une grammaire qui gardât un juste milieu, une grammaire claire et méthodique qui, sans être surchargée de règles inutiles, ne serait pourtant pas incomplète. Nous avons tout fait pour éclaircir certaines règles, restées obscures dans les meilleures grammaires ; mais en même temps, nous n'avons pas voulu laisser passer sous silence ce qui rend pénible l'étude de la langue allemande (comme de toute langue d'ailleurs), c'est-à-dire les nombreuses exceptions, soit dans les déclinaisons des noms, soit dans la formation des comparatifs et des superlatifs, soit dans la conjugaison des verbes, etc.

UN MOT SUR LA MÉTHODE A SUIVRE

Pour arriver aux résultats proposés, sans fatiguer et rebuter l'esprit, on devra avant tout faire bien apprendre à l'élève les règles générales, puis seulement donner, comme à petites doses, les exceptions à ces règles. De la sorte, ces exceptions, qui semblent difficiles au premier abord, se graveront peu à peu dans la mémoire de l'élève, et non seulement lui apprendront mieux les règles qu'elles viennent confirmer, mais elles formeront bientôt une partie précieuse de son vocabulaire. C'est dans ces vues que nous avons distingué avec soin les deux choses : énoncé les règles d'un côté et les exceptions de l'autre, évitant, pour faciliter encore la tâche, d'employer sans nécessité des termes nouveaux.

Nous publions, en même temps que cette grammaire, un *Cours d'exercices*, et nous avons en préparation un *Cours élémentaire de langue allemande*, afin de donner un enseignement complet. Nous savons, en effet, que toute théorie, toute grammaire a pour complément nécessaire la pratique, et que l'enseignement d'une langue pour les enfants et pour les premiers commençants ne saurait être le même que pour des élèves déjà plus avancés. Dans nos *Exercices*, nous avons constamment cherché à mêler l'utile à l'agréable, la théorie à la pratique, procurant à chaque instant au professeur l'occasion de rappeler à ses élèves les règles, de leur expliquer les mots, de leur montrer la différence des termes, de leur parler allemand quand ils le jugeront à propos, et de les entretenir même des choses les plus connues de la littérature allemande, — tout en n'oubliant jamais que notre but était de faire un cours de thèmes, préparant au baccalauréat (1).

Nous croyons que, sous ce rapport, notre Cours d'allemand est *nouveau*, et qu'il peut être appelé à rendre quelques services.

Juillet 1884.

---

(1) Voir nos *Exercices sur la Grammaire complète*.

GRAMMAIRE ALLEMANDE

NOTIONS PRÉLIMINAIRES

I. Lettres.

1. *Alphabet*. — Il compte vingt-six lettres, dont voici le tableau complet.

IMPRESSION		ECRITURE		NOMS	En Français
𝔄..	a....	𝒜	𝑎	â....	a.
𝔅..	b....	ℬ	𝑏	bé...	b.
ℭ..	c....	𝒞	𝑐	tsé...	c.
𝔇..	d....	𝒟	𝑑	dé...	d.
𝔈..	e....	ℰ	𝑒	é....	e.
𝔉..	f....	ℱ	𝑓	eff...	f.
𝔊..	g....	𝒢	𝑔	ghé..	g.
ℌ..	h....	ℋ	𝒽	hâ...	h.
ℑ..	i....	ℐ	𝑖	i....	i.
ℑ..	j....	𝒥	𝑗	iott..	j.

NOTIONS PRÉLIMINAIRES

IMPRESSION		ECRITURE		NOMS	En Français
𝔎	k	𝒦	k	kâ	k.
𝔏	l	𝓛	l	ell	l.
𝔐	m	𝓜	m	emm	m.
𝔑	n	𝓝	n	enn	n.
𝔒	o	𝒪	o	ô	o.
𝔓	p	𝒫	p	pé	p.
𝔔	q	𝒬	q	cou	q.
𝔕	r	𝓡	r	err	r.
𝔖	ſ (s final)	𝒮	ſ s (final)	ess	s.
𝔗	t	𝒯	t	té	t.
𝔘	u	𝒰	u	ou	u.
𝔙	v	𝒱	v	faou	v.
𝔚	w	𝒲	w	vé	w.
𝔛	x	𝒳	x	iks	x.
𝔜	y	𝒴	y	ipsilonn	y.
𝔝	z	𝒵	z	tsett	z.

Lettres composées

IMPRESSION	ECRITURE	NOMS	En Français
a) Voyelles.			
Ä ou Ae, ä	Ä ou Ae, ä	ê	æ
Ö ou Oe, ö	Ö ou Oe, ö	eu	œ
Ü ou Ue, ü	Ü ou Ue, ü	ü	ü
b) Consonnes.			
Ch ch		tsé-ha	ch
Sch sch		ess-tsé-ha	sch
St st		ess-té	st
c) Jamais majuscules[1].			
ff		ess-ess	ss
ß	ß ou ß	ess-tzett	ss
ꜩ		té-tzett	tz

[1] Car elles ne se trouvent jamais au commencement d'un mot.

DIVISION DES LETTRES

IMPRESSION	IMPRESSION	ECRITURE

Ne confondez pas :

𝔄 A avec 𝔘 U	c c avec e c	𝒦 K avec ℛ R
𝔅 B » 𝔙 V	f f » ſ s	z c » i̇ i
ℭ C » 𝔈 E	n n » u ou	f ſ » f s
𝔊 G » 𝔖 S	r r » x x	f ſ » f h
𝔐 M » 𝔚 W	ſi si » ſt st	u e » u n
𝔑 N » ℜ R	ß sz » tz tz	u n » ü u
𝔒 O » 𝔔 Q		

II. Division des lettres.

II. — Les lettres sont simples ou composées.

I. Lettres simples.

Les lettres simples sont des voyelles ou des consonnes.

1° *Voyelles*. — Il y en a six : **a, e, i, o, u, y**, — dont trois sont *fortes*, et trois *faibles*.

Les voyelles *fortes* sont **a, o, u**. On peut les *adoucir* au moyen de l'e, qui se place à côté de la lettre (aujourd'hui aussi dessus) quand elle est majuscule, et dessus, en forme de tréma, quand elle est minuscule.

Ex. : Ae, A, ä = è, comme dans Aecter (Äcter), champs.
Oe, Ö, ö = œu, — Oel (Öl), huile.
Ue, Ü, ü = u, — Uebel (Übel), mal.

Les voyelles *faibles* sont e, i, y. Elles ne s'altèrent jamais.

III. — 2° *Consonnes*. — Il y en a vingt, dont quatre *liquides* : l, m, n, r ; une *aspirée* : h ; trois *sifflantes* : ſ (ou s à la fin des mots ou des syllabes), ʒ, z. — Les autres sont dites *muettes*.

II. Lettres composées.

1° *Diphtongues* ou voyelles composées. Elles sont au nombre de sept :

Ai (quelquefois ay), se prononce *aï*. Ex. : Mainz, Mayence.
Au se prononce *aou*. Ex. : Maus, souris.
Aeu, äu se prononce *aü* (aussi *eui*). Ex. : Häuser, maisons.
Ei, ey se prononce *aï*. Ex. : Bein, jambe.
Eu... se prononce *œï*. Ex. : Leute, gens.
Oi se prononce *oï*. Ex. : Stoiker, stoïcien.
Ui se prononce *ouï*. Ex. : Ruin, ruine.

Remarque. — Il y a aussi des voyelles doubles, comme aa, ee, oo ; elles servent simplement à allonger les voyelles simples. Ex. : das Haar, le cheveu ; das Heer, l'armée ; das Loos, le sort. — Cependant, il ne faut pas les confondre avec aa, ee, oo, formant deux syllabes différentes, comme dans Kanaan, Canaan ; beendigen, achever ; Zoologie, Zoologie.

IV. — 2° *Consonnes composées*. — Il y en a sept :

Ch, ch se dit *tsé-ha* et se prononce plus ou moins dur du gosier au commencement, et plus ou moins guttural à la fin d'une syllabe (voir p. 8, X).
Sch, sch se dit *ess-tsé-ha* et se prononce comme *ch*. Ex. : schön, beau.
ck se dit *tsé-ka* et se prononce comme *k* double. Ex. : Bock, bouc.
ſſ se dit *ess-ess* et se prononce comme *ss*. Ex. : essen, manger.

St, ſt se dit *ess-té* et se prononce comme *st*, quelquefois *scht*.

ß se dit *ess-tzett* et se prononce comme *ss*. Ex. : groß, grand.

tz se dit *té-tzett* et se prononce comme z double. Ex. : Sitz, siège.

III. Prononciation.

V. — Les règles de prononciation allemande sont généralement simples. Nous les avons déjà indiquées en partie ; nous y revenons pour les rendre complètes et faciles.

I. Règle générale.

En allemand, on prononce les mots comme on les écrit, c'est-à-dire *on prononce toutes les lettres*.

Ex. : das Haus (*ha-ous*), la maison.
die Gelegenheit (*gué-lè-guenn-heit*), l'occasion.

Exceptions. — Deux lettres seules font exception.

1° La voyelle e ne se prononce pas après un i, quand elle ne compose avec ce dernier qu'une seule syllabe. Ex. : die Wiese (*di wise*), le pré. — Quand elles forment deux syllabes, comme dans Itali-en, Italie, et en général dans les noms analogues tirés du latin, ces deux lettres i et e se prononcent séparément. Dans ce cas, *i* est bref et se prononce assez rapidement.

Nota. — Il y a des mots dérivés du latin, comme Harmonie, Geologie, Philosophie, où i se prononce long : Dans ce cas l'e qui suit est tout à fait muet.

2° La consonne h, quand elle se trouve au milieu d'une syllabe, est également muette. Il n'en est pas de même au commencement. Ex. : die Fahne (*fá-ne*), l'oriflamme ; — mais on dira avec *h* aspirée : die Habe, la fortune ; der A-horn, l'érable.

VI. — **II. Règles particulières à la prononciation de chaque lettre.**

1º *Les voyelles* a, e, i, o *se prononcent comme en français;* — u *se prononce ou.* Ex. : Bruder (*brouder*) frère.

2º *Les diphtongues* ont une prononciation particulière, que nous avons indiquée au nº III.

3º Beaucoup de *consonnes* se prononcent comme en français. Ce sont : b, d, f, h, l, m, n, p, r, ſ, t, w, r.

VII. — 1º Les autres consonnes se prononcent de la manière suivante :

C se prononce :

1º Comme *ts* devant e, i, y, ä, ö. Ex. : Ceder, cèdre ; Citrone, citron ; Cypern, Chypre ; Cäsar, César ; Cölius, Cœlius.

Cependant, par exception, on le prononce comme *k* dans Cöln, Cologne ; Cärnthen, Carinthie ; Cöthen, Cœthen.

2º Comme *k*, devant une consonne, et devant a, o, u. Ex. : der Credit, le crédit ; das Cabinet, le cabinet ; das Confect, les confitures ; die Cur, la guérison.

Nota. — D'ailleurs quand C se prononce K, il est aujourd'hui généralement remplacé par K. Cela a lieu surtout dans le corps d'une syllabe et pour l'écriture, à moins qu'il ne s'agisse d'un ch ou d'un ck.

VIII. — G est ordinairement dur et se prononce comme *g* dans *galop*. Ex. : geben (*guèbenn*), donner ; groß, grand.

Cependant la prononciation de cette lettre peut rencontrer quelques difficultés :

a) A la fin d'un mot ou d'une syllabe, ou même au milieu d'une syllabe, quand elle est précédée de l, r, ou d'une voyelle. — Dans ce cas, on *peut* la prononcer doucement, à peu près comme l'*h* aspirée prononcée aussi doucement que possible.

Ex. : der Tag, le jour ; die Ewigkeit, l'éternité ; der Vogel, l'oiseau ; der Berg, la montagne ; die Jagd, la chasse.

b) Après un n, comme ang, eng, ing, ung, où le g, presque muet, a un son guttural et nasal à la fois (un peu comme dans *langueur*) et se prononce comme un k adouci :

Ex. : lang, long ; ringen, lutter ; — nk se prononce d'une manière analogue, mais plus dur : Dank, merci.

c) Dans les mots d'origine française, il garde souvent sa prononciation primitive.

Ex. : Orange, Page, Genie.

IX. — H est tantôt aspirée, tantôt muette. Elle est aspirée au commencement et muette au milieu d'une syllabe. (Voir n° V, exception 2.)

J se prononce comme *i* ou *y*, mais en se liant avec la voyelle qui suit, comme dans c*a*h*ier*, l*oyer*.
Il se trouve toujours au commencement d'une syllabe.

Ex. : Januar *(ianouar)*, janvier.

Nota. — Dans les mots dérivés du français, il conserve sa prononciation : Journal, Jalousie.

Q est toujours suivi de u, et ces deux lettres réunies se prononcent comme *kw*.

Ex. : die Quelle *(kwelle)*, la source.

T se prononce comme en français, excepté dans les terminaisons des mots étrangers, où *ti* est suivi d'une voyelle (tien, tient, tium...) et prend le son de z (ts).

Ex. : Nation *(natsion)* ; Quotient *(quotsient)*...

V se prononce comme *f*.
Ex. : der Vater *(Fater)*, le père.

Nota. — Il n'y a qu'une quinzaine de mots qui s'écrivent avec V. (Voir la fin du volume, p. 269, n° 3.)

Z se prononce comme *ts*.
Ex. : Zeit, temps ; zwei *(tsvei)*, deux ; Tanz, danse.

X. — 5° Les *consonnes composées* se prononcent comme il suit :

Ch peut se prononcer de cinq manières :

1° Comme *h fortement aspirée et gutturale*, après a, o, u et au.

Ex. : Bach, ruisseau ; Loch, trou ; Buch, livre ; rauchen, fumer.

2° Avec un son *palatal*, plutôt que guttural, devant e, i, y, et quand il suit e, ä, äu, i, ü, l, n, r, presque comme dans *Chine*.

Ex. (en évitant autant que possible le commencement de la sifflante): Chemie, chimie ; Hecht, brochet ; ich, moi ; Bücher, livres ; Milch, lait, etc.

3° Comme *k*, au commencement d'un mot, devant a, o, u, l, r.

Ex. : der Charakter, le caractère ; der Christ, le chrétien ; der Churfürst, le prince-électeur ; das Chlor, le chlore.

4° Il se confond avec ſ, quand il est suivi de cette lettre, dans une même syllabe, et se prononce avec elle comme *x*.

Ex. : der Buchs, le buis ; der Dachs, le blaireau.

Nota. — Quand ch et s ne font pas partie de la même syllabe, chacun conserve sa prononciation propre. Ex. : des Buchs (pour Buches), génitif de Buch, du livre ; du machst, tu fais ; nach=setzen, poursuivre.

5° Comme en français dans Charade, Chokolade, Champagne et autres semblables.

XI. — **ck** se prononce comme un *k* double. Il ne se rencontre jamais au commencement d'un mot, et suit toujours une voyelle.

Ex. : das Stück, le morceau.

Sch se prononce comme *ch* dans *chercher*.

Ex. : der Schatz, le trésor ; der Mensch, l'homme.

Sp et **St** peuvent se prononcer de deux manières :

1° Comme *schp*, *scht*, au commencement d'un mot ou d'une syllabe.

Ex. : die Sprache *(schprache)*, le langage ; der Stoff *(schtoff)*, la matière.

Nota. — Dans plusieurs provinces du Nord on les prononce toujours comme en français : ce n'est pas à imiter.

2° Comme en français, à la fin d'un mot ou d'une syllabe.

Ex. : er ist, il est ; der beste, le meilleur.

XII. — ff, qui ne se trouve qu'au milieu des mots, se prononce comme deux s en français.

Ex. : eſſen, manger.

ß, qui termine toujours une syllabe, soit au milieu, soit à la fin des mots. Il remplace le double s et doit se prononcer comme lui.

Ex. : groß, grand ; die Größe, la grandeur.

Nota. — Dans le corps d'un mot, ß remplace ff après une syllabe longue ou encore devant une autre consonne : ich äße (de eſſen), que je mangeasse ; er ißt (pour iſſet), il mange. — Par contre ff remplace ß entre 2 voyelles dont la 1re est brève : des Fluſſes (de Fluß), du fleuve.

ʦ équivaut à un double z.

Ex. : das Geſetz, la loi.

IV. Accentuation.

XIII. — L'allemand — comme le latin et le grec — est une langue accentuée : cela veut dire qu'elle a des syllabes plus longues les unes que les autres.

Il y a en allemand trois sortes d'accents : l'accent *tonique*, l'accent *moyen* et l'accent *muet* ou *mi-muet*. — Commençons par le dernier.

1° L'accent *mi-muet* se trouve surtout sur les syllabes finales. Il se prononce rapidement, assez cependant pour qu'il soit entendu.

Ex. : ich habe, j'ai ; haben, avoir ; die Gabel, la fourchette.

2° L'accent *moyen* se trouve sur les syllabes secondaires d'un mot.

Ex. : die **Gelegenheit**, l'occasion.

L'accent *tonique* consiste à appuyer beaucoup plus fortement sur une syllabe que sur les autres.

Ex. : der Vater, der Bruder.

XIV. — En voici les principales règles :

1º L'accent tonique repose généralement sur la syllabe radicale, de sorte que souvent, pour bien prononcer un mot et en saisir le véritable sens, il faut d'abord en connaître la racine.

Ex. : das Leben, la vie ; das Gebet (de beten, prier), la prière ; Gebet, donnez (de geben, donner).

Nota. — Il ne faut pas confondre l'accent tonique avec la syllabe longue. Ainsi dans Mutter, la 1re syllabe est brève par rapport à la quantité et a cependant l'accent tonique. On y appuie très fort mais sans s'y arrêter. Il en est ainsi pour beaucoup d'autres mots.

XV. — 2º Font *exception* à la règle générale, les mots dérivés des langues étrangères, et les substantifs en **ei**, où l'accent tonique se trouve presque toujours sur la dernière syllabe.

Ex. : die Nation, la nation ; der Soldat, le soldat ; die Polizei, la police.

3º Dans les mots *composés*, c'est toujours le mot déterminant, c'est-à-dire presque toujours le premier, qui possède à proprement parler l'accent tonique. Le mot déterminé n'a qu'un accent secondaire.

Ex. : das Vaterland, la patrie.

V. Division de la Grammaire.

XVI. — Nous divisons la grammaire en deux grandes parties :

I. Des différentes espèces de mots.

A cette partie s'ajoute un *Supplément* et un chapitre sur la *Construction*, c'est-à-dire sur la place que doit occuper, dans les propositions, chacun des mots dont il est parlé dans cette première partie.

II. Syntaxe.

Cette partie est suivie d'un *Supplément*, comprenant : 1º Notes sur l'orthographe allemande (ancienne et nouvelle) ; 2º Notes sur la ponctuation ; 3º Notes sur les abréviations ; 4º Germanismes ; 5º Quelques proverbes allemands ; 6º Liste des noms irréguliers ; 7º Liste complète des verbes *forts* et irréguliers.

PREMIÈRE PARTIE

DES DIFFÉRENTES ESPÈCES DE MOTS

1.   **Différentes espèces de mots.**

Il y a dix espèces de mots ou parties du discours : 1° l'Article ; 2° le Nom ou Substantif ; 3° l'Adjectif ; 4° le Pronom ; 5 le Verbe ; 6° le Participe ; 7° l'Adverbe; 8° la Préposition ; 9° la Conjonction ; 10° l'Interjection.
De là dix chapitres.

Remarque. — Pour plus de clarté, nous avons suivi et conservé l'ancienne méthode et considéré l'article et le participe comme espèces de mots, bien qu'on doive les mettre plutôt, l'un avec les adjectifs déterminatifs, l'autre tantôt avec le verbe, tantôt avec les adjectifs.

2.   **Mots variables et invariables.**

Parmi ces mots, les uns sont *variables*, c'est-à-dire que leur terminaison peut changer ; les autres *invariables*, c'est-à-dire que leur terminaison ne change jamais.
Les mots *variables* sont au nombre de six : l'Article, le Nom, l'Adjectif, le Pronom, le Verbe, le Participe.
Les mots *invariables* sont au nombre de quatre : l'Adverbe, la Préposition, la Conjonction et l'Interjection.

3. Terminaison des mots variables.

La terminaison des mots variables diffère selon la Déclinaison ou la Conjugaison, et selon le genre et le nombre.

La *Déclinaison* est commune à l'Article, au Nom, à l'Adjectif et au Pronom. Elle se compose de différents cas.

La *Conjugaison* s'emploie pour le Verbe.

Quant au genre et au nombre, ils sont communs aux mots variables. Le verbe toutefois n'a pas de genre.

4. Genres ; Nombres ; Cas.

Il y a en allemand trois genres : le masculin, le féminin et le neutre.

Il y a deux nombres : le singulier et le pluriel.

Enfin, la Déclinaison allemande compte quatre cas :

Le *Nominatif* ou cas du sujet. Ex. : *Le père* est bon, der Vater ist gut.

Le *Génitif*, ou cas de possession. Ex. : Le livre *du* père. Das Buch **des** Vaters.

Le *Datif*, ou cas du régime indirect. Ex. : Donner *au* pauvre, **dem** Armen geben.

L'*Accusatif*, ou cas du régime direct. Ex. : aimer *le* père, **den** Vater lieben (1).

Répéter un mot à ces différents cas, c'est le *décliner*.

---

(1) On pourrait encore ajouter le *Vocatif* (quand on adresse la parole à quelqu'un : ô Dieu). Cependant, comme en allemand il ressemble toujours au nominatif, il est inutile d'en parler.

Chapitre Iᵉʳ

DE L'ARTICLE

5. — L'article est un mot qui détermine le nom. — En allemand, il sert à en indiquer non seulement le genre et le nombre, mais souvent aussi le cas.

Il y a en allemand deux articles :

1º l'Article défini, **der, die, das**, *le, la ;*
2º l'Article indéfini, **ein, eine, ein,** *un, une.*

6. § Iᵉʳ. — **Déclinaison de l'Article défini.**

Singulier.

Masculin.	Féminin.	Neutre.
N. der, le.	die, la.	das, le, la.
G. des, du.	der, de la.	des, du, de la.
D. dem, au.	der, à la.	dem, au, à la.
A. den, le.	die, la.	das, le, la.

Pluriel.

(Pour les trois genres.)

N. die, les.
G. der, des.
D. den, aux.
A. die, les.

Nota. — Les lettres après le **d** sont considérées comme les terminaisons de l'article qui les prête à beaucoup d'autres mots déclinables. Die cependant ne prête que l'**e**, et dans das, le **a** se change en **e**. —

Déclinez sur l'article défini : Dieser, celui-ci ; jener, celui-là ; jeder, chaque, chacun ; solcher, tel ; mancher, maint ; welcher, lequel.

7. **§ II. — Déclinaison de l'article indéfini.**

Singulier.

	Masculin.	Féminin.	Neutre.
N.	ein, un.	eine, une.	ein, un, une.
G.	eines, d'un.	einer, d'une.	eines, d'un, d'une.
D.	einem, à un.	einer, à une.	einem, à un, à une.
A.	einen, un.	eine, une.	ein, un, une.

Pas de Pluriel.

Nota. — L'art. indéfini est aussi adjectif indéfini ou nom de nombre. Il n'a pas de pluriel propre ; les mots qui se déclinent sur lui prennent au pluriel les mêmes terminaisons que l'art. défini. —

Déclinez sur ein : mein, mon ; dein, ton ; sein, son ; — unser, notre ; euer, votre ; ihr, leur ; — kein, aucun, nul.

8. **§ III. Remarques sur les Articles.**

1° On voit que les terminaisons des deux articles se ressemblent, excepté au nominatif masculin et neutre, et à l'accusatif neutre, où l'article indéfini n'a point de terminaison.

2° Plusieurs cas sont semblables ; il importe donc de ne point les confondre. Tels sont :

    1. Au *singulier*, le génitif et le datif féminins ;
       Le nominatif et l'accusatif féminins ;
       Le nominatif et l'accusatif neutres.
    2. Au *pluriel*, le nominatif et l'accusatif.

3° En allemand, il n'y a point d'articles *partitifs* comme en français (du, de la, des). Dans ce cas, les substantifs s'emploient *sans* article.

Ex. : Donnez-moi (du) pain. Geben mir Brod.

Chapitre II
DES NOMS OU SUBSTANTIFS

9. — Il y a deux sortes de Noms ou Substantifs : les *noms communs* et les *noms propres*.

En allemand, les uns et les autres commencent par une lettre *majuscule*.— De plus, les uns et les autres se *déclinent*.

D'après leur formation, les noms sont *simples*, *dérivés* ou *composés*; et d'après leur genre, ils sont *masculins*, *féminins* ou *neutres* (1).

Art. Ier. — Déclinaisons des Noms communs.

10. — On peut compter trois déclinaisons pour les noms communs :

    1° La déclinaison *forte*.
    2° La déclinaison *faible*.
    3° La déclinaison *mixte*.

Ces déclinaisons se distinguent surtout entre elles par leur *génitif singulier* et leur *nominatif pluriel*. Aussi, pour savoir bien décliner un nom, il faut, avant tout, en connaître ces deux cas.

Au pluriel, un grand nombre de substantifs, non seulement changent de terminaison, mais prennent en outre l'*adoucissement* sur la voyelle du radical, quand cette voyelle est forte (voir *notions prélim.*, p. 4, n° II).

§ Ier. — Déclinaison forte.
(Noms masculins et neutres.)

11. — La déclinaison forte est celle qui comprend les substantifs *masculins* et les substantifs *neutres* d'origine allemande, à peu d'exceptions près.

Nota. — Les quelques noms *étrangers* que renferme cette déclinaison sont généralement si usités qu'on peut les considérer comme devenus allemands.

---

(1) Voir le Supplément à la 1re partie, où ces notions seront développées et certainement mieux comprises.

Dans cette déclinaison, le génitif singulier est toujours terminé par (e)s, et, au pluriel, la voyelle du radical très souvent *adoucie*. — On l'appelle *forte* à cause de ces forts changements qu'elle subit.

On la divise en deux classes.

La *première* classe comprend : 1° les noms *masculins* et *neutres* en el, en, er (1) ; — 2° les *neutres* en chen et lein, c'est-à-dire tous les diminutifs ; et ceux qui commencent par Ge et finissent par e (2).

Nota. — Il faut y ajouter deux masc. en em : der Athem ou Odem, la respiration, et der Käse, le fromage.

La *deuxième* classe comprend les noms *masculins* et *neutres* qui ont une *autre terminaison*. Ils sont de beaucoup les plus nombreux.

PREMIÈRE CLASSE

(Noms masculins et neutres en el, en, er; neutres en chen et lein; neutres en Ge—e.)

12. — *Règle.* — Les noms de cette classe restent *invariables* à tous les cas, excepté :

1° Au *génitif singulier*, où ils prennent s.

2° Au *datif pluriel*, où ils ajoutent n, à moins qu'ils ne soient déjà terminés par cette lettre.

Quelques-uns seulement prennent l'*adoucissement* au pluriel.

Exemples.

Singulier.

Masculin.			Neutre.		
N. der Maler,	le	peintre.	das Wunder,	le	miracle.
G. des Malers,	du		des Wunders,	du	
D. dem Maler,	au		dem Wunder,	au	
A. den Maler,	le		das Wunder,	le	

(1) Mais non ceux en cer ou err, ni ceux en iel, ier (à moins que ces deux terminaisons ne forment deux syllabes, comme dans Spanier).

(2) Ces neutres (Ge—e) sont presque tous des collectifs. Il ne faut pas les confondre avec ceux qui prennent e ou en (n° 13, 1°), ni avec certains masculins provenant de participes passés et suivant la décl. des adjectifs, comme der Gefangene (de gefangen, pris), le prisonnier, etc.

DÉCLINAISON FORTE

Pluriel.

N. die Maler, les peintres.   die Wunder, les miracles.
G. der Maler, des peintres.   der Wunder, des miracles.
D. den Maler n, aux peintres.   den Wunder n, aux miracles.
A. die Maler, les peintres.   die Wunder, les miracles.

Ainsi se déclinent :

der Beutel, la bourse.   das Exempel, l'exemple.
der Degen, l'épée.   das Almosen, l'aumône.
der Adler, l'aigle.   das Fenster, la fenêtre.
der Pariser, le Parisien.   das Theater, le théâtre.
das Mädchen, la jeune fille.   das Kindlein, le petit enfant.
das Gebäude, le bâtiment.   das Gemälde, le tableau.

13.   *Exceptions.*

1° Une *douzaine* de noms *masculins* ont au singulier un double nominatif, e ou en. Aux autres cas, ils conservent le n et se déclinent absolument comme les autres noms de la première classe. Ce sont :

Buchstabe(n) ⁽¹⁾, lettre (alphabet).   Fußstapfe(n) ⁽²⁾, trace.   Name (n), nom.
Friede (n), paix.   Gedanke(n), pensée.   Same (n), semence.
Funke (n), étincelle.   Glaube (n), foi.   Schade (n), dommage.
   Haufe (n), monceau.   Wille (n), volonté.

2° Les noms de cette classe qui prennent l'*adoucissement* au pluriel sont :

a) un *neutre*, das Kloster, le couvent ; pl. die Klöster.

b) les *masculins* suivants :

Acker, champ.   Hammel, mouton.   Sattel, selle.
Apfel, pomme.   Hammer, marteau.   Schaden, dommage, plaie.
Boden, sol, fond.   Magen, estomac.
Bruder, frère.   Mangel, manque, défaut.   Schnabel, bec.
Faden, fil.   Schwager, beau-frère.
Garten, jardin.   Mantel, manteau.
Graben, fossé.   Nagel, clou.   Vater, père.
Hafen, port *(mer)*.   Ofen, poêle.   Vogel, oiseau.

Nota. — On pourrait y ajouter : Laden, qui a deux pluriels, selon le sens : pl. die Läden (boutiques, magasins) et Laden (volets).

---

(1) Aussi Buchstab, gén. des Buchstaben (décl. faible), mais moins usité.
(2) On dit plus souvent die Fußstapfe, féminin.

3° Quelques noms propres en **er**, comme Baier, Bavarois, et quelques noms communs masculins ou neutres en **el, er**, suivent la déclinaison *mixte* (voir nos 27-30). On les trouvera plus loin.

4° Der Charakter, le caractère, fait au pluriel die Charakter ou Charaktere.

SECONDE CLASSE

(Majorité des noms *masculins* et *neutres* d'origine allemande ayant une *autre* terminaison que el, en, er, chen, lein, ge—e.)

14. — *Règle*. — Les noms de la seconde classe se déclinent :

1° Au *singulier*, en ajoutant **s** ou **es** au *génitif*; facultativement **e** au *datif*; l'accusatif ressemble toujours au nominatif. — Il faut remarquer qu'au génitif es est rigoureusement nécessaire quand le nom est terminé par une sifflante, comme s, st, sch, x, z (1).

2° Au *pluriel*, en ajoutant au *nominatif* **e**, pour les noms *masculins*, **er** pour les noms *neutres*, et en *adoucissant*, pour les masculins comme pour les neutres, la voyelle du radical. — Au *datif*, ils ajoutent **n**, comme tous les substantifs.

Exemples.

15. Noms masculins.

Singulier.

N. der Sohn,	le		der Kranz,	la
G. des Sohn(e)s,	du	fils.	des Kranzes,	de la couronne.
D. dem Sohn(e),	au		dem Kranz(e),	à la
A. den Sohn,	le		den Kranz,	la

(1) Cet **e** du gén. et du datif est surtout *euphonique*. On le retranche ordinairement quand la prononciation et l'oreille le permettent. Il devient nécessaire entre deux consonnes de même espèce.

Au génitif on le retranchera surtout après une liquide (l, m, n) ou après une autre voyelle. On le remplace souvent par une *apostrophe*.

De même au datif, après une voyelle et, dans certaines locutions, après une préposition gouvernant le datif : aus Holz, de bois ; mit Muth, avec courage.

DÉCLINAISON FORTE

Pluriel.

N.	die Söhn **e**,	les		die Kränz **e**,	les
G.	der Söhn **e**,	des	fils	der Kränz **e**,	des
D.	den Söhn **en**,	aux		den Kränz **en**,	aux
A.	die Söhn **e**,	les		die Kränz **e**,	les

couronnes

Ainsi se déclinent :

a) La plupart des noms masculins d'origine *allemande*, comme :

Arzt, médecin.	Kahn, canot.	Strom, fleuve, torrent.
Ast, branche.	Knopf, bouton.	Stuhl, chaise.
Bach, ruisseau.	Kopf, tête.	Topf, pot.
Baum, arbre.	Markt, marché.	Thurm, tour (la).
Fluß, fleuve.	Rock, robe.	Traum, rêve.
Fuchs, renard.	Schatz, trésor.	Wolf, loup.
Fuß, pied.	Schwan, cygne.	Wunsch, désir, souhait.
Hahn, coq.	Stock, canne,	Zahn, dent.
Hof, cour.	étage.	Zopf, tresse *(cheveux)*.
Hut, chapeau.	Strauß, bouquet.	Zug, train.

b) Plusieurs noms *étrangers*, mais passés dans la langue :

Abt, abbé.	General (1), général.	Morast, marais.
Admiral (1), amiral.	Grenadier, grenadier.	Offizier, officier.
Altar, autel.	Häring, hareng.	Palast, palais.
Bischof, évêque.	Kaplan, chapelain.	Papst, pape.
Canal, canal.	Kanal, canal.	Saal (2), salle.
Cardinal, cardinal.	Marsch, marche.	Teppich, tapis.
Choral, choral	Marschall, maréchal	Ton, ton, son.
(chant).	(armée).	Vokal, voyelle.

16. Noms neutres.

Singulier.

N.	das Dorf,	le		das Haus,	la
G.	des Dorf(e)s,	du	village	des Haus **es**,	de la
D.	dem Dorf(e),	au		dem Haus(e),	à la
A.	das Dorf,	le		das Haus,	la

maison.

(1) On trouve aussi die Admirale, Generale.
(2) Plur. Säle avec un seul a.

DES NOMS OU SUBSTANTIFS

Pluriel.

N.	die Dörfer,	les		die Häuser,	les
G.	der Dörfer,	des	villages.	der Häuser,	des	maisons.
D.	den Dörfern,	aux		den Häusern,	aux
A.	die Dörfer,	les		die Häuser,	les

Nota. — On voit qu'au pluriel les substantifs de cette classe — masculins ou neutres — ont la même terminaison à tous les cas, excepté au datif (n).

Ainsi se déclinent :

a) La plupart des monosyllabes *neutres* :

Amt, fonction. Grab, tombeau. Land, pays.
Bad, bain. Gras, herbe. Licht, lumière.
Bild, image. Gut, bien. Lied, chanson.
Blatt, feuille. Haupt, tête. Loch, trou.
Brett, planche. Holz, bois. Nest, nid.
Buch, livre. Horn, corne. Rad, roue.
Dach, toit. Huhn, poulet. Rind, bétail.
Ei, œuf. Kalb, veau. Schloß, château, serrure.
Faß, tonneau. Kind, enfant. Schwert, épée.
Feld, champ. Kleid, vêtement. Thal, vallée.
Geld, argent. Korn, grain. Tuch, drap.
Glas, verre. Kraut, herbe. Volk, peuple.
Glied, membre. Lamm, agneau. Weib, femme.

b) Tous les neutres en **thum** (1) :

Alterthum, antiquité. Heiligthum, sanctuaire.
Fürstenthum, principauté. Herzogthum, duché, etc.

c) Six commençant par **Ge**, ne finissant *pas* en **e** :

Gemach, appartement. Gesicht, visage.
Gemüth, âme. Gespenst, fantôme.
Geschlecht, genre, sexe. Gewand, vêtement.

d) Cinq noms *étrangers*, passés dans la langue :

Hospital (Spital), hôpital. Kapitäl (2), chapiteau.
Kamisol (2), camisole. Parlament, parlement.
Regiment, régiment.

---

(1) Tous neutres, excepté *deux*, qui sont masculins (n° 18, p. 24).
(2) On trouve aussi au plur. : die Kamisole, die Kapitäle.

17. — Exceptions.

Il y a deux sortes d'exceptions à la règle générale de cette classe : l'une a rapport à l'adoucissement, l'autre à la terminaison du pluriel.

1° Par rapport à l'*adoucissement*. — Il y a plusieurs noms *masculins* qui, tout en suivant pour le reste la règle générale, *n'adoucissent pas* au pluriel la voyelle du radical. En voici la liste :

Aal, anguille.	Horst, touffe, buisson.	Raufbold (3), bretteur.
Aar, aigle *(poét.)*.	Huf (1), sabot *(cheval)*.	Salat, salade.
Amboß, enclume.	Hund, chien.	Salm, saumon.
Arm, bras.	Kobold, farfadet.	Schluck, trait, gorgée.
Besuch, visite.	Kranich, grue.	Schuft, fripon.
Contract, contrat.	Kukuk, coucou.	Schuh, soulier.
Contrast, contraste.	Lachs, saumon.	Spalt, fente.
Dachs (1), blaireau.	Laut, son.	Spern (4), éperon.
Docht, mèche.	Leichnam, cadavre.	Staar, sansonnet.
Dolch, poignard.	Luchs, lynx.	Stoff, étoffe.
Erfolg, succès.	Molch, salamandre	Strand (5), rivage.
Gemahl, époux.	Monat, mois.	Strauß, autruche.
Grad, degré.	Mond (2), lune.	Tag, jour.
Habicht, vautour.	Mord, meurtre.	Tausch, échange.
Hag, haie.	Park, parc.	Thron, trône.
Halm, tuyau.	Pfad, sentier.	Versuch, essai.
Hauch, souffle.	Puls, pouls.	Vielfraß, glouton.
Herzog (1), duc.	Punkt, point.	Zoll, pouce, mesure.

18. — 2° Par rapport à la *terminaison du pluriel*. — Ici, il faut bien distinguer les noms masculins et les noms neutres. Un certain nombre de noms *masculins* prennent au nominatif pluriel la terminaison **er**, au lieu de **e**, mais en *conservant* toutefois l'*adoucissement* (6); — et

---

(1) On trouve aussi, mais plus rarement : die Dächse, Herzöge, Hüfe (même Hufen).

(2) Mond, en poésie mois, pl. die Monden.

(3) Et en général tous les noms en bold (*anglais*, téméraire) : Trunkenbold, ivrogne, pl. die Trunkenbolde, etc.

(4) Aussi Spornen, et même *familier* Sporen.

(5) On trouve aussi, mais plus rarement : pl. Die Stränbe.

(6) Remarquons que les noms qui ajoutent er au pluriel, veulent toujours l'adoucissement.

vice versa, un certain nombre de noms *neutres*, prennent la terminaison **e**, au lieu de **er**, mais *sans adoucir* la voyelle du radical.

A. Noms masculins qui prennent **er** au pluriel, avec *adoucissement* de la voyelle du radical.

a) Deux en **thum** :

der Reichthum, la richesse, plur. die Reichthümer,
der Irrthum, l'erreur,   plur. die Irrthümer.

b) Les 13 noms suivants :

Bösewicht (1), méchant, (drôle).	Leib, corps.	Trumm (6), ruine, débris.
Dorn (2), épine.	Mann (4), homme.	
Geist, esprit.	Mund (5), bouche.	Vormund, tuteur.
Gott (3), Dieu.	Ort, lieu.	Wald, forêt.
	Rand, bord.	Wurm, ver.

19. — *B. Noms neutres* qui prennent **e**, au pluriel, *sans adoucissement* de la voyelle du radical.

a) Ceux en **iel, ier** ou **ier, ment** (7), **niß, sal**. Tels sont :

Spiel, jeu.   Geschirr, vaisselle.   Geheimniß, secret.
Thier, animal.   Element, élément.   Drangsal, souffrance.

b) Ceux qui commencent par **Ge, Be** ou **Ver**, mais sans finir par **e** (voir nº 11). Tels sont :

---

(1) Pl. aussi en **e**. Wicht, scélérat : toujours pl. **e**.
(2) Plus souvent die Dornen, quelquefois Dorne.
(3) Gott, *vrai* Dieu, sans article au sing., à moins qu'il ne soit précédé d'un adjectif : Der liebe Gott, le *bon* Dieu.
(4) Mann a encore d'autres pl., selon le sens : Mann (soldats) *invar..* pourvu qu'il soit précédé d'un nom de nombre, autrement il fait Männer; Mannen (vassaux), Leute (gens).
(5) Plur. aussi die Munde ou même Münde.
(6) Trumm est surtout usité au pluriel.
(7) Les noms en **ment** sont surtout étrangers : Regiment et Parlement prennent au pl. **er** (voir nº 16, *d*). Quelques-uns sont masculins et prennent au pl. **e** : Der Moment, die Momente.

DÉCLINAISON FAIBLE

Gebet, prière.
Gebot, commandement.
Gedicht, poésie.
Gefühl, sentiment.
Geschäft, affaire.

Geschenk, cadeau.
Geschöpf, créature.
Gesetz, loi.
Gespräch, conversation.
Gewehr, arme, fusil.

Gewicht, poids.
Besteck, tuyau, couvert.
Verdeck, pont (vaisseau).
Verdienst, mérite.

Nota. — On sait que six noms neutres commençant par Ge font exception : das Gemach, die Gemächer, etc. (voir p. 22, n° 16, c).

c) Plusieurs noms monosyllabiques étrangers ;

Billet (1), billet.
Kameel, chameau.
Konzert, concert.

Krokodill, crocodile.
Lineal, règle.
Metall, métal.

Papier, papier.
Projekt, projet.
Prolog, prologue.

d) Un certain nombre de monosyllabes, qu'on ne peut classifier :

Beil, hache.
Bein, jambe.
Boot, bateau.
Brod, pain.
Ding, chose.
Erz, airain.
Fell, peau.
Gift, poison.
Haar, cheveu.
Heft, cahier.
Jahr, année.

Joch, joug.
Knie, genou.
Loos, sort.
Maß, mesure.
Meer, mer.
Netz, filet.
Paar, couple.
Pferd, cheval.
Pfund, livre (la).
Pult, pupitre.
Recht, droit.

Reh, chevreuil.
Reich, empire.
Roß, coursier.
Salz, sel.
Schiff, vaisseau.
Schwein, porc.
Tau, câble.
Stück, pièce.
Thor (2), porte.
Werk, ouvrage.
Ziel, but.

Nota. — Deux neutres monosyllabiques, qui prennent e au pluriel, adoucissent : Das Chor, le chœur, pl. die Chöre; das Floß, le radeau, pl. die Flöße.

20.   § II. — **Déclinaison faible.**

La déclinaison faible est celle qui ne prend jamais d'autres terminaisons que **n**, ou **en**, tant au singulier qu'au pluriel. De plus, elle *n'adoucit jamais* la voyelle du radical.

Elle est donc appelée faible, parce qu'elle ne subit point, comme la déclinaison forte, de forts changements ni pour la terminaison, ni pour la voyelle du radical.

(1) On trouve aussi die Billets.
(2) Porte cochère ou d'une ville.

Elle *comprend* un certain nombre de noms *masculins* et la *plupart* des noms *féminins*, mais *aucun* nom *neutre*. De là deux classes.

PREMIÈRE CLASSE *(Quelques noms masculins).*

21. — *Règle.* — Les noms masculins de la déclinaison *faible* se déclinent en ajoutant, au nominatif singulier, **n** ou **en**, pour tous les autres cas du *singulier* et tous les cas du *pluriel*.

On ajoute **n**, quand le nom est déjà terminé par **e** ; et on ajoute **en** quand le nom se termine par une *autre* lettre.

Exemples.

Singulier.

N. der Knabe,	le		der Soldat,	le
G. des Knab**en**,	du	garçon.	des Soldat**en**,	du soldat.
D. dem Knab**en**,	au		dem Soldat**en**,	au
A. den Knab**en**,	le		den Soldat**en**,	le

Pluriel.

N. die Knab**en**,	les		die Soldat**en**,	les
G. der Knab**en**,	des	garçons.	der Soldat**en**,	des soldats.
D. den Knab**en**,	aux		den Soldat**en**,	aux
A. die Knab**en**,	les		die Soldat**en**,	les

22. **Noms masculins qui appartiennent à cette classe.**

Ils sont de deux sortes :

1° Presque tous ceux d'origine *étrangère* ayant l'accent sur la dernière syllabe. Ils indiquent, à peu d'exceptions près, des êtres animés :

Êtres animés.

Advokat [1].	Elephant.	Mameluck.	Protestant.	Tra(p)pist.
Agronom.	Geograph.	Mohr, *maure,*	Rebell.	Trabant,
Astronom.	Husar.	*nègre.*	Regent.	*traban,*
Barbar.	Janitschar.	Monarch.	Satrap.	*satellite.*
Bulgar.	*janissaire.*	Papagei, *perroquet*	Scholar,	Tyrann.
Candidat.	Jesuit.	Philosoph.	*écolier.*	Uhlan.
Corsar.	Kamerad.	Poet.	Student.	Vagabund.
Cyklop.	Katholik.	Polyp.	Subaltern.	Vasal.
Fasan,	Kosak.	Präfekt.	Tartar.	Veteran.
faisan.	Leopard.	Präsident.	Titan.	Wallach.

(1) Il est facile de trouver le sens de ces mots.

DÉCLINAISON FAIBLE

Noms de choses:

Brillant *(diamant)*.
Consonant, con-
   sonne.
Diamant *(poét.* De-
   mant) (1).
Foliant, in-folio.
Granat, grenat.
Komet, comète.
Magnet, aimant.
Planet, planète.
Quadrant, quart de
   cercle.
Quotient, quotient.
Sextant *(instru-*
   ment).

2° Quelques noms d'origine *allemande*, en très petite minorité. Ce sont :

a) En général tous ceux qui sont terminés en **e**, et qui désignent des êtres *animés*, tels que des animaux, des hommes, des peuples, comme :

Affe, singe.
Bote, messager.
Bube, gamin.
Drache, dragon.
Erbe, héritier.
Franzose, Français.
Gatte, époux.
Hase, lièvre.
Heide, païen.
Jude, juif.
Junge, jeune homme.
Löwe, lion.
Neffe, neveu.
Pathe, parrain.
Preuße, Prussien.
Rabe, corbeau.
Riese, géant.
Sachse, Saxon.
Schurke, coquin.
Schütze, archer.
Schwede, Suédois.
Sklave, esclave.
Türke, Turc.
Zeuge, témoin, etc.

23. — *b)* Quelques noms qu'on ne peut pas classifier, mais dont la plupart étaient autrefois aussi terminés en e. — Ce sont :

Ahn (2), aïeul.
Bär, ours.
Buchstab (3), lettre.
Bursch(e), garçon,
   apprenti.
Christ, chrétien.
Falk(e), faucon.
Fink(e), pinson.
Fürst, prince
   (*souverain*).
Geck(e), fat.
Genoß(e), camarade.
Graf, comte.
Gesell(e), com-
   pagnon.
Hagestolz(e), céli-
   bataire.
Held, héros.
Herr(e)(4), seigneur.
Hirt, pâtre.
Insaß, manant, ha-
   bitant.
Leu, lion *(poét.)*
Lump(e), chiffon,
   gueux.
Mensch, homme.
Narr, fou.
Oberst, colonel.
Thor (5), insensé.
Ochs(e), bœuf.
Prinz, prince
   (*royal*).

---

(1) Diamant, aussi mixte (n° 27).
(2) On trouve aussi gén. des Ahns.
(3) On dit aussi Buchstabe(n) (décl. forte, p. 19, n° 13, 1°).
(4) Der Herre se trouve surtout chez les anciens poètes ; gén. sing., des Herrn, pl. —en.
(5) Ne pas confondre avec das Thor, la porte. Déclinaison forte (n° 19, 2°).

28 DES NOMS OU SUBSTANTIFS

Saß, habitant.
Schelm, fripon, coquin.
Schenk, cabaretier.
Schultheiß (e), bailli, maire.
Spatz, moineau, pierrot.
Vorfahr, ancêtre.

SECONDE CLASSE (*Noms féminins*).

24. — *Règle.* — La seconde classe de la déclinaison faible *comprend* la grande *majorité* des noms *féminins*. — Les noms qui appartiennent à cette classe restent *invariables* à *tous* les cas du *singulier*; ils prennent **n** ou **en** à tous les cas du *pluriel*.

Ceux qui prennent simplement **n**, sont ceux qui se terminent en **e**, **el**, **er**.

Les noms féminins terminés en **in**, redoublent au pluriel la dernière lettre, comme die Königin, la reine ; plur. die Königinnen.

Exemples.

Singulier.

N. die Ader, la
G. der Ader, de la
D. der Ader, à la
A. die Ader, la

die Tugend, la
der Tugend, de la
der Tugend, à la
die Tugend, la

(veine.) *(vertu.)*

Pluriel.

N. die Ader **n**, les
G. der Ader **n**, des
D. den Ader **n**, aux
A. die Ader **n**, les

die Tugend **en**, les
der Tugend **en**, des
den Tugend **en**, aux
die Tugend **en**, les

(veines.) *(vertus.)*

Nota. — Il n'est pas rare de trouver dans les auteurs des locutions et des noms composés, où des noms féminins prennent (e)n, même au cas du singulier : auf Erden, in der Erden, sur (dans) la terre ; vor Freuden, de joie ; zu Gunsten, en faveur de ; von Seiten, de la part ; unserer lieben Frauen, de Notre-Dame ; das Sonnenlicht, la lumière du soleil ; der Erdensohn, le fils de la terre. — Est-ce par euphonie, ou bien les noms féminins, comme les uns le prétendent, prenaient-ils autrefois (e)n à tous les cas du sing. et du plur. ; peu importe.

25.   Noms féminins qui appartiennent à cette classe.

1° Presque tous. — Il n'y a *aucune* exception pour le *singulier*, où *tous* les noms féminins restent *invariables* à tous les cas.

2º Un très petit nombre seulement fait *exception* pour le *pluriel*. Ces exceptions appartiennent toutes à la déclinaison *mixte*. (Voir plus loin, p. 32, nº 32.)

Noms à décliner.

Die Seele, l'âme.
Die Sonne, le soleil.
Die Biene, l'abeille.
Die Fliege, la mouche.
Die Fabel, la fable.
Die Nadel, l'aiguille.
Die Feder, la plume.
Die Schwester, la sœur.
Die Königin, la reine.
Die Gräfin, la comtesse.

Die Abtei, l'abbaye.
Die Arbeit, le travail.
Die Frau, la femme.
Die Freiheit, la liberté.
Die Schrift, l'écriture.
Die Universität, l'université.
Die Wahrheit, la vérité.
Die Nachbarin, la voisine.
Die Schülerin, l'écolière.

26. § **III. — Déclinaison mixte.**

La déclinaison mixte des substantifs *contient* un très *petit nombre* de noms, qui se déclinent en partie sur la déclinaison forte, en partie sur la déclinaison faible. De là le nom de mixte.

On peut diviser cette déclinaison en deux classes : La première contient *quelques* noms *masculins* et *neutres*. — La deuxième, *quelques* noms *féminins*.

PREMIÈRE CLASSE (*quelques Masculins et Neutres*).

27. — *Règle.* — Les noms masculins et neutres de la déclinaison mixte suivent la déclinaison *forte* au *singulier*, et la déclinaison *faible* au *pluriel*. — Ils ne prennent pas l'adoucissement.

Exemple.

	Singulier.			Pluriel.	
N.	der Bauer,	le		die Bauer**n**,	les
G.	des Bauer**s**,	du	paysan.	der Bauer**n**,	des	paysans.
D.	dem Bauer,	au		den Bauer**n**,	aux
A.	den Bauer,	le		die Bauer**n**,	les

28. — A cette classe appartiennent encore :

1° Noms *masculins* d'origine allemande (quelques-uns en er, el ; voir p. 20, n° 13, 3°).

Gevatter, compère. Quell (2), source. See (5), lac.
Hader (1), chiffon, Gau (3), canton, Sporn (6), éperon.
 gredin.   contrée. Staat, état.
Vetter, cousin. Mast, mât. Strahl, rayon.
Lorbeer, laurier. Nachbar, voisin. Unterthan, sujet.
Stachel, dard. Pfau (4), paon. Zins, impôt, intérêt.

2° Noms *neutres* d'origine *allemande*.

Auge, œil. Ende, fin. Leid, souffrance.
Bett, lit. Hemd, chemise. Ohr, oreille.

29. — 3° Quelques noms *étrangers*, tant *masculins* que *neutres*. Ce sont :

a) ceux terminés en **or** (jamais de e euphonique au gén. et au dat. sing.). Ces noms sont *tous masculins* et ont au singulier l'accent, non sur or, mais sur la syllabe qui précède ; au pluriel l'accent est sur or.

Ex. : Der Doktor, le docteur, gén. des Doktors, pl. die Doktoren. — Der Direktor, der Inspektor, der Professor, ɔc.

Nota. — Quelques noms ayant l'accent sur or prennent e au pluriel (décl. forte). Ce sont : Kastor, Matador, Major (pl. aussi die Majors), pl. die Kastore, etc.

b) Quelques noms de *peuples* en **er**, où cette terminaison fait partie du mot primitif et ne possède pas l'accent. Ce sont :

---

(1) Hader, au figuré *dispute*, est régulier (décl. forte, 1ʳᵉ classe).
(2) On dit aussi au féminin : die Quelle.
(3) Gau, mot vieilli qui ne se trouve plus que dans certains noms propres (Breisgau, Rheingau) et quelquefois en poésie.
(4) On trouve aussi pl. die Pfaue.
(5) Aussi die See, la mer, déclinaison faible.
(6) Pl. aussi Sporne et familier Sporen (voir p. 23, n° 17).

Baier, Bavarois, Caffer, Caffre, Pommer, Pomé-
Berber, Berbère, Cimber, Cimbre, ranien.

c) Quelques noms, masculins et neutres (plusieurs en el, er), qu'on ne peut classifier.

Masculins.

Augur, augure.
Consul, consul.
Faun, faune.
Muskel, muscle.
Pantoffel (1), pantoufle.
Psalm, psaume.
Satyr, satyre.
Triumvir, triumvir.

Neutres.

Juwel, joyau.
Möbel (1), meuble.
Interesse, intérêt.
Insekt, insect.
Pistol (2), pistolet.
Pronom, pronom.
Statut, statut.
Verb (3), verbe.

30. — *Remarques*. — 1° Dans les auteurs, on trouve aussi plusieurs de ces noms avec **n** au gén. et au dat. sing.; surtout Bauer, Gevatter, Nachbar, Pfau, Vetter; — Augur, Consul et ceux du n° 29, *b*. —

2° Trois noms présentent au sing. des difficultés particulières, ce sont : Der Fels, le rocher ; der Schmerz, la douleur ; das Herz, le cœur.

N.	der Fels	ou Felsen.	Schmerz.	Herz.
G.	des Felsen	„ Felsens.	Schmerze(**n**)s.	Herze(**n**)s.
D.	dem Fels	„ Felsen.	Schmerz(**e**).	Herze(**n**).
A.	den Fels	„ Felsen.	Schmerz.	Herz.

Nota. — 1° Le génitif *sing*. Schmerzens et Herzens, et le datif Herzen sont les *moins* usités.

2° Au *pluriel* on dit : die Felsen, Schmerzen et Herzen (rarement Schmerze et Herze).

---

(1) Pl. aussi die Pantoffel; die Möbel ou Mobilien : die Möbeln est familier.
(2) On dit aussi, au féminin, die Pistole.
(3) Aussi das Verbum, pl. die Verba.

SECONDE CLASSE (*quelques Féminins*).

31. — *Règle*. — Les noms féminins qui appartiennent à la déclinaison mixte, suivent la déclinaison *faible* au *singulier*, et la déclinaison *forte* au *pluriel*. Tous prennent l'*adoucissement*. — On voit que c'est tout l'opposé de la première classe.

Deux seulement suivent au pluriel la première classe, les autres suivent la seconde.

1ᵉʳ *Exemple*.

Singulier.			Pluriel.		
N.	die Mutter,	la mère.	die Mütter,		les mères.
G.	der —	de la mère.	der —		des mères.
D.	der —	à la mère.	den —	**n**,	aux mères.
A.	die —	la mère.	die —		les mères.

Ainsi se décline : die Tochter, la fille.

2ᵉ *Exemple*.

N.	die Luft, l'air.		die Lüft **e**,		les airs.
G.	der Luft, de l'air.		der Lüft **e**,		des airs.
D.	der Luft, à l'air.		den Lüft **en**,		aux airs.
A.	die Luft, l'air.		die Lüft **e**,		les airs.

32. — Ainsi se déclinent :

1° Les noms féminins en **niß** (pl. **nisse**) (1).

Ex. : die Betrübniß, l'affliction ; pl. die Betrübnisse, die Kenntniß, la connaissance ; pl. die Kenntnisse.

2° Une trentaine de noms, *presque tous* monosyllabiques et terminés par une consonne.

---

(1) Ne pas confondre avec les neutres en niß (n° 19). Remarquez cependant que le pluriel est le **même**.

Angst, angoisse.
Ausflucht, subter-
fuge.
Axt, hache.
Bank (1), banque.
Braut, fiancée.
Brunst, ardeur.
Brust, poitrine.
Einkunft (2), revenu.
Faust, poing.
Frucht, fruit.
Gans, oie.
(Ge)schwulst, enflure.

Gruft, tombe, fosse.
Hand, main.
Haut, peau.
Kluft, cavité, abîme.
Kraft, force.
Kuh, vache.
Kunst, art.
Laus, pou.
Lust, désir, plaisir.
Macht (3), puissance.
Magd, servante.
Maus, souris.
Nacht, nuit.

Naht, couture.
Noth, besoin.
Nuß, noix.
Sau (4), porc, truie.
Stadt, ville.
Wand, mur, paroi.
Wulst, bourrelet.
Wurst, saucisse.
Zucht, élevage, dis-
cipline.
Zunft, corporation.
Zusammenkunft, ren-
dez-vous.

Nota. — Un seul nom féminin, peu usité d'ailleurs au pluriel, prend au pluriel e sans adoucissement : die Leinwand, la toile, plur. die Leinwande.

(1) Pl. die Banken, dans le sens de *banque*.
(2) Einkunft est peu usité au singulier, on dirait plutôt das Ein=
kommen. Le pluriel, au contraire, est très usité.
(3) Les composés : Vollmacht, plein pouvoir, et Ohnmacht, défail-
lance, sont cependant réguliers et prennent en au pl.
(4) Sau veut dire aussi sanglier et fait au pl. die Sauen.

Tableau des déclinaisons des noms communs.

I. DÉCLINAISON FORTE. (Masculins et neutres.)

Première classe el, en, er; chen, lein; (Ge — e).

	Singulier.	Pluriel.	
N.	—	—	
G.	— s	—	Exceptions.
D.	—	— n	
A.	—	—	

1° Noms en e ou en
2° Adoucissement au pluriel
3° Quelques noms en er, el : *mixte*.

Seconde classe (sifflante — autre lettre).

	Singulier.	Pluriel.	
	Masculin et neutre.	Masculin Neutre	
N.	—	" e " er	
G.	— (e)s	" e " er	Exceptions.
D.	— (e)	" en " ern	
A.	—	" e " er	

1° Quelques masculins (sans adoucissement au plur.).
2° Quelques masculins (pluriel " er).
3° — neutres (pluriel —e).

II. DÉCLINAISON FAIBLE.

Prem. classe (quelq. masculins)

	Singulier.
N.	—
G.	— (e)n
D.	— (e)n
A.	— (e)n

Seconde classe (*féminins*)

	Singulier.
N.	—
G.	—
D.	—
A.	—

	Pluriel.	
N.	— (e)n	
G.	— (e)n	Exceptions.
D.	— (e)n	
A.	— (e)n	

III. DÉCLINAISON MIXTE.

Prem. classe (quelques masc. et neut.).

	Singulier.	Pluriel.
N.	—	— (e)n
G.	— s	— (e)n
D.	—	— (e)n
A.	—	— (e)n

Seconde classe (quelques féminins).

	Singulier.	Pluriel.
N.	—	" er ou " e
G.	—	" er ou " e
D.	—	" ern ou " en
A.	—	" er ou " e

Classification des noms d'après leur genre.

1° **Masculins** : *Déclinaison forte ;* — quelques exceptions suivent : { 1° décl. faible. — 1ʳᵉ classe.
   Gén. : **ŏ** ; *pl.* surtout ⹁ **e**.   { 2° décl. mixte. — 1ʳᵉ classe.

2° **Neutres** : *Déclinaison forte ;* — quelques exceptions : déclinaison mixte. — 1ʳᵉ classe.
   Gén. : **ŏ** ; pl. surtout ⹁ **er**.

3° **Féminins** : *Déclinaison faible ;* — quelques exceptions : déclinaison mixte. — 2ᵉ classe.
   Sing. : *invar.*, pl. —**en**.

Terminaisons de certains cas.

I. Cas semblables au pluriel :
   - 1° N., G., Ac. des noms masculins et neutres (déclinaison forte.)
   - 2° Tous les cas des noms féminins (déclinaison faible).
   - 3° Quand le nominatif pl. est en **n**, tous les cas du pl. sont semblables, c'est-à-dire en **n**.

II. Datifs plur. — Toujours en **n**, à toutes les déclinaisons.

Art. II. — *Déclinaison des Noms propres.*

33. — Il faut distinguer les noms propres de *personnes* et les noms propres *géographiques*.

§ Ier. — Noms propres de personnes.

I. Leur déclinaison au singulier.

Au singulier, les noms propres de personnes peuvent être ou n'être pas accompagnés de l'article.

Première règle. — Les noms propres *accompagnés de l'article* restent *invariables* à *tous* les cas du singulier.

Exemples.

Masculin.		Féminin.	
N. der Schiller,	Schiller.	die Luise,	Louise.
G. des Schiller,	de Schiller.	der Luise,	de Louise.
D. dem Schiller,	à Schiller.	der Luise,	à Louise.
A. den Schiller,	Schiller.	die Luise,	Louise.

Nota. — L'emploi de l'article devant les noms propres est assez rare au *nominatif singulier*.

34. — *Deuxième règle.* — Les noms propres *non accompagnés de l'article*, soit masculins, soit féminins, prennent au génitif **s**, ou **ens**, et aux autres cas facultativement n ou en.

Ceux qui prennent au génitif ens, sont ceux qui sont terminés par une sifflante (s, ſt, ch, x, z) et les féminins en e *ou* ie.

Exemples (génitif **s**).

Masculin.		Féminin.	
N. Schiller,	Schiller.	Adelheid,	Adélaïde.
G. Schillers,	de Schiller.	Adelheid(e)s,	d'Adélaïde.
D. Schiller(n),	à Schiller.	Adelheid,(en),	à Adélaïde.
A. Schiller(n),	Schiller.	Adelheid(en),	Adélaïde.

35. *Exemples* (génitif **ens**).

N. Leibnitz,	Leibnitz.	Luise,	Louise.
G. Leibnizens,	de Leibnitz.	Luisens,	de Louise.
D. Leibniz(en),	à Leibnitz.	Luise(n),	à Louise.
A. Leibniz(en),	Leibnitz.	Luise(n),	Louise.

Nota. — 1) La forme (e)n du datif et de l'acc. est assez vieillie. On préférerait l'emploi de l'article.

2) Le s du génitif sing. est souvent précédé d'une apostrophe, surtout après a, e, i, y : Diana's, Cicero's.

3) Après une sifflante on se contente quelquefois d'indiquer le génitif par une apostrophe : Voß' (pour Voßens) Werke, les œuvres de Voss.

4) Les noms féminins en a peuvent aussi se terminer en e et prendre, dans ce cas, ens au génitif sing. : Maria ou Marie, gén. Maria's ou Mariens.

Ainsi se déclinent :

1° Heinrich, Henri ; Friedrich, Frédéric ; Jakob, Jacques ; Hans, Jean ; Götz, Goetz ; Felix, Félix.

2° Augusta, Augustine ; Diana, Diane ; Karoline, Marie, Sophie.

36. — *Remarques.* — 1° Les noms étrangers en **as, es, is, us**, se déclinent généralement au moyen de l'article.

Ex. : **Des** Aeneas, d'Enée ; **des** Demostenes, **des** Tacitus.

2° On est toujours obligé d'employer l'article, quand il faut éviter une *équivoque*.

Ex. : Er zieht Göthe **dem** Schiller vor. Il préfère Gœthe à Schiller.

3° On est toujours obligé de *retrancher* l'article, quand le nom propre, au génitif, *précède* un autre nom dont il est le complément.

Ex. : Schiller's Werke. Les œuvres de Schiller.

4° Quand plusieurs noms propres se suivent, on en décline seulement le *dernier*. — Cela a lieu même quand le dernier est précédé d'un von.

Ex. : Friedrich Schiller's Werke. — Alexander von Humbold's Bücher.

Nota. — En retournant la phrase, on peut dire de même : Die Bücher Alexander von Humbold's, à moins que par le nom qui suit von, on ne veuille faire ressortir le nom du pays : Der Namen Wilhelm's von Oranien, le nom de Guillaume d'Orange.

5° Le nom propre est *invariable*, quand il est *précédé* d'un nom commun.

Ex. : Die Krönung des Königs Ludwig. Le couronnement du roi Louis.

Cependant, quand on intervertit l'ordre, c'est le nom commun qui reste invariable et le nom propre qui s'accorde.

Ex. : König Ludwigs Krönung.

II. Leur déclinaison au pluriel.

37. — *Règle.* — Les noms propres, au pluriel, sont toujours précédés de l'article et se déclinent en général comme les noms communs, à l'exception de l'*adoucissement* qu'ils ne prennent *jamais*. Donc :

1° *Les noms masculins* se déclinent sur la déclinaison forte, soit première, soit deuxième classe.

Sur la *première* classe, c'est-à-dire restent *invariables* à tous les cas, excepté au *datif* où ils ajoutent *généralement* **n**, tous ceux qui sont terminés en **a, e, i, el, en, er**; ainsi que les diminutifs en **chen** (rarement **lein**).

Nota. — Je dis *généralement*, car les noms en a, i et (ch)en restent invariables même au datif.

Sur la *deuxième* classe, c'est-à-dire prennent **e**, tous les autres noms propres du masculin. — Les noms propres étrangers en **o** prennent en outre un **n** euphonique avant l'e ; Plato, die Platonen.

38. *Exemples.*

	1ʳᵉ CLASSE			2ᵉ CLASSE	
N.	die Schiller,	les	die Leibnitz **e**,	les
G.	der Schiller,	des	der Leibnitz **e**,	des
D.	den Schiller **n**,	aux	den Leibnitz **en**,	aux
A.	die Schiller,	les	die Leibnitz **e**,	les

Ainsi se déclinent :

1° Seneca, Campe, Nikolai, Schlegel, Kärtchen, Charlot.
2° Gellert, Lessing, etc. (V. les exemples du n° 35).
3° Scipio, Cicero, Nero, etc., etc.

39. — *Les noms féminins* se déclinent sur la déclinaison faible, c'est-à-dire ils ajoutent **n** ou **en** à tous les cas du pluriel. — Ceux en **a** ajoutent '**n** ou changent a en **en**.

DÉCLINAISON DES NOMS PROPRES

Exemples.

N.	die Adelheid **en**,	les	*Adélaïdes.*	die Luise **n**,	les	*Louises.*
G.	der Adelheid **en**,	des		der Luise **n**,	des	
D.	den Adelheid **en**,	aux		den Luise **n**,	aux	
A.	die Adelheid **en**,	les		die Luise **n**,	les	

Ainsi se déclinent :

1° Hedwig, Gertrud, Elisabeth, Anna.

2° Leonore, Sophie, Wilhelmine, Amalie, etc.

Nota. — 1) Il faut se garder de confondre certains noms propres avec des noms communs, leurs homonymes, comme : Die Wolfe, les Wolf, avec die Wölfe, les loups ; die Koche, les Koch, avec die Köche, les cuisiniers, etc.

2) Les Allemands laissent souvent invariables au pluriel les noms masculins et même les noms féminins ; quelquefois ils y ajoutent s, comme en français. — Ex. : Die Lessing ou Lessings, die Humbold(s), die Anna(s).

3) On ajoute souvent s au pluriel, dans le langage usuel, pour indiquer les membres d'une famille. — Ex. : Müller's, les Muller, c'est-à-dire la famille des Muller.

§ II. — Noms propres géographiques.

Trois règles.

40. — *Première règle.* — Les noms propres géographiques (généralement précédés de l'art., quand ce sont des noms de fleuves, de forêts, de lacs, de montagnes) se déclinent comme les noms communs.

Les noms masculins et neutres sur la déclinaison forte (*gén.* s, *rarement* es ; *dat. rarement* e).

Les noms féminins sur la déclinaison faible.

Exemples.

	Déclinaison forte.		Déclinaison faible	
N.	der Rhein,	le Rhin.	die Elbe,	l'Elbe.
G.	des Rhein(e)s,	du Rhin.	der Elbe,	de l'Elbe.
D.	dem Rhein(e),	au Rhin.	der Elbe,	à l'Elbe.
A.	den Rhein,	le Rhin.	die Elbe,	l'Elbe.

41. — *Deuxième règle.* — Les noms de pays, villes, villages, etc., prennent toujours la terminaison ⸺, rarement es, au génitif singulier, qu'ils soient employés avec ou sans article (le plus souvent sans article). — Ils sont invariables aux autres cas.

Ex. : Berlin, gén. Berlins ou des... Berlin.
Teutschland, l'Allemagne, gén. Teutschlands.

Nota. — Les noms en a prennent généralement 's : Afrika's, de l'Afrique. — Cependant Europa fait *aussi* Europens.

Troisième règle. — Ceux qui se terminent par une sifflante ne s'emploient pas au génitif ; on met à la place le datif précédé d'une préposition, ordinairement von, *de*.

Ex. : die Reichthümer **von** Paris.

Si on voulait absolument employer le génitif, il faudrait le faire précéder d'un nom commun.

Ex. : die Reichthümer der Stadt Paris, les richesses de la *ville* de Paris.

Nota. — 1° On dit cependant das Elsaß, *gén.* des Elsasses. — 2° Les noms géographiques s'emploient peu au *pluriel*. Si cela arrivait, les noms de la 1ʳᵉ règle suivraient les déclinaisons ordinaires, les masc. la forte, les féminins la faible : die Rheine, les Rhins ; die Elben, les Elbes. — Quant aux noms de pays ou de localités, ils restent généralement invariables ; quelquefois on y ajoute s : Die beiden Mecklenburg ou Mecklenburgs ; les deux Mecklembourgs.

Tableau de la déclinaison des noms propres.

I. Noms propres de personnes.

Au singulier.   Au pluriel.

1° *Avec l'article.* — Masculins et féminins.

    N. —
    G. —
    D. —
    A. —

2° *Sans l'article.* — Masculins et féminins.

  N. —
  G. — s | ens   1° siffl.
  D. — (en) | e(n)   2° e, ie.
  A. — (en) | (en)

Au pluriel.

Masculins.   Féminins.

1re CLASSE (a, e, i, el, en, er).
  N. —
  G. —
  D. — n
  A. —

2° CLASSE (le reste) ; (o — ne)
  N. — e   N. — en
  G. — e   G. — en
  D. — en   D. — en
  A. — e   A. — en

II. Noms propres géographiques.

1° Comme les noms communs.
    1° Masculins. — Déclinaison forte.
    2° Féminins. — Déclinaison faible.
2° Noms terminés par une sifflante.
    Pas de génitif.

Chapitre III.

DE L'ADJECTIF

42. — L'adjectif est un mot qui sert à qualifier ou à déterminer les personnes et les choses.

De là deux grandes classes d'adjectifs :

Les adjectifs *qualificatifs* et les adjectifs *déterminatifs*.

Art. 1ᵉʳ. — *Adjectifs qualificatifs.*

Les adjectifs qualificatifs sont tantôt attributs, tantôt épithètes.

1º Ils sont *attributs* quand ils sont séparés du substantif par un verbe. Ce verbe peut être sous-entendu.

Ex. : Die Rose ist **schön**, la rose est belle. Ich finde diese Rose **schön**, je trouve cette rose belle, c'est-à-dire, que cette rose *est* belle.

L'adjectif attribut, en allemand, reste toujours *invariable*.

2º Ils sont *épithètes*, quand ils se rapportent directement au substantif, c'est-à-dire sans en être séparés par aucun autre mot, exprimé ou sous-entendu.

Les adjectifs épithètes sont les seuls qui se déclinent ; ils se placent, en règle générale, avant le substantif qu'ils qualifient.

Ex. : Der **gute** Vater, le bon père.
Das **fromme** Kind, l'enfant pieux.

Il y a deux choses à considérer dans les adjectifs qualificatifs :

1º Leur déclinaison.
2º Leurs degrés de comparaison.

§ Iᵉʳ. — Déclinaison des adjectifs qualificatifs.

43. — L'adjectif qualificatif épithète peut se décliner sur trois déclinaisons différentes : la déclinaison *forte*, la déclinaison *faible*, et la déclinaison *mixte*.

L'emploi de ces déclinaisons *dépend*, non pas de l'adjectif lui-même, ni du substantif qualifié, mais uniquement du *déterminatif* qui accompagne ou qui n'accompagne pas cet adjectif.

Les déclinaisons des adjectifs *ne prennent jamais l'adoucissement au pluriel*.

Déclinaison forte.

44. — *Règle*. — L'adjectif suit la déclinaison forte quand il n'est précédé d'*aucun* déterminatif.

Les *terminaisons* de cette déclinaison sont *les mêmes* que celles de l'*article défini*, à tous les cas, excepté au génitif singulier, masculin et neutre, où l'on ajoute **n**, au lieu de **s** (1).

Exemple.

Singulier.

	Masculin.	Féminin.	Neutre.
N.	Schön**er** Kranz.	Schön**e** Tugend.	Schön**es** Dorf.
G.	Schön**en** Kranzes.	Schön**er** Tugend.	Schön**en** Dorfe(s).
D.	Schön**em** Kranz(e).	Schön**er** Tugend.	Schön**em** Dorf(e).
A.	Schön**en** Kranz.	Schön**e** Tugend.	Schön**es** Dorf.
	belle couronne.	belle vertu.	beau village.

(1) Cette différence n'existait pas autrefois, et il est resté des locutions où le génitif est quelquefois en es. Ex. : gutes Muthes sein. Avoir bon courage. De plus, on emploie quelquefois cette ancienne forme, par euphonie, devant les substantifs de la déclinaison faible. Ex. : edles Grafen, d'un noble comte. — On trouve cette ancienne forme es chez plusieurs auteurs, surtout chez **Klopstock** et **Voss** et même assez souvent chez **Gœthe** et **Schiller**.

Pluriel.
Pour les trois genres.

N. Schön **e** (1)	Kränze,	Tugenden,	Dörfer.
G. Schön **er**	Kränze,	Tugenden,	Dörfer.
D. Schön **en**	Kränzen,	Tugenden,	Dörfern.
A. Schön **e**	Kränze,	Tugenden,	Dörfer.

Nota. — 1° Les adjectifs déjà terminés en **er** ajoutent les mêmes terminaisons : theuer, cher, fera donc theue(e)rer, etc.

2° Les adjectifs précédés *seulement* d'un nom de nombre ou d'un autre mot *invariable* (2), ne font pas exception à la règle et suivent également la déclinaison forte.

Ex. : Zwei schöne Kränze, deux belles couronnes ; genug schöne Dörfer, assez de beaux villages ; welch' schöne Tugenden! quelles belles vertus !

Déclinaison faible.

45. — *Règle.* — L'adjectif suit la déclinaison faible, quand il est *précédé* de l'article défini **der, die, das**, ou d'un des déterminatifs en **er** qui se déclinent sur lui : dieser, jener, mancher, solcher, derjenige, derselbe, welcher, jeder (3), etc. (voir n°s 6 *nota*, et 64).

Les *terminaisons* de cette déclinaison sont **en** à tous les cas, excepté au nominatif singulier des trois genres et à l'accusatif féminin et neutre, où elle prend **e**.

Exemple.
Singulier.

Masculin.		Féminin.	
N. der schön **e** Kranz.		die schön **e** Tugend.	
G. des schön **en** Kranzes.		der schön **en** Tugend.	
D. dem schön **en** Kranz(e).		der schön **en** Tugend.	
A. den schön **en** Kranz.		die schön **e** Tugend.	

(1) Comme schön a déjà l'adoucissement au sing., il est évident qu'il le conserve au pluriel. — Faire décliner d'autres adjectifs, comme gut, roth, schwarz, groß, etc., pour montrer que l'adjectif ne s'adoucit pas au pluriel.

(2) Si ces mots n'étaient pas invariables, l'adj. suivrait la déclinaison faible ou mixte : zweier schönen Kränze; welche schönen Tugenden !

(3) Ne pas les confondre avec unser, notre, et euer, votre, terminés en er sans doute, mais se déclinant sur ein (n° 7 et 68) et exigeant *pour l'adj.* la décl. mixte (n° 46).

Neutre.

N. das schön **e** Dorf.
G. des schön **en** Dorf(e)s.
D. dem schön **en** Dorf(e).
A. das schön **e** Dorf.

Pluriel.

Pour les trois genres.

N. die schön **en** Kränze, Tugenden, Dörfer.
G. der schön **en** Kränze, Tugenden, Dörfer.
D. den schön **en** Kränzen, Tugenden, Dörfern.
A. die schön **en** Kränze, Tugenden, Dörfer.

Déclinaison mixte.

46. — *Règle*. — L'adjectif suit la déclinaison mixte, quand il est *précédé* de l'article indéfini **ein**, ou d'un adjectif *possessif* (mein, dein, sein, unser, euer, ihr), ou bien de l'article indéfini **kein**, aucun.

Cette déclinaison participe à la déclinaison forte, au nominatif et à l'accusatif du singulier, où elle prend les terminaisons de l'article défini, et à la déclinaison faible à tous les autres cas du singulier et du pluriel, où elle prend en.

Elle a donc pour *terminaisons* :

1º Au nominatif singulier **er**, **e**, **es**.
2º A l'accusatif singulier **en**, **e**, **es**.
3º A tous les autres cas **en**.

Exemple.
Singulier.

Masculin.

N. Mein schön **er** Kranz.
G. Meines schön **en** Kranzes.
D. Meinem schön **en** Kranz(e).
A. Meinen schön **en** Kranz.

Féminin.

N. Meine schön **e** Tugend.
G. Meiner schön **en** Tugend.
D. Meiner schön **en** Tugend.
A. Meine schön **e** Tugend.

Neutre.

N. Mein schön **es** Dorf.
G. Meines schön **en** Dorf(e)s.
D. Meinem schön **en** Dorf(e).
A. Mein schön **es** Dorf.

Pluriel.

Pour les trois genres.

N.	Meine	schön **en**	Kränze,	Tugenden,	Dörfer.
G.	Meiner	schön **en**	Kränze,	Tugenden,	Dörfer.
D.	Meinen	schön **en**	Kränzen,	Tugenden,	Dörfern.
A.	Meine	schön **en**	Kränze,	Tugenden,	Dörfer.

Nota. — On emploie généralement aussi la décl. mixte après un pronom personnel : Ich arm**er** Mann, moi, pauvre homme ; du arm**e** Frau, (toi) pauvre femme ! wir arm**en** Leute, pauvres gens que nous sommes.

Remarques générales.

47. — 1° Quand deux ou plusieurs épithètes se suivent, elles prennent généralement la même déclinaison : ein gut**er**, lieb**er** Vater ; un bon *et* cher père.

Nota.— 1) Si le premier était adverbe, il resterait évidemment invariable : dieses ganz neue Haus, cette maison *toute* neuve.

2) Il en est de même en style officiel, dans certaines locutions : die königlich Preußische Regierung, le gouvernement royal prussien.

3) Quelquefois deux adjectifs forment une sorte de mot composé ; dans ce cas, le dernier seul prend la terminaison : von roth und weißem Marmor *(Chamisso)*, de marbre rouge et blanc *(c'est le même marbre)*.

2° Les déterminatifs, précédés d'un autre déterminatif, suivent leur déclinaison propre et non celles des adjectifs épithètes. Ex. : Das Haus jenes mein**es** (non meinen) Freundes, la maison de cet ami (qui est) le mien.

3° L'adjectif peut être employé *substantivement*. Dans ce cas il commence par une majuscule ; mais il suit les mêmes déclinaisons que les autres adjectifs. Ex. : Der Tapf(e)re, ein Tapf(e)rer, le, un brave, *gén.* des Tapfern, eines Tapfern.

4° Dans la déclinaison des adjectifs terminés en **el** — et aussi, mais plus rarement, de ceux en **er, en,** — l'euphonie permet de retrancher l'e qui précède la liquide du radical, lorsque cette liquide est suivie d'un autre e, pourvu qu'il ne s'agisse pas d'un monosyllabe ou d'un adjectif en nen.

Ex. : Der ed(e)le Mann (de edel, noble).
Der sau(e)re Wein (de sauer, aigre).

Nota. — 1) Mais on dira : Der ſchwere, de ſchwer (lourd) ; der leinene, de leinen (de lin).

Assez souvent, devant n ou m, on retranche plutôt l'e qui suit : edelm, jauern, etc. Cependant la prononciation est à peu près la même.

5° L'adjectif hoch, haut, suivi de e, perd le c.

Ex. : ein hohes Haus, une haute maison.

6° Les adjectifs terminés en **er** et dérivant de noms de lieux ou de pays, sont indéclinables.

Ex. : Die Pariſer Mode, la mode de Paris.

Il en est de même de ganz, entier, et de halb, demi, employés sans article devant des noms de pays, de villes, etc.

Ex. : Ganz Deutſchland, toute l'Allemagne.
   Halb Paris, la moitié de Paris.

Nota. — Mais on dirait : Das ganze... (décl. *faible*) ; ein halbes... *(mixte).*

7° En poésie et dans le langage familier la terminaison neutre es, du nominatif et de l'accusatif singulier, est quelquefois retranchée.

Ex. : Lieb (pour liebes) Kind, cher enfant.
   Ein redlich (pour redliches) Wort, une parole honnête.

Nota. — La même chose a quelquefois lieu, mais plus rarement, pour er du nominatif masculin singulier.

Ex. : Lieb (pour lieber) Knabe, biſt mein *(Schiller)*, cher enfant, je te tiens.

Déclinez :

1° Guter Käſe, (de) bon fromage ; rothe Tinte, (de l') encre rouge ; weißes Papier, (du) papier blanc ; — köſtlicher Wein, (du) vin délicieux ; grüne Farbe, (de la) couleur verte ; ſau(e)res Bier, (de la) bière sure.

2° Der glückliche Menſch, l'homme heureux ; dieſe dankbare Tochter, cette fille reconnaissante ; das fleißige Kind, l'enfant appliqué ; ſolcher ſchwache Jüngling, ce faible jeune homme ; dieſelbe ſchwere Laſt, ce (même) lourd fardeau ; jedes hohe Haus, toute maison élevée.

3° Ein hübscher Vogel, un oiseau joli ; deine silberne Gabel, ta fourchette en argent ; sein leinenes Tuch, sa toile de lin ; unser großer Held, notre grand héros ; euere letzte Stunde, votre dernière heure ; ihr edles, liebes Vaterland, leur noble et chère patrie ; kein Gelehrter, pas un savant.

TABLEAU DE LA DÉCLINAISON DES ADJECTIFS

I. Décl. forte (adjectif précédé d'aucun déterminatif).

	Singulier.			Pluriel.
	Masculin.	Féminin.	Neutre.	Pour les 3 genres.
N. —	er	e	es	— e
G. —	en (es)	er	en (es)	— er
D. —	em	er	em	— en
A. —	en	e	es	— e

II. Décl. faible (adjectif précédé de der, dieser, etc.).

	Singulier.			Pluriel.
	Masculin.	Féminin.	Neutre.	Pour les 3 genres.
N. —	e	e	e	— en
G. —	en	en	en	— en
D. —	en	en	en	— en
A. —	en	e	e	— en

III. Décl. mixte (adjectif précédé de ein, mein, kein, etc.).

	Singulier.			Pluriel.
	Masculin.	Féminin.	Neutre.	Pour les 3 genres.
N. —	er	e	es	— en
G. —	en	en	en	— en
D. —	en	en	en	— en
A. —	en	e	es	— en

§ II. — Degrés de Signification.

48. — On distingue dans les adjectifs trois degrés de signification : le *positif*, le *comparatif*, le *superlatif*.

1° Le *positif* est l'adjectif lui-même. Ex. : grand, groß ; bon, gut.

2° Le *comparatif* est l'adjectif porté à un degré plus haut, ou égal, ou moindre.

De là le comparatif de *supériorité*, d'*égalité* et d'*infériorité*.

Ex. : plus grand, größer ; aussi grand, so groß ; moins grand, minder groß.

3° Le *superlatif* est l'adjectif porté au plus haut, ou du moins à un très haut degré.

De là deux sortes de superlatifs : le superlatif *relatif*, ainsi appelé parce qu'il marque une comparaison, une relation entre plusieurs objets ou plusieurs individus.

Ex. : le plus grand *de tous* ; der größte von allen.

Et le superlatif *absolu*, ainsi appelé parce qu'il n'indique point de comparaison, de relation.

Ex. : très grand, sehr groß.

I. Formation des Comparatifs et des Superlatifs.

. — 1° *Des comparatifs*.

a) On forme le comparatif de *supériorité* en ajoutant au positif **r** ou **er**, et en adoucissant très souvent la voyelle du radical.

Ex. : groß, größer ; weise, weiser ; plus sage.

Nota. — 1° On ajoute simplement **r** après un **e**.

2° Le comparatif se forme quelquefois avec **mehr**, plus. Cela a lieu : *a)* quand on veut établir une comparaison entre deux qualités : **mehr** groß als schön, plus grand que beau ; — *b)* pour les adjectifs qui ne s'emploient pas comme épithètes (voir n° 174) : **mehr** feind, plus ennemi ; **mehr** werth, qui vaut plus (1) ; — *c)* par euphonie pour éviter *crerer*, surtout dans les parti-

---

(1) Werth peut être épithète dans les autres sens : *cher, digne,* et faire au comparatif werther.

cipes épithètes : ein **mehr** bitt(e)rer (plutôt que bitt(e)rerer) Schmerz; ein **mehr** heilender... (plutôt que heilenderer)... un... plus salutaire; ein **mehr** gebildeter... un... plus formé...

b) On forme le comparatif d'*égalité*, en faisant précéder le positif de **so**, autant, aussi, ou **eben so**, tout aussi.

Ex. : so groß, eben so groß; aussi grand.

c) On forme le comparatif d'*infériorité* en faisant précéder le positif de **minder** ou **weniger**, moins, et très souvent, surtout dans le langage familier, de **nicht so**, pas aussi.

Ex. : minder groß, weniger groß, moins grand, ou nicht so groß (pas aussi grand).

Nota. — On voit que les comparatifs d'égalité et d'infériorité se forment à peu près comme en français : c'est l'adjectif précédé d'un adverbe.

50. — 2º *Des superlatifs.*

a) On forme le superlatif *relatif* en ajoutant au positif **st** ou **est**, et en adoucissant très souvent la voyelle du radical.

Ex. : der größte (*mieux* größte), le plus grand ; der weiseste, le plus sage ; der schönste, le plus beau.

Nota. — 1º Remarquez que l'**e** qui suit st, est la terminaison de la déclinaison faible.

2º **est** s'emploie surtout par euphonie après une *sifflante* ou une *dentale* — (sauf, dans les part. présent et passé : der reizend ste, le plus charmant ; der geliebt ste, le plus aimé).

3º On forme quelquefois le superl. relat. par **am meisten**, le plus (dans les mêmes cas qu'au nº 49, nota *b*) ; am meisten seind, werth, verbreitet (répandu).

4º Souvent le superlatif relatif se rend par le superlatif adverbial : **am—sten**. Cela a lieu quand il est employé comme attribut (après un verbe) et surtout pour exprimer une comparaison entre des objets différents. Ex. : (en parlant d'une église et d'une maison) die Kirche ist am höchsten, l'église est la plus haute ; — et aussi pour exprimer le plus haut degré d'une qualité. Ex. : heute war sie am besten, am lieblichsten, am schönsten, c'est aujourd'hui qu'elle était la meilleure, la plus aimable, **la plus belle.**

b) On forme le superlatif *absolu*, en faisant précéder le positif de l'adverbe **sehr**; ou d'un autre adverbe comme recht, fort, bien; höchst, souverainement; äußerst, extrêmement; überaus, excessivement, etc.

Ex. : **sehr** groß, très grand ; **äußerst** schön, extrêmement beau.

Nota. — 1° On voit que le superlatif absolu se forme, non comme en latin, mais comme en français ; c'est un adjectif précédé d'un adverbe plus ou moins fort.

2° On se sert quelquefois de **zu, gar**, qui, dans ce cas, deviennent longs (1), perdent leur sens primitif et se traduisent par *très, vraiment, excessivement :* es ist zu schön, gar schön. — **Gar zu** traduit *par trop :* es ist gar zu arg, c'est par trop fort.

II. Remarques sur les Comparatifs et les Superlatifs.

51. — 1° *Adoucissement de la voyelle du radical.*

1ʳᵉ Règle. — Dans la formation de leurs comparatif et superlatif, il n'y a *pas d'adoucissement* pour les adjectifs *composés* de plus d'une syllabe, par conséquent ni pour les adjectifs *dérivés*, ni pour les *participes-adjectifs*.

Ex. : dunkel, sombre : dunkler, der dunkelste.
gerade, droit : gerader, der geradeste.
langsam, lent : langsamer, der langsamste.
gewandt (2), adroit : gewandter, der gewandteste.

Mettre au comparatif et au superlatif :

abgeschmackt, insipide, absurde ; dankbar, reconnaissant; gelassen, calme ; muthig, courageux ; munter, gai ; rasend, furieux, tapfer, vaillant.
boshaft, méchant;

2° Règle. — L'adoucissement *n'a lieu* que pour les adjectifs *monosyllabiques* (encore cette règle comporte-t-elle de nombreuses exceptions). Tels sont surtout :

---

(1) Zu, quand il est bref, veut dire *trop*, et gar ne se traduit souvent pas.
(2) Part. passé de wenden, tourner.

alt, vieux ; kalt, froid ; scharf, tranchant ;
arg, mauvais ; klug, prudent, intelligent ; schwach, faible ;
arm, pauvre ; kurz, court ; schwarz, noir ;
hart, dur ; krank, malade ; stark, fort ;
jung, jeune ; lang, long ; warm, chaud.

Font exception : a) Les adjectifs dont le radical est en **au**.

Ex. : Blau, bleu, blauer, der blauste. Braun, brun, brauner, der braunste ; — faul, paresseux ; schlau, rusé, etc.

b) Une cinquantaine d'adjectifs qu'on ne peut classifier. Ce sont :

barsch, âpre, rude. knapp, étroit, juste. sanft, doux (*caractère*).
blank, luisant. lahm, paralysé. satt, rassasié.
bloß, nu. los, détaché. schlaff, détendu, mou.
brav, brave. laß, las. schlank, svelte.
bunt, bigarré. mager, maigre. schroff, escarpé.
dumpf, sourd (*son*). matt, faible, lan- schwank, frêle.
dunkel, obscur.   guissant. starr, raide.
falb, fahl, fauve, morsch, caduc, stolz, fier.
   blême.   pourri. straff, raide, tendu.
falsch, faux. nackt, nu. stumm, muet.
flach, plat. platt, plat. stumpf, émoussé.
froh, gai. plump, lourd, gros- toll, enragé, fou.
hohl, creux.   sier. voll, plein.
hold, gracieux. rasch, rapide. wach, éveillé.
kahl, chauve. roh, cru. wahr, vrai.
karg, avare. rund, rond. wund, blessé.
klar, clair. sacht, lent, doux. zahm, apprivoisé.

Nota. — L'adoucissement est *facultatif* pour : bang, inquiet ; blaß, pâle ; fromm, pieux ; gesund, sain ; glatt, lisse ; grob, grossier ; naß, humide ; roth, rouge ; schmal, étroit, mince ; zart, tendre.

52. — 2° *Comparatifs et Superlatifs irréguliers.* — Il n'y a en allemand qu'un adjectif, **gut**, bon, qui ait un comparatif et un superlatif absolument irréguliers. Deux autres perdent ou ajoutent une lettre, soit au comparatif, soit au superlatif.

Ex. : gut, bon ; **beſſer** ; der **beſte**, am **beſten**.
hoch, haut ; höher ; der höchſte, am höchſten.
nah, proche ; näher ; der nächſte, am nächſten (1).

53. — 3° *Déclinaison des Comparatifs et des Superlatifs.*
— Ils suivent absolument les mêmes déclinaisons que les autres adjectifs qualificatifs, c'est-à-dire la forte, ou la faible ou la mixte, selon qu'ils sont employés seuls ou selon le déterminatif qui les précède. Ex. :

a) **Compar.**
- Déclin. forte. N. beſſer e r, e, e s.
  G. beſſer e n, e r, e n.
- Déclin. faible. N. der, (die, das) beſſer e.
  G. des (der, des) beſſer e n.
- Déclin. mixte. N. ein beſſer e r, eine-e, ein-e s.
  G. eines (einer, eines) beſſer e n.

b) **Superl.**
- Déclin. forte. N. beſt e r, e, e s.
  G. beſt e n, e r, e n.
- Déclin. faible. N. der (die, das) beſt e.
  G. des (der, des), beſt e n.
- Déclin. mixte. N. mein beſt e r, meine-e, mein-e s.
  G. meines (meiner) beſt e n.

54. — 4° *Emploi du Comparatif et du Superlatif.* —

a) Le comparatif s'emploie tantôt comme attribut, tantôt comme épithète.

Ex. : Dieſer Wein iſt beſſer *(attr.)*, ce vin est meilleur.
Ein beſſerer *(épith.)* Wein, un vin meilleur.

b) Le superlatif relatif ne s'emploie ordinairement que comme épithète. Il est précédé de l'article défini ou d'un déterminatif (autre cependant que ein), qu'il soit séparé, ou non, du substantif par un verbe.

Ex. : Der beſte Wein, le meilleur vin.
Dieſer Wein iſt der beſte, ce vin est le meilleur.

(1) On pourrait y ajouter : groß (der größte) et des mots *indéfinis* comme wenig, viel (voir n° 76) ou des adverbes comme gern, bald (n° 147).

Nota. — Il n'y a d'exception que lorsque le superlatif relatif est employé pour le superlatif absolu, ce qui a lieu :

1° Dans les lettres, ou quand on adresse la parole à quelqu'un. Dans ce cas, on peut retrancher le déterminatif. Ex. : Liebster Freund, très cher ami ;

2° Et dans les composés de aller, où le superlatif relatif peut être attribut. — Ex. : du bist mir allerliebst, tu m'es extrêmement cher.

55. — 5° *Adjectifs en* **el, en, er**. — Par euphonie (surtout ceux en el) ils *perdent* généralement, mais dans la formation de leur comparatif seulement, l'**e** qui précède la liquide. — Au superlatif, ils ajoutent seulement st.

Ex. : edel, noble ; ed(e)ler, der edelste.
eben, uni ; eb(e)ner, der ebenste.
bitter, amer ; bitt(e)rer, der bitterste.

Nota. — 1° Dans les monosyllabes, ou les adjectifs terminés en nen, on ne peut jamais retrancher l'e.
Ex. : schwer, lourd ; schwerer ; — besonnen, circonspect ; besonnener (comparez n° 47, 4°).

2° Très souvent on remplace l'e par une apostrophe : eb'ner, bitt'rer.

Art. II. — *Adjectifs déterminatifs.*

56. — On distingue six sortes d'adjectifs déterminatifs :

1° les adjectifs numéraux ;
2° les adjectifs démonstratifs ;
3° les adjectifs possessifs ;
4° les adjectifs relatifs ou conjonctifs ;
5° les adjectifs interrogatifs ;
6° les adjectifs indéfinis.

Les cinq dernières espèces peuvent être en même temps *pronoms*. Pour ne pas nous répéter, nous les considérons de suite sous leur double aspect.

§ Ier. — **Adjectifs numéraux.**

57. — Il y a deux sortes d'adjectifs numéraux : les adjectifs numéraux cardinaux et les adjectifs numéraux ordinaux.

I. Adjectifs numéraux cardinaux.

Ils servent à exprimer le nombre, la quantité.

Tableau jusqu'à 100.

eins	1	elf	11	ein und zwanzig	21
zwei	2	zwölf	12	zwei und zwanzig	22
drei	3	dreizehn	13	dreißig	30
vier	4	vierzehn	14	vierzig	40
fünf	5	fünfzehn	15	fünfzig	50
sechs	6	sechszehn	16	sechszig	60
sieben	7	sieb(en)zehn	17	sieb(en)zig	70
acht	8	achtzehn	18	achtzig	80
neun	9	neunzehn	19	neunzig	90
zehn	10	zwanzig	20	hundert	100

A partir de 100.

hundert (und) eins	101		tausend	1.000
hundert (und) zehn	110		tausend (und) zehn	1.010
hundert (und) fünfzehn	115		tausend (und) fünfzehn	1.015
hundert (und) zwanzig	120		tausend (und) zwanzig	1.020
hundert fünf und zwanzig	125		zehntausend	10.000
zweihundert	200		hunderttausend	100.000
dreihundert	300		dreihunderttausend	300.000
	eine Million		1.000.000	
	fünfzig Millionen		50.000.000	
	eine Billion		1.000.000.000	
	eine Milliarde		un milliard.	

58.   REMARQUES

1° *Règles de formation.*

Les dix premiers nombres servent à former tous les autres, à très peu d'exceptions près, de la manière suivante :

a) De 13 à 20, par l'addition de **zehn**. — A **siebenzehn** on peut retrancher en, et dire **siebzehn**, 17.

b) Pour former les dizaines depuis 20, on ajoute la terminaison **zig**. — **Zwanzig**, 20, est seul un peu irrégulier. — On peut dire aussi **siebzig** au lieu de **siebenzig**, 70.

c) Pour former les nombres intermédiaires des dizaines à partir de 20, on met le petit nombre le premier et on l'unit à la dizaine par la conjonction **und**; **zwei und zwanzig**, 22.

d) Pour former les centaines, les mille, les millions, etc., on place devant eux le petit nombre qui sert à les multiplier, comme **zwei**hundert, 200; **zwei**tausend, 2.000, etc.; et on les fait suivre des nombres qui leur sont seulement ajoutés. Dans ce cas on *peut* unir les deux nombres par la conjonction **und**, à moins cependant que le nombre ainsi ajouté ne soit lui-même un nombre composé, renfermant déjà cette conjonction.

Ex. : **zweihundert (und) zwanzig**, 220.
zweihundert ein und zwanzig, 221.

59. — 2° *Noms de nombre ayant une origine propre.*
Ils sont rares. Ce sont, outre les dix premiers :

elf (anc. **eilf**)	11	**Tausend**	1.000
zwölf	12	**Million**	1.000.000
hundert	100	**Billion** (1)	1.000.000.000

60. — 3° *Déclinaison des adjectifs numéraux cardinaux.*

Ils sont généralement invariables. — Cependant voici quelques exceptions ou particularités :

a) **Eins**, neutre de **ein**, s'emploie pour traduire le nombre *un*, quand il est employé seul, ou encore à la fin d'un nombre employé également seul : **hundert (und) eins**, ou pour indiquer l'heure : **es ist eins**, il est une (heure). (Voir n°s 76 et 254.)

---

(1) Il s'agit ici du billion français ou mille millions. Les Allemands comptent de mille à mille et de *million* à *million*, d'où il suit que leur billion vaut un million de millions, c'est-à-dire un trillion de chez nous.

Suivi d'un autre nombre, il redevient ein et reste invariable : **ein** und zwanzig.

Suivi d'un nom, il se décline comme ein, eine, ein (voir n° 7). Il en serait de même, s'il était précédé d'un plus grand nombre, seulement le nom suivant resterait au singulier : hundert und **ein** Jahr, 101 années ; tausend und **eine** Nacht, 1.001 nuits.

Précédé d'un déterminatif, il se décline comme l'adjectif épithète : der eine, gén. des einen, etc.

Employé comme pronom, il prend les terminaisons de l'article défini et se décline comme lui : Einer, e, s, un, quelqu'un.

b) **Zwei** (anciennement zween et zwo) et **drei** se déclinent, quand ils ne sont précédés d'aucun déterminatif. — Ils font au génitif zweier et dreier ; et au datif zweien et dreien.

Ex. : zweier Männer, de deux hommes.
dreien Männern, à trois hommes.

Nota. — Au lieu de zwei, on dit aussi **beide** (ambo, uterque) quand il ne s'agit que de deux. Beide se décline comme les épithètes ; il s'emploie souvent comme pronom au neutre sing. : Beides (utrumque), l'une et l'autre chose.

c) Vier, fünf, sechs, acht, eilf, zwölf (et plus rarement sieben, neun, zehn et ses *composés*) se déclinent surtout au datif, quand le substantif qui devrait les suivre est sous-entendu.

Ex. : Auf vieren kriechen, aller sur les quatre, c'est-à-dire à 4 pattes.
Mit sechsen fahren, conduire avec six, c'est-à-dire aller en voiture à six chevaux.
Mit zehn(en), avec 10 ; mit achtzehn(en), avec 18.

Nota. — On trouve quelquefois aussi, pour tous ces nombres, un nominatif et un accusatif en **e**, quand le nom est sous-entendu. Ex. : Unser zwölf ou zwölfe, douze comme nous ; alle neun ou neune, tous les neuf.

d) Devant **tausend** on emploie souvent ein. Ex. : **ein** tausend vierhundert und fünfzig, 1.450. — S'il s'agissait d'une date historique, on dirait plutôt vierzehnhundert, (l'an) quatorze cent.

e) Depuis 2.000 jusqu'à 900.000 on ajoute ordinairement **mal**, *fois*, à l'adjectif numéral qui multiplie les centaines de mille. Ex. : **Dreimal** hunderttausend, trois (fois) cent mille.

f) Un certain nombre d'adjectifs numéraux cardinaux peuvent être pris substantivement. Ex. : die **Eins**, le (chiffre) 1 ; die **Zwei**, un 2 ; eine **Sechs**, le 6 ; eine **Elf**, un 11. On dit aussi eine **Null**, un zéro. — Ces noms sont *féminins* parce qu'on sous-entend Zahl, nombre, chiffre, et se déclinent sur la décl. *faible :* zwei Einsen, deux 1 ; drei Elfen, trois 11, etc.

Nota. — Cependant on les trouve aussi *masculins* et terminés, dans ce cas, en er : der Einer, le 1 ; ein Zweier, un 2 ; ein Fünfer, un 5 ; ein Zwanziger, un 20..., qui se déclinent sur la déclinaison *forte*. — De cette façon, ils s'emploient assez souvent comme adjectifs invariables : der siebenziger Krieg, la guerre de 70 ; fünf und sechziger Weine, des vins de (18)65.

g) **Hundert** et **tausend**, pris substantivement, ainsi que **Million, Billion, Milliarde**, etc., se déclinent les *premiers* sur la déclinaison *forte*, les *seconds* sur la déclinaison *faible*.

Ex. : Das Hundert, la centaine ; *gén.* **es**, pl. **e**.

Eine Million, gén. *invar. ;* pl. die Millionen.

Nota. — Remarquez les mots suivants : das Jahrhundert, le siècle ; das Jahrtausend, mille ans, et aussi das Jahrzehnt, espace de 10 ans.

II. Adjectifs numéraux ordinaux.

61. — Ils servent à exprimer l'ordre, le rang.

Tableau jusqu'au 100ᵉ.

der	erste	le	1ᵉʳ	,	der	sechzehnte	le 16ᵉ
"	zweite	"	2ᵉ	,	"	sieb(en)zehnte	" 17ᵉ
"	dritte	"	3ᵉ	,	"	achtzehnte	" 18ᵉ
"	vierte	"	4ᵉ	,	"	neunzehnte	" 19ᵉ
"	fünfte	"	5ᵉ	,	"	zwanzigste	" 20ᵉ
"	sechste	"	6ᵉ	,	"	ein und zwanzigste	" 21ᵉ
"	siebente	"	7ᵉ	,	"	zwei und zwanzigste	" 22ᵉ
"	achte	"	8ᵉ	,	"	dreißigste	" 30ᵉ
"	neunte	"	9ᵉ	,	"	vierzigste	" 40ᵉ
"	zehnte	"	10ᵉ	,	"	fünfzigste	" 50ᵉ
"	elfte	"	11ᵉ	,	"	sechzigste	" 60ᵉ
"	zwölfte	"	12ᵉ	,	"	sieb(en)zigste	" 70ᵉ
"	dreizehnte	"	13ᵉ	,	"	achtzigste	" 80ᵉ
"	vierzehnte	"	14ᵉ	,	"	neunzigste	" 90ᵉ
"	fünfzehnte	"	15ᵉ	,	"	hundertste	" 100ᵉ

ADJECTIFS NUMÉRAUX 59

A partir du 100ᵉ.

der hundert und erste	le	101ᵉ
„ zweihundertste	„	200ᵉ
„ zweihundert fünf und zwanzigste	„	225ᵉ
„ tausendste	„	1.000ᵉ
„ zehntausendste	„	10.000ᵉ
„ hunderttausendste	„	100.000ᵉ
„ millionste	„	1.000.000ᵉ
„ billionste	„	1.000.000.000ᵉ

Nota. — Un *point* après un chiffre sert souvent à indiquer un nombre ordinal : den 10. (zehnten) Januar, le dix(ième) janvier ; Karl V. (der fünfte), Charles Quint (le cinquième).

62. REMARQUES

1° *Règles de formation.*

a) On forme les adjectifs numéraux ordinaux en ajoutant aux nombres cardinaux **te** ou **ste**. On ajoute te jusqu'à 19 ; ste à partir de 20.

b) Trois seuls se forment d'une manière irrégulière :

der **erste**, qui dérive de eh, *auparavant.*
der dr**i**tte, au lieu de dreite.
der a**ch**te, où l'on ajoute seulement **e**.

c) Dans les *composés*, c'est le *dernier* qui reçoit *seul* cette terminaison.

Ex. : der zwei und zwanzig**ste**, le vingt-deuxième.

2° *Déclinaison.* — Les adjectifs numéraux ordinaux se déclinent comme les autres adjectifs.

Ils sont le plus souvent précédés de l'article *défini*, et suivent par conséquent la déclinaison *faible* des adjectifs. —

Cependant ils peuvent aussi être employés sans déterminatifs et suivre la déclinaison *forte*, ou être précédés d'un déterminatif qui demande la déclinaison *mixte*.

Ex. : dri**tter** Band, troisième volume.
    mein zwei**ter** Bruder, mon second frère.

§ II. — Adjectifs et Pronoms démonstratifs.

63. — Il y a en allemand six adjectifs démonstratifs.

1. dieser, diese, dieses *(hic)*,   ce, celui-ci, etc.
2. jener, jene, jenes *(ille)*,   ce, celui-là.
3. solcher, solche, solches *(talis)*,   tel, telle.
4. derjenige, diejenige, dasjenige *(is)*,   ce, celui, etc.
5. derselbe, dieselbe, dasselbe *(idem)*, le même, la même.
6. der, die, das,   ce, celui, etc.

Nota. — Solcher est aussi indéfini (voir n° 76).

I. Déclinaison des adjectifs démonstratifs.

64. — 1° *Trois* se déclinent sur *l'article défini*. Ce sont : **dieser, jener, solcher**.

Exemple.

	Singulier.			Pluriel.
	Masculin.	Féminin.	Neutre.	Pour les trois genres.
N.	dieser,	diese,	dieses (dies).	diese.
G.	dieses,	dieser,	dieses.	dieser.
D.	diesem,	dieser,	diesem.	diesen.
A.	diesen,	diese,	dieses (dies).	diese.

Nota. — Le neutre **dies** (rarement **dieß**) est une abréviation qui se rencontre fréquemment.

65. — 2° *Deux* se déclinent comme l'adjectif précédé de l'article défini. Ce sont **derselbe** et **derjenige**.

Nota. — En effet, ces deux adjectifs démonstratifs ne sont autre chose que deux mots composés de l'article **der** et de **jenige, selbe**, jouant le véritable rôle d'adjectifs. — Les deux se déclinent donc régulièrement.

Exemple.

	Singulier.			Pluriel.
	Masculin.	Féminin.	Neutre.	Pour les trois genres.
N.	derjenige,	diejenige,	dasjenige.	diejenigen.
G.	desjenigen,	derjenigen,	desjenigen.	derjenigen.
D.	demjenigen,	derjenigen,	demjenigen.	denjenigen.
A.	denjenigen,	diejenige,	dasjenige.	diejenigen.

ADJECTIFS DÉMONSTRATIFS

66. — 3° Enfin le dernier, **der, die, das**, se décline comme l'article, excepté au génitif singulier et pluriel, et au datif pluriel.

Exemple.

	Singulier.			Pluriel.
	Masculin.	Féminin.	Neutre.	Pour les trois genres.
N.	der,	die,	das.	die.
G.	**dessen** (deß),	**deren**,	**dessen** (deß).	**derer** ou **deren**.
D.	dem,	der,	dem.	**denen**.
A.	den,	die,	das.	die.

Nota. — 1° Ce dernier adjectif diffère de l'article non seulement par le sens et la déclinaison, mais aussi par la *prononciation*. Der (presque d'r), article, est *bref* : der (dèr), adjectif ou *pronom* démonstratif, est *long*.

2° Le gén. **deß** (quelquefois des) est une abréviation employée surtout en poésie, et dans certaines locutions : **deßwegen, deßhalb**, à cause de cela, c'est pourquoi.

67. ## II. Remarques.

1° Tous ces adjectifs s'emploient aussi comme *pronoms* (ordinairement sans majuscule), quand ils ne sont suivis d'aucun substantif. Dans ce cas, ils ne changent absolument rien à leur déclinaison.

Ex. : Dieser ist gut, celui-ci est bon.
   Ich habe dieses und jenes gesehen, j'ai vu ceci et cela.

2° Dieser est employé pour indiquer les choses présentes ou plus rapprochées ; jener pour les choses absentes ou plus éloignées.

3° Solcher peut être précédé ou suivi de l'article indéfini ein.

Précédé de ein, il suit la déclinaison *mixte* des adjectifs qualificatifs.
   Ex. : ein solcher Mann, un tel homme ; gén. eines solchen Mannes.

Suivi de ein, il reste *invariable*.

Ex. : sold) ein (par abréviat. so ein) Mann, un tel homme ; gén. **solch** eines Mannes.

Nota. — On trouve beaucoup d'exemples où solch est également *invariable* devant les adjectifs qualificatifs ; ceux-ci suivent alors la décl. forte : solch guter Mann, *un homme si* bon ; solch gute Männer, des hommes *si* bons.

4° Derselbe peut être remplacé par der nämliche. — On trouve aussi derselbige ou même selbiger. — On le renforce par eben, précisément : **eben**derselbe.

5° Derjenige veut être suivi d'un relatif : diejenigen (Kinder), **welche**..., ces *ou* les enfants qui...

§ III. — Adjectifs ou pronoms possessifs.

68. — Il y a en allemand sept adjectifs possessifs :

1. mein, meine, mein,   mon, ma ;
2. dein, deine, dein,   ton, ta ;
3. sein, seine, sein,   son, sa *(à lui)* ;
4. ihr, ihre, ihr,   son, sa *(à elle)* ;
5. unser, uns(e)re, unser,   notre ;
6. euer, eu(e)re, euer,   votre ;
7. ihr, ihre, ihr,   leur.

69.   **I. Déclinaison des adjectifs possessifs.**

Ils se déclinent sur l'article indéfini **ein**. — Leurs *terminaisons*, aux différents cas, sont donc les mêmes que celles de l'*article défini*, excepté au nominatif masculin et neutre, et à l'accusatif neutre du singulier, où ils n'ont pas de terminaison.

Premier Exemple.

	Singulier.			Pluriel.
	Masculin.	Féminin.	Neutre.	Pour les trois genres.
N.	mein,	meine,	mein.	meine.
G.	meines,	meiner,	meines.	meiner.
D.	meinem,	meiner,	meinem.	meinen.
A.	meinen,	meine,	mein.	meine.

ADJECTIFS POSSESSIFS

Deuxième Exemple.

	Singulier.			Pluriel.
	Masculin.	Féminin.	Neutre.	Pour les trois genres
N.	unſer,	unſ(e)re,	unſer.	unſ(e)re.
G.	unſer(e)s (1),	unſ(e)rer,	unſ(e)res.	unſ(e)rer.
D.	unſer(e)m,	unſ(e)rer,	unſ(e)rem.	unſ(e)ren.
A.	unſer(e)n,	unſ(e)re,	unſer.	unſ(e)re.

70.   II. Remarques.

1° On voit que *son, sa*, se traduit en allemand de deux manières :

Par ſein, ſeine, ſein, quand le nom *possesseur* est du *masculin* ou du *neutre* et qu'on peut le tourner par *à lui*.

Ex. : **Der** Vater liebt **ſeine** Kinder, le père aime ses enfants (les enfants *à lui*).

Par ihr, ihre, ihr, quand le nom *possesseur* est *féminin* et qu'on peut le tourner par *à elle*.

Ex. : **die** Mutter liebt **ihre** Kinder, la mère aime ses enfants (les enfants *à elle*).

2° En français, les adjectifs possessifs précèdent toujours le nom ; en allemand, ils peuvent de plus être employés comme *attributs*.

Ex. : Dieſes Haus iſt **mein**, cette maison est (mienne) à moi.

3° En allemand, par politesse, on emploi souvent la *troisième* personne du *pluriel* pour la seconde. — Dans ce cas, il faut toujours commencer par une *majuscule*.

Ex. : Wo iſt **Ihr** Vater ? où est votre père ?

4° Les adjectifs possessifs servent à former les pronoms possessifs. Voici comment :

---

(1) La lettre entre parenthèse est *facultative*. Souvent on peut retrancher l'**e** qui précède la liquide, ou celui qui la suit. Ainsi on peut dire unſers, unſres ou unſeres ; unſerm, unſrem ou unſerem... **Mais il faut dire** unſere ou unſre, unſerer ou unſrer...

71. **III. Manières de former les pronoms possessifs.**

Il y en a trois :

1° La *première* consiste à donner aux adjectifs possessifs les *terminaisons de l'article*, sans les faire précéder d'aucun déterminatif.

Ils suivent dans ce cas absolument la déclinaison de l'article défini.

Voici ces pronoms :

meiner, meine, meines,	le mien, la mienne ;
deiner, deine, deines,	le tien, la tienne ;
seiner, seine, seines,	le sien, la sienne ;
ihrer, ihre, ihres,	
unf(e)rer, unfre, unfres,	le nôtre, la nôtre ;
eu(e)rer, euere, eures,	le vôtre, la vôtre ;
ihrer, ihre, ihres,	le leur, la leur.

72. — Les *deux autres* manières consistent à faire précéder les adjectifs possessifs de *l'article défini*, et à leur donner les terminaisons de l'adjectif qualificatif à la déclinaison *faible*, sur laquelle ils se déclinent.

L'*une* de ces manières prend en outre le suffixe **ig** à tous les cas, l'autre ne le prend pas.

Voici ces pronoms :

der,	die,	das	meine	ou meinige,	le mien, la mienne ;
″	″	″	deine	ou deinige,	le tien, la tienne ;
″	″	″	seine	ou seinige,	le sien, la sienne ;
″	″	″	ihre	ou ihrige,	
″	″	″	unf(e)re	ou unf(e)rige,	le nôtre, la nôtre ;
″	″	″	eu(e)re	ou eu(e)rige,	le vôtre, la vôtre ;
″	″	″	ihre	ou ihrige,	le leur, la leur.

Nota. — 1° Ces trois manières s'emploient généralement l'une pour l'autre. — On peut dire cependant que la 1ʳᵉ est plus familière, la 2ᵉ plus élégante et la 3ᵉ plus *usitée*.

2° Il y a des expressions consacrées, ainsi l'on dira plutôt : Die Meinen, die Seinen, les miens, les siens (parents ou amis); das Seine, le sien (ce qui dépend de chacun, son devoir) ; — das Seinige, le sien (ce qui est à chacun, son bien). — Quelquefois on dit das Mein und Dein, le mien et le tien (opposés l'un à l'autre) ou même sans article : Hader über Mein und Dein, dispute sur le mien et le tien.

§ IV. — Adjectifs et pronoms relatifs ou conjonctifs.

73. — Il y a en allemand quatre adjectifs ou pronoms relatifs ; ce sont :

welcher, welche, welches *(qui)*, lequel, laquelle, qui ;
der, die, das, » lequel, laquelle, qui ;
wer, was, *(qui, is qui)* qui, celui qui, ce qui ;
so, qui, que.

1. Les deux premiers seuls, **welcher** et **der**, sont tantôt adjectifs, tantôt pronoms. Leur déclinaison reste la même dans les deux cas.

a) Welcher prend à tous les cas les terminaisons de l'article défini.

Nota. — Il est inusité au génitif comme pronom, à sa place on emploie dessen, deren. (Synt. n° 285.)

b) Der, die, das, *relatif*, se décline comme der, die, das, démonstratif, excepté au génitif pluriel, où il ne fait jamais derer, mais toujours deren (voir n° 66).

Nota. — 1° Welcher et der ont à peu près la même valeur. Cependant **welcher** semble plus emphatique, **der** plus simple et plus usité. On emploie surtout **der**, quand le même mot n'est pas encore exprimé : ein Mann, der... (mais on dirait plutôt : der Mann, welcher...) ; — après un pronom personnel : er, der..., lui, qui... ; — ou après un terme général : Jemand, der..., tout homme qui, quiconque... Souvent c'est une question d'euphonie.

2° Welcher est dans certains cas aussi *indéfini* (voir n° 76).

3° Welch(er) se rencontre quelquefois *invariable* devant l'adjectif qualificatif, qui, dans ce cas, suit la décl. forte : **welch'** großer (pour welcher große).

74. — 2. Les deux derniers, wer et so, ne sont jamais adjectifs, mais toujours *pronoms*.

a) So s'emploie rarement et seulement au nominatif et à l'accusatif. Il reste toujours *invariable*.

b) Wer n'a que deux formes, qui s'emploient aussi bien pour le singulier que pour le pluriel. Voici comment il se décline :

Pour le singulier et le pluriel.

Masculin et Féminin.   Neutre.

N. wer,   was,
G. wessen,   wessen, (rarement weß).
D. wem,   —
A. wen,   was.

Nota. — A wer, ainsi qu'à welcher, on ajoute **auch** (quelquefois immer ou nur) pour traduire *quiconque, qui que, quelque chose que.* Le sujet se met ordinairement entre les deux mots : **Wer** ihr **auch** seiet, qui que vous soyez...

§ V. — Adjectifs ou pronoms interrogatifs.

75. — Il y a en allemand quatre adjectifs ou pronoms interrogatifs. Ce sont :

welcher, welche, welches ?   qui, lequel, laquelle ?
welch ein, eine, ein !   quel, lequel ! *(exclamatif)*.
was für ein, eine, ein,   quel, lequel (quelle espèce de) ?
wer, was,   qui (qui est-ce qui), quoi (qu'est-ce qui) ?

REMARQUES

1° Les trois premiers seuls sont tantôt adjectifs, tantôt pronoms. — **Wer** est toujours pronom, et se décline comme lorsqu'il est pronom *relatif*.

2° **Welcher, e, es**, se décline ici, comme lorsqu'il est relatif, sur l'article défini.

3° Welch ein, was für ein, *adjectifs*, se déclinent comme l'article indéfini qui sert à les composer ; — *pronoms*, ils ajoutent au nominatif singulier les terminaisons de l'article.

Ex. : Welch ein**er, e, es**.., was für ein**er, e, es**.

Dans ces deux mots, ein *seul* se décline ; et comme ein n'a pas de pluriel propre, on aura au *pluriel* simplement **was für** qui reste *invariable*, et welche, qui se décline alors. — Was für se trouve aussi au singulier devant des noms de matières : Ex. : **Was für Wein**, quelle espèce de vin...

Nota. — 1° Wer, was s'emploient surtout quand la personne ou la chose n'a pas encore été nommée ou n'est connue que vaguement ; c'est le contraire pour welcher... : Wer ist da? qui est là (qui vive)? was geschah? qu'arriva-t-il ? — Es ist ein Freund da. Welcher? Un de vos amis est là. Lequel ? Da sind zwei Bücher, welches wollen Sie? Voici deux livres, lequel voulez-vous ?

2° Welch ein est surtout exclamatif et se rapporte à la quantité : welch ein Fisch! quel poisson !

3° Was für ein désigne surtout la qualité, l'espèce et quelquefois l'étonnement : Was für (ein) Wein? quelle espèce de vin ? —

§ VI. — Adjectifs ou pronoms indéfinis (1).

76. — Les adjectifs indéfinis qui peuvent devenir aussi pronoms sont :

1. Ein, eine, ein, un, une.
   Einer, e, es *(pronom)*, quelqu'un, un homme, une chose.
   Der, die, das eine *(adj. ou pron.)*, l'un, l'une ; die einen, les uns, les unes.
   Irgend ein(er), un... quelconque.
   Solch ein(er), un tel...

2. Kein, keine, kein, aucun, nul, pas un, pas de...
   Keiner, e, es *(pron.)*, nul, personne.

3. Jeder, jede, jedes, chaque... chacun, chacune, tout...
   Ein jeder... (un) chacun...

   Nota. — Jeder se remplace quelquefois par jeglicher ou jedweder, mots un peu vieillis, surtout le dernier.

4. Einiger, einige, einiges, quelque.
   Etlicher, etliche, etliches, quelque.

5. Mancher, manche, manches, **maint, plus d'un.**
   Manch', invariable devant ein ou même devant d'autres adjectifs.

---

(1) Nous donnons ici les adjectifs indéfinis avec leurs formes et leurs acceptions diverses.

Manch einer, ein Mancher, — Manche, bien des (gens); — mannichfach ou mannigfach, de maintes sortes, de bien des sortes.

6. Ganzer, ganze, ganzes, tout, entier *(totus)*.
   Ganz, *quelquefois invariable;* — der ganze, ein ganzer; — gänzlich, total...

7. Aller, alle, alles, tout *(omnis)*.
   All', *quelquefois invariable:* — Alle *(pron. pl.)* tous, tous les hommes ; Alles *(pron., neutre sing.)*, tout, toutes choses *(omnia), quelquefois* tout le monde... — Allerlei, de toutes sortes.

8. Vieler, viele, vieles, beaucoup, bien des...
   Viel, *quelquefois invariable,* — Viele, bien des gens; vieles, bien des choses ; — (eben) so viel, autant de ; — wie viel, combien ; — zu viel, trop (de) ; — der wievielste, le combien (quantième).

9. Weniger, wenige, weniges, peu (de).
   Wenig, *quelquefois invariable,* Wenige, peu de gens; weniges, peu de chose.

10. Mehrere, plusieurs.
    Mehreres, plusieurs choses ; — der, die, das meiste, le plus *(plurimus);* — die meisten, la plupart (des).

11. Beide, tous les deux *(ambo)*.
    Beides, l'un(e) et l'autre (chose) ; die beiden, tous les deux.

12. Uebrig, restant, ce qui reste.
    Der, die, das übrige; das Uebrige, *cætera;* die Uebrigen, les autres (qui restent), *cæteri*.

13. Solcher (voir adj. démonstr. n° 64), tel, telle.
    Solch ein, solch einer, un tel...
    Ein solcher, un tel.

14. Welcher, welche, welches, quelque, *en*.
    Ce relatif est quelquefois en effet employé comme pronom indéfini, surtout au pluriel ou au neutre singulier : Ich habe welche ou welches, j'en ai.

REMARQUES :

77. I. *Sur la déclinaison de ces mots.*

1. Lorsque ces mots sont *adjectifs*, c'est-à-dire lorsqu'ils accompagnent un substantif, il faut voir s'ils sont précédés ou non d'un autre déterminatif.

S'ils ne sont précédés d'aucun déterminatif, ils se déclinent sur **der, die, das**, ou sur **ein, eine, ein**, selon qu'ils ont l'une ou l'autre de ces terminaisons.

Ex. : Jeder Mann, gén. sing., jedes Mannes.
Kein Mann, gén. sing., keines Mannes, pluriel keine Männer.

Si, au contraire, ils sont précédés d'un autre déterminatif, ils suivent les déclinaisons des adjectifs qualificatifs.

Ex. : Décl. faible : Das ganze Haus, g. des ganzen Hauses.
Décl. mixte : Ein ganzes Haus, g. eines gan Hauses.

2. Lorsque ces mots sont employés comme *pronoms*, c'est-à-dire quand ils ne sont accompagnés d'aucun substantif, ils ajoutent au nominatif, s'ils ne la possèdent déjà, la terminaison **er, e, s**, de l'article défini, et se déclinent comme ce dernier.

Ex. : Einer, eine, eines.
Keiner, keine, keines, etc.

78. II. *Sur l'emploi de certains de ces mots.*

1. Ces mots employés comme *pronoms* prennent une *majuscule*, quand ils sont pris dans un sens *absolu*; mais ils prennent ordinairement une *minuscule* quand le *nom* est *sous-entendu*.

Ex. : Ich kenne Einen, der besser ist, je connais quelqu'un qui vaut mieux ; — Haben Sie ein Messer? Ich habe eines... Avez-vous un couteau ? J'en ai un.

2. Plusieurs de ces mots indéfinis peuvent s'unir par **und** (ou une autre conjonction).

Ex. : Der eine und (oder) der andere, l'un et (ou) l'autre ; Alle und Jede, tous et chacun, c'est-à-dire tous ensemble ; Alles und Jedes, tout ensemble (en gros et en détail).

3. Einer signifie quelquefois *un seul* et s'écrit alors avec une majuscule ou encore en caractères espacés e i n e r. — Der eine peut s'employer comme adjectif et se traduit par *l'un des*.

Ex. : Der eine Bruder, l'un des frères. — On pourrait dire aussi : Der eine und der andere Bruder, l'un et l'autre frère.

4. Kein(er) sert souvent à traduire *pas de*, et kein(er) mehr, *plus de*. Mehr se met immédiatement après le nom, et *en* qui l'accompagne quelquefois *peut* ne pas se traduire.

Ex. : Sie haben keinen Wein, ils *n'ont pas de* vin ; sie haben keinen Wein mehr, ils *n'ont plus de* vin; ich habe (deren) keinen mehr, je *n'en ai plus*.

5. Jeder et jeglicher ne s'emploient ordinairement qu'au singulier. Employés au pluriel, ils se traduiraient par *tous*.

Nota. — Jeder, der, sert à traduire *quiconque*.

6. Einiger et etlicher ne s'emploient ordinairement qu'au pluriel ; — au singulier ils ont le sens de *un peu*.

Ex. : Einiges Geld, un peu d'argent.

7. All(er) précède généralement le substantif et, dans ce cas, ne prend jamais l'article : alle Menschen. Cependant, il peut être précédé ou suivi d'un autre déterminatif : dieses alles, tout cela ; all(es) dieses Geld, tout cet argent. — Au singulier, et *suivi* d'un autre déterminatif, all restera plutôt invariable : all dieses Geld. (Dans ce cas, all' prend souvent une apostrophe.)

Nota. — On trouve des exemples où alle (pluriel) suit le nom et s'accorde : die Menschen alle.

8. Ganz peut être employé *sans article* devant un nom de *pays* ou de *ville*, et alors il reste *invariable* : ganz Paris, tout Paris. — Dans les autres cas, il est *précédé*, et non suivi, comme en français, de l'article ou du déterminatif.

Ex. : 𝔇as ganze Haus, toute la maison ; mein ganzes Vermögen, toute ma fortune (mot à mot : ma toute fortune), etc.

9. Viel et wenig, suivis d'un nom de choses qui ne se comptent pas, sont indéclinables.

Ex. : Viel Geld, beaucoup d'argent ; wenig Brod, peu de pain.

Joints à un pluriel de choses qui se comptent, ils se déclinent :

Ex. : Viele Häuser, beaucoup de maisons ; meine vielen Geschäfte, mes nombreuses affaires.

Nota. — Quand einige, etliche, manche, solche, wenige se *déclinent* et sont suivis d'un adjectif qualificatif, celui-ci régulièrement doit suivre la déclinaison faible. — Cependant, au nominatif et à l'accusatif pluriel, on trouve souvent aussi la déclinaison forte ; il en est de même après mehrere et (moins souvent) après alle.

'9. — III. *Les mots suivants ne peuvent être que pronoms :*

1. Man, on, *indéclinable*.
2. Jemand, quelqu'un.   ⎫ gén. (e)s ; datif et accusatif
3. Niemand, personne.   ⎭ quelquefois en.
4. Jedermann, chacun, tout le monde ; *invariable, excepté* au génitif, où il prend s.
5. Etwas, quelque chose.   ⎫
6. Nichts, rien.   ⎬ *indéclinables.*
7. Einander, l'un l'autre. ⎭

Nota. — 1° Etwas (familièrement was), s'emploie quelquefois comme adverbe pour « un peu » : das ist etwas theuer, c'est un peu cher.

2° Nichts est toujours *négatif*. — Rien, *positif*, se traduit par etwas, quelquefois was : ich habe nie (et)was schöneres gesehen, je n'ai jamais vu *rien* de plus beau.

3° Einander est souvent précédé d'une préposition avec laquelle il forme ordinairement un seul mot : voneinander, l'un de l'autre ; miteinander, l'un avec l'autre, ensemble ; durcheinander, les uns à travers les autres, pêle-mêle.

Chapitre IV

DES PRONOMS

80. — Il y a sept sortes de pronoms : les pronoms démonstratifs, les pronoms possessifs, les pronoms relatifs, les pronoms interrogatifs, les pronoms indéfinis, les pronoms personnels et les pronoms réfléchis.

Les cinq premiers sont aussi adjectifs (voir le chapitre précédent) ; il nous reste encore à parler des pronoms *personnels* et des pronoms *réfléchis*.

81. § Ier. — **Pronoms personnels.**

En allemand, comme en français, il y a trois personnes, et par conséquent trois pronoms personnels, un pour la première, un pour la seconde et un pour la troisième personne.

Pronom de la 1ʳᵉ personne.

	Singulier.			Pluriel.
N.	Ich,	je ou moi.	Wir,	nous.
G.	meiner,	de moi.	unser,	de nous.
D.	mir,	à moi.	uns,	à nous.
A.	mich,	moi.	uns,	nous.

Pronom de la 2ᵉ personne.

	Singulier.			Pluriel.
N.	Du,	tu ou toi.	Ihr,	vous.
G.	deiner,	de toi.	euer,	de vous.
D.	dir,	à toi.	euch,	à vous.
A.	dich,	toi.	euch,	vous.

PRONOMS PERSONNELS

Pronom de la 3ᵉ personne.

Singulier.

Masculin.		Féminin.		Neutre.	
N. Er,	lui, il.	Sie,	elle.	Es,	lui, il, elle.
G. seiner,	de lui.	ihrer,	d'elle.	seiner,	de lui, d'elle.
D. ihm,	à lui.	ihr,	à elle.	ihm,	à lui, à elle.
A. ihn,	lui, le.	sie,	elle.	es,	lui, le, la.

Pluriel.
Pour les trois genres.

N. Sie, eux, ils.
G. ihrer, d'eux.
D. ihnen, à eux.
A. sie, eux, les.

82. REMARQUES

1° Tous les *génitifs*, sing. ou plur., se terminent en **er**. — Cependant, en poésie et dans certaines locutions, on retranche quelquefois er aux génitifs sing. : mein, dein, sein, au lieu de meiner, etc.

Ex. : Ich pflegte **sein** (pour seiner), je pris soin de lui ; vergiß **mein** (meiner) nicht, ne m'oubliez pas (myosotis).

Nota. — Comparez ces expressions naïves ou poétiques : Der liebe Vater mein, mon cher père (le cher père de moi) ; o liebe Mutter mein, ô ma chère mère !

2° Meiner, deiner, etc., par euphonie, changent r en **t** avec wegen, halben, à cause de, um — willen, pour l'amour de. — Avec unser, euer, le **t** s'ajoute.

Ex. : Meinetwegen, à cause de moi ; um seinetwillen, pour l'amour de lui ; ihrethalben, à cause d'eux. — Mais on dira unsertwegen, à cause de nous ; euerthalben, à cause de vous ; — r se change en **s** avec gleichen. Ex. : meinesgleichen, deinesgleichen, semblable à moi, à toi...

3° Par politesse on emploie souvent la *troisième* personne du *pluriel* au lieu de la seconde, mais on commence alors le pronom par une lettre *majuscule*.

Ex. : Ich lobe **Sie**, au lieu de euch. Je *vous* loue.

4°. Pour renforcer le pronom, on y ajoute le mot indéclinable selbst ou selber. — Il prend la même place qu'en français, mais on ne répète pas le pronom.

Ex. : Ich selbst, moi-même ; der Vater selbst, le père (lui) même.

§ II. — Pronoms réfléchis.

83. — Le pronom est réfléchi quand il se rapporte au sujet lui-même. — On voit de suite qu'il ne peut point y avoir de pronom réfléchi au *nominatif*.

Chaque pronom personnel peut avoir son pronom réfléchi. Cependant celui de la première et celui de la deuxième personne ne changent rien, dans ce cas, à leur déclinaison.

Il n'y a que celui de la *troisième* personne qui diffère au *datif* et à l'*accusatif* du singulier et du pluriel.

Déclinaison du pronom réfléchi de la troisième personne.

	Singulier.				Pluriel.	
	Masculin.	Féminin.	Neutre.		Pour les 3 genres.	
N.	*(Il n'y en a pas.)*				*(Point.)*	
G.	Seiner,	Ihrer,	Seiner,	de soi (lui).	Ihrer,	de soi (d'eux).
D.	sich,	sich,	sich,	à soi, se.	sich,	à soi, se.
A.	sich,	sich,	sich,	soi, se.	sich,	soi, se.

Nota. — 1° On y ajoute aussi souvent selbst, mais sans répéter le pronom comme en français (voir plus haut) : Er lobt sich selbst, il se vante (lui) même.

2° On voit qu'en français le pronom réfléchi de la 3ᵉ pers. conserve souvent la forme du pronom personnel : *lui, elle, eux*. Cela n'a pas lieu en allemand.

Chapitre V

DU VERBE

84. — *Conjuguer* un verbe, c'est le présenter à ses différents modes, et aux différents temps de chaque mode.

Il faut bien distinguer, dans la conjugaison d'un verbe, son *radical* et sa *terminaison*. Celle-ci change aux différents temps et aux différentes personnes, tandis que le radical reste invariable (excepté dans les verbes forts et mixtes).

I. Modes.

Il y a en allemand, comme en français, six modes, dont les uns sont personnels, les autres impersonnels. Ces modes sont : l'*indicatif*, le *conditionnel*, l'*impératif*, le *subjonctif*, l'*infinitif* et le *participe*.

II. Temps.

Il y a aussi trois temps en allemand :

Le *présent*, qui n'admet pas de divisions.

Le *passé*, qui se divise et qui, en allemand, comprend l'*imparfait*, le *parfait*, le *plus-que-parfait*. — L'imparfait correspond à l'imparfait et au passé défini du français, le parfait au passé indéfini, le plus-que-parfait à notre plus-que-parfait et à notre parfait antérieur.

Nota. — Cependant le passé *indéfini* français se rend aussi souvent par l'*imparfait*.

Le *futur*, qui se subdivise comme en français en *simple* et en *antérieur*. — En allemand, le futur existe à l'*indicatif* et au *subjonctif*.

III. Différentes sortes de Verbes.

Il y a en allemand comme en français cinq sortes de verbes : les verbes actifs, les verbes neutres, les verbes passifs, les verbes réfléchis ou pronominaux, et les verbes impersonnels.

Tous ces verbes sont ou bien simples ou composés.

85.
IV. Différentes sortes de Conjugaisons.

En allemand, les différents verbes peuvent suivre trois sortes de conjugaisons : la conjugaison *forte*, la conjugaison *faible*, et la conjugaison *mixte*.

V. Verbes auxiliaires.

En allemand comme en français, pour conjuguer un de ces verbes, on a recours à des verbes auxiliaires.

Il y a en allemand trois verbes auxiliaires proprement dits ; ce sont : sein, être ; haben, avoir ; werden, devenir (être, se faire).

Nota. — Ces trois verbes s'appellent généralement auxiliaires de *temps*, pour les distinguer des auxiliaires de *modes* (voir n° 107, 4°).

VI. Division du chapitre.

'Trois parties principales :

I. *Conjugaison des verbes* :

1° auxiliaires ; 2° faibles ; 3° forts ; 4° mixtes.

II. *Différentes espèces de verbes* :

1° actifs et neutres ; 2° passifs ; 3° réfléchis ; 4° impersonnels.

III. *Nature et composition des verbes* :

Verbes simples, verbes dérivés et verbes composés.

I. Conjugaison des verbes.

86. § Iᵉʳ. — Verbes auxiliaires.

I. Conjugaison de **ſein**, être (part. passé **geweſen**).

INDICATIF

Présent.	Imparfait.	Parfait.
Ich bin	Ich war	Ich bin
du biſt	du warſt	du biſt
er iſt	er war	er iſt
wir ſind	wir waren	wir ſind
ihr ſeid	ihr waret	ihr ſeid
ſie ſind	ſie waren	ſie ſind
Je suis.	J'étais, je fus (j'ai été).	J'ai été. *(geweſen)*

Plus-que-Parfait.	Futur simple.	Futur antérieur.
Ich war	Ich werde (1)	Ich werde
du warſt	du wirſt	du wirſt
er war	er wird	er wird
wir waren	wir werden	wir werden
ihr waret	ihr werdet	ihr werdet
ſie waren	ſie werden	ſie werden
J'avais *ou* j'eus été. *(geweſen)*	Je serai. *(ſein)*	J'aurai été. *(geweſen ſein)*

CONDITIONNEL

Présent.	Passé.
Ich würde	Ich würde
du würdeſt	du würdeſt
er würde	er würde
wir würden	wir würden
ihr würdet	ihr würdet
ſie würden	ſie würden
Je serais. *(ſein)*	J'aurais été. *(geweſen ſein)*

(1) Comparez le français : je vais être.

IMPÉRATIF

Sei	sois.
sei er	qu'il soit.
seien wir (laßt uns sein)	soyons.
seid	soyez.
seien sie	qu'ils soient.

SUBJONCTIF

Présent.	*Imparfait.*	*Parfait.*
Ich sei	Ich wäre	Ich sei
du sei(e)st	du wärest	du sei(e)st
er sei	er wäre	er sei
wir seien	wir wären	wir seien
ihr seiet	ihr wäret	ihr seiet
sie seien	sie wären	sie seien
Que je sois.	Que je fusse.	Que j'aie été.

(Parfait column: *gewesen*)

Plus-que-Parfait.	*Futur simple.*	*Futur antérieur.*
Ich wäre	Ich werde	Ich werde
du wärest	du werdest	du werdest
er wäre	er werde	er werde
wir wären	wir werden	wir werden
ihr wäret	ihr werdet	ihr werdet
sie wären	sie werden	sie werden
Que j'eusse été, j'aurais été.	Que je serai *ou* sois.	Que j'aurai (aie) été.

(Plus-que-Parfait : *gewesen* ; Futur simple : *sein* ; Futur antérieur : *gewesen sein*)

INFINITIF

Présent.	*Passé.*
Sein, être.	Gewesen sein, avoir été.
zu sein, de *ou* à être.	*Futur.*
um...(1) zu sein, pour être.	Sein werden, devoir être (2).

PARTICIPE

Présent.	*Passé.*
Seiend (wesend), étant.	Gewesen, été.

---

(1) Ces points marquent la place de l'attribut ou des compléments. Ex. : **um** gut und gelehrt **zu** sein ; pour être bon et instruit.

(2) Dans le sens de : être plus tard, à l'avenir *(futurum esse)*. Ce temps, d'ailleurs, est rarement employé.

VERBES AUXILIAIRES

87. *Remarques sur le verbe* ſein.

1° C'est un des verbes les plus irréguliers. Cela vient de ce qu'il a plusieurs racines. — Dans les temps passés composés, il se sert d'auxiliaire à lui-même. On ne dit donc pas, comme en français : *j'ai été*, mais : *je suis été*, ich **bin** geweſen, etc. —

2° On se sert souvent de l'imparfait et du plus-que-parfait du subjonctif, à la place des deux conditionnels. (Voir n° 410.)

3° Le part. présent weſend [1] n'existe plus que dans ses composés, comme anweſend présent, abweſend absent.

88. II. Conjugaison de l'auxiliaire haben (part. passé gehabt).

INDICATIF

Présent.	*Imparfait.*	*Parfait.*
Ich habe	Ich hatte	Ich habe
du haſt	du hatteſt	du haſt
er hat	er hatte	er hat
wir haben	wir hatten	wir haben
ihr hab(e)t [2]	ihr hattet	ihr hab(e)t
ſie haben	ſie hatten	ſie haben
J'ai.	J'avais, j'eus (j'ai eu).	J'ai eu.

gehabt

Plus-que-Parfait.	*Futur simple.*	*Futur antérieur.*
Ich hatte	Ich werde	Ich werde
du hatteſt	du wirſt	du wirſt
er hatte	er wird	er wird
wir hatten	wir werden	wir werden
ihr hattet	ihr werdet	ihr werdet
ſie hatten.	ſie werden	ſie werden
J'avais *ou* j'eus eu.	J'aurai.	J'aurai eu.

gehabt / haben / gehabt haben

---

[1] De l'ancien verbe weſen, comme geweſen. — On dit encore das Weſen, l'être.

[2] Surtout habt.

CONDITIONNEL

Présent.

Ich würde
du würdest
er würde   haben
wir würden
ihr würdet
sie würden

J'aurais.

Passé.

Ich würde
du würdest
er würde   gehabt haben
wir würden
ihr würdet
sie würden

J'aurais eu.

IMPÉRATIF

Habe — aie.
habe er — qu'il ait.
haben wir (laßt uns haben) — ayons.
habet — ayez.
haben sie — qu'ils aient.

SUBJONCTIF

Présent.

Ich habe
du habest
er habe
wir haben
ihr habet
sie haben

Que j'aie.

Imparfait.

Ich hätte
du hättest
er hätte
wir hätten
ihr hättet
sie hätten

Que j'eusse (j'aurais).

Parfait.

Ich habe
du habest
er habe   gehabt
wir haben
ihr habet
sie haben

Que j'aie eu.

Plus-que-Parfait.

Ich hätte
du hättest
er hätte   gehabt
wir hätten
ihr hättet
sie hätten

Que j'eusse eu (j'aurais eu).

Futur simple.

Ich werde
du werdest
er werde   haben
wir werden
ihr werdet
sie werden

Que j'aurai *ou* aie.

Futur antérieur.

Ich werde
du werdest
er werde   gehabt haben
wir werden
ihr werdet
sie werden

Que j'aurai (aie) eu.

INFINITIF

Présent.		*Passé.*
Haben (1),	avoir.	Gehabt haben, avoir eu.
zu haben,	de *ou* à avoir.	*Futur.*
um... zu haben,	pour avoir.	Haben werden, devoir avoir.

PARTICIPE

Présent.	*Passé.*
Habend, ayant.	Gehabt, eu.

89. *Remarques sur le verbe* haben.

1° Le verbe haben appartient à la conjugaison *mixte* (n° 106). Il est de plus irrégulier à l'indicatif présent (2° et 3° pers. du sing.) et à l'imparfait.

2° Il sert à former les temps passés composés des verbes actifs, des verbes réfléchis et de certains verbes neutres.

90. **III. Conjugaison de werden (part. passé geworden).**

INDICATIF

Présent.	*Imparfait.*	*Parfait.*
Ich werde	Ich wurde *ou* ward	Ich bin
du wirst	du wurdest *ou* wardst	du bist
er wird	er wurde *ou* ward	er ist
wir werden	wir wurden	wir sind
ihr werdet	ihr wurdet	ihr seid
sie werden	sie wurden	sie sind
Je deviens.	Je devenais, devins (je suis devenu).	Je suis devenu

Plus-que-Parfait.	*Futur simple.*	*Futur antérieur.*
Ich war	Ich werde	Ich werde
du warst	du wirst	du wirst
er war	er wird	er wird
wir waren	wir werden	wir werden
ihr waret	ihr werdet	ihr werdet
sie waren	sie werden	sie werden
J'étais, je fus devenu.	Je deviendrai.	Je serai devenu.

(where *geworden* follows the Plus-que-Parfait column, *werden* follows the Futur simple column, and *geworden sein* follows the Futur antérieur column)

---

(1) Par abréviation, han, surtout autrefois et encore aujourd'hui dans certains poètes et dialectes.

CONDITIONNEL

Présent.

Ich würde
du würdest
er würde   } werden
wir würden
ihr würdet
sie würden

Je deviendrais.

Passé.

Ich würde
du würdest
er würde   } geworden sein
wir würden
ihr würdet
sie würden

Je serais devenu.

IMPÉRATIF

Werde — deviens.
werde er — qu'il devienne.
werden wir (laßt uns werden) — devenons.
werdet — devenez.
werden sie — qu'ils deviennent.

SUBJONCTIF

Présent.

Ich werde
du werdest
er werde
wir werden
ihr werdet
sie werden

Que je devienne.

Imparfait.

Ich würde
du würdest
er würde
wir würden
ihr würdet
sie würden

Que je devinsse (je deviendrais).

Parfait.

Ich sei
du sei(e)st
er sei   } geworden
wir seien
ihr seiet
sie seien

Que je sois devenu.

Plus-que-Parfait.

Ich wäre
du wärest
er wäre   } geworden
wir wären
ihr wäret
sie wären

Que je fusse (je serais) devenu.

Futur simple.

Ich werde
du werdest
er werde   } werden
wir werden
ihr werdet
sie werden

Que je deviendrai (devienne).

Futur antérieur.

Ich werde
du werdest
er werde   } geworden sein
wir werden
ihr werdet
sie werden

Que je serai (sois) devenu.

INFINITIF

Présent.		Passé.
Werden	devenir.	Geworden sein, être devenu.
zu werden	de *ou* à devenir.	*Futur.*
um... zu werden	pour devenir.	Werden werden, devoir devenir.

PARTICIPE

Présent.		Passé.
Werdend	devenant.	Geworden (worden) devenu.

91. *Remarques sur le verbe* werden.

1° Werden appartient à la conjugaison *forte*.

2° Comme on le voit, il sert à former les *futurs* et les *conditionnels* de *tous* les verbes.

3° De plus, il sert d'*auxiliaire* aux verbes *passifs* et se traduit alors par *être*. — Dans ce cas, on se sert toujours de la seconde forme du participe passé, worden.

§ II. — Conjugaison faible.

92. — La conjugaison faible est celle qui n'admet pas de changement intérieur dans la formation des temps, et dont les terminaisons se forment d'une manière tout à fait régulière. — Dans les verbes de cette conjugaison, l'*imparfait de l'indicatif* est toujours terminé en (**e**)**te**, et le *participe passé* en (**e**)**t**.

Nota. — L'(e) est surtout euphonique. On le retranche généralement quand la prononciation et l'oreille n'en souffrent pas, ce qui est impossible entre deux dentales (d, t, th) ou après m et n, précédés d'une consonne (thm, gn, etc.) : ich redete, je parlais ; geredet, parlé ; ich athmete, je respirais, geathmet ; es regnete, il pleuvait, geregnet, etc.

Conjugaison de loben, louer (part. passé gelobt).

INDICATIF

Présent.	*Imparfait.*	*Parfait.*
Ich lobe	Ich lob(e)te (2)	Ich habe
du lob(e)st (1)	du lob(e)test	du hast
er lob(e)t	er lob(e)te	er hat
wir loben	wir lob(e)ten	wir haben
ihr lob(e)t	ihr lob(e)tet	ihr hab(e)t
sie loben	sie lob(e)ten	sie haben
Je loue.	Je louais, je louai (j'ai loué).	J'ai loué.

(Parfait: gelobt)

Plus-que-Parfait.	*Futur simple.*	*Futur antérieur.*
Ich hatte	Ich werde	Ich werde
du hattest	du wirst	du wirst
er hatte	er wird	er wird
wir hatten	wir werden	wir werden
ihr hattet	ihr werdet	ihr werdet
sie hatten	sie werden	sie werden
J'avais, j'eus loué.	Je louerai.	J'aurai loué.

(Plus-que-Parfait: gelobt ; Futur simple: loben ; Futur antérieur: gelobt haben)

CONDITIONNEL

Présent.	*Passé.*
Ich würde	Ich würde
du würdest	du würdest
er würde	er würde
wir würden	wir würden
ihr würdet	ihr würdet
sie würden	sie würden
Je louerais.	J'aurais loué.

(Présent: loben ; Passé: gelobt haben)

(1) Surtout lobst, mais l'e devient nécessaire entre 2 *sifflantes* (s, ß, sch, z, tz) : du speisest, tu manges ; et généralement après une dentale : du leidest, tu souffres.

(2) Surtout lobte (n° 92, nota), lobete serait plus emphatique.

IMPÉRATIF

Lobe	loue.
lobe er	qu'il loue.
loben wir (laßt uns loben)	louons.
lob(e)t	louez.
loben sie	qu'ils louent.

SUBJONCTIF

Présent.

Ich lobe
du lobest
er lobe
wir loben
ihr lobet
sie loben

Que je loue.

Imparfait.

Ich lob(e)te
du lob(e)test
er lob(e)te
wir lob(e)ten
ihr lob(e)tet
sie lob(e)ten

Que je louasse (je louerais).

Parfait.

Ich habe
du habest
er habe   } gelobt
wir haben
ihr habet
sie haben

Que j'aie loué.

Plus-que-Parfait.

Ich hätte
du hättest
er hätte   } gelobt
wir hätten
ihr hättet
sie hätten

Que j'eusse, j'aurais loué.

Futur simple.

Ich werde
du werdest
er werde   } loben
wir werden
ihr werdet
sie werden

Que je loue.

Futur antérieur.

Ich werde
du werdest
er werde   } gelobt haben
wir werden
ihr werdet
sie werden

Que j'aie loué.

INFINITIF

Présent.

Loben	louer.
zu loben	de *ou* à louer.
um... zu loben	pour louer.

Passé.

Gelobt haben, avoir loué.

Futur.

Loben werden, devoir louer.

PARTICIPE

Présent.

Lobend, louant.

Passé.

Gelobt, loué.

Conjuguer sur loben :

lieben, aimer ; reden, parler ; glauben, croire ;
leben, vivre ; kaufen, acheter ; hoffen, espérer ;
reisen, voyager ; speisen, manger ; wünschen, souhaiter ;
tadeln, blâmer ; schmeicheln, flatter ; zittern, trembler.

93.   **Remarques sur la formation des temps.**

1° Pour reconnaître et conjuguer un verbe, il faut avant tout savoir les temps *primitifs* de ce verbe, c'est-à-dire l'*infinitif*, le *présent de l'indicatif* (première et deuxième personnes), et surtout l'*imparfait* de l'indicatif, et le *participe passé*.

94. — 2° *Formation des temps primitifs.* — Ils se forment du radical du verbe, auquel on ajoute les terminaisons respectives :

en pour l'*indicatif présent*, ou simplement **n**, quand le radical est terminé par *el* ou *er*, comme tadeln, blâmer ; rudern, ramer.

Nota. — 1° Dans le dernier cas sont aussi thun, faire, et sein, être, verbes irréguliers.

2° L'e est souvent élidé après une voyelle et plus rarement après h ; on le remplace par une apostrophe : schaun *ou* schau'n, seh'n ; voir, regarder.

e, pour l'*indicatif présent* : (e)st, (e)t ; en, (e)t, en.

te, et quelquefois **ete**, à l'imparfait : test, te ; ten, tet, ten.

t ou **et**, au participe passé — (**en** pour les verbes forts).

A ce dernier temps on fait ordinairement précéder, le radical de l'augment **ge** quand il s'agit d'un verbe simple (voir n° 125, n°s 2 et 3).

Nota. — Les verbes en eln, ern *perdent* ordinairement l'e à l'ind. prés. 1re pers. sing., à l'impératif 2e pers. sing., à tout le subj. présent : ich table, ich zittre ; *impér.* table, zittre... *subj.* ich table, du tablest, er table, etc. — Ils le *reprennent* aux autres personnes : du tadelst, er zittert, etc.

95. — 3° *Formation des temps dérivés.* — Les temps primitifs, que l'on vient de nommer, servent à former tous les autres temps, simples ou composés.

1. L'*Infinitif* sert à former :

Le *participe présent*, en ajoutant d. Ex. : loben = lobend ; tadeln = tadelnd.

Nota. — *a)* L'e dans la terminaison est de rigueur, si bien qu'on l'ajoute dans les verbes où il n'existe pas à l'infinitif : thun = thuend ; sein = seiend.

b) En du français ne se traduit pas : En louant, lobend.

L'*infinitif futur*, en le faisant suivre de l'auxiliaire werden. Ex. : loben = loben **werden** ;

Le *futur simple de l'indicatif et du subjonctif*, en le faisant précéder de werden (présent de l'indicatif ou du subjonctif). Ex. : loben = ich **werde** loben ;

Le *conditionnel présent*, en le faisant précéder de l'imparfait du subjonctif du verbe werden. Ex. : loben = ich **würde** loben.

2. L'*Indicatif présent* sert à former :

L'*impératif* en retranchant le sujet à la deuxième personne du singulier et du pluriel, et en le faisant suivre du sujet aux autres personnes (terminaison e à la 3ᵉ personne du singulier, comme au subjonctif) ;

Le *subjonctif présent* qui lui ressemble, avec cette seule différence qu'à toutes les personnes du subjonctif le radical veut être suivi de e, et que la 3ᵉ personne du singulier ne prend jamais t. Ex. : er lobe, ihr lobet (sein, être, fait quelque peu exception).

3. L'*Imparfait de l'indicatif* sert à former l'*imparfait du subjonctif* qui lui ressemble, excepté pour l'e qui, dans le dernier, suit ordinairement le radical *(et l'adoucissement, mais pour les verbes forts seulement.* Voir n° 97 et suivants).

96. — 1. Le *Participe passé* sert à former tous les temps *composés* du passé, à l'aide des auxiliaires **haben** ou **sein** *(aussi* werden *dans les verbes passifs.* Voir n° 109).

Ainsi se forment :

1) *Le parfait de l'indicatif et du subjonctif* par l'addition du participe passé du verbe qu'on conjugue, au

présent de l'indicatif ou du subjonctif de l'auxiliaire haben ou sein.

Ex. : Ich habe gehabt ; ich habe gelobt.
Ich bin gewesen ; ich sei gewesen.

2) *Le plus-que-parfait de l'indicatif ou du subjonctif* par l'addition du participe passé du verbe qu'on conjugue, à l'imparfait de l'indicatif ou du subjonctif de ces mêmes auxiliaires.

Ex. : Ich hatte gehabt ; ich hätte gelobt.
Ich war gewesen ; ich wäre gewesen.

3) L'*infinitif passé* en ajoutant au participe passé du verbe qu'on conjugue l'infinitif présent d'un des auxiliaires.

Ex. : gehabt haben ; gelobt haben.
gewesen sein ; gestorben sein, être mort.

4) *Les futurs et conditionnels passés* en ajoutant le participe passé du verbe qu'on conjugue :

Pour les futurs passés, aux futurs simples de l'auxiliaire haben ou sein (werden, dans les verbes passifs, n° 109).

Ex. : Ich werde gehabt haben.
Ich werde gewesen sein.

Pour le conditionnel passé, au conditionnel présent d'un de ces mêmes auxiliaires.

Ex. : Ich würde gehabt haben.
Ich würde gewesen sein.

Nota. — *a)* On voit que, dans ces deux temps, le participe se met toujours entre les deux termes qui servent à former le futur simple ou le conditionnel présent. La raison en est, que le dernier est un infinitif (voir n° 184, IV).

b) On pourrait dire aussi : Les futurs et les conditionnels passés se forment en ajoutant à **ich werde** ou **würde** l'infinitif *passé* du verbe conjugué.

§ III. — Conjugaison forte.

97. — La conjugaison forte est celle qui *altère fortement la voyelle du radical* à certains temps. Elle rejette de plus toute terminaison à la *première* et à la *troisième* personne de l'*imparfait* de l'indicatif, et a toujours le *participe passé* terminé en **en**.

Quant aux autres terminaisons, elles sont généralement semblables à celles des verbes faibles. Il n'y a que l'*impératif* qui perd sa terminaison à la *seconde* personne du *singulier*, dans les verbes qui altèrent, à ce temps, la voyelle du radical.

Les temps qui altèrent la voyelle du radical sont : *toujours*, l'imparfait de l'indicatif et l'imparfait du subjonctif ; *le plus souvent* le participe passé ; *quelquefois*, le présent de l'indicatif, à la deuxième et à la troisième personne du singulier et *rarement* l'impératif à la deuxième personne du singulier seulement.

98. Conjugaison de sprechen, parler (part. passé gesprochen).

INDICATIF

Présent.	*Imparfait.*	*Parfait.*
Ich spreche	Ich sprach	Ich habe
du sprichst	du sprachst	du hast
er spricht	er sprach	er hat
wir sprechen	wir sprachen	wir haben
ihr sprechet	ihr sprachet	ihr habet
sie sprechen	sie sprachen	sie haben
Je parle.	Je parlais, je parlai (j'ai parlé).	J'ai parlé.

Plus-que-Parfait.	*Futur simple.*	*Futur antérieur.*
Ich hatte	Ich werde	Ich werde
du hattest	du wirst	du wirst
er hatte	er wird	er wird
wir hatten	wir werden	wir werden
ihr hattet	ihr werdet	ihr werdet
sie hatten	sie werden	sie werden
J'avais, j'eus parlé.	Je parlerai.	J'aurai parlé.

CONDITIONNEL

Présent.	*Passé.*
Ich würde	Ich würde
du würdest	du würdest
er würde	er würde
wir würden	wir würden
ihr würdet	ihr würdet
sie würden	sie würden
Je parlerais.	J'aurais parlé.

IMPÉRATIF

Sprich	parle.
spreche er	qu'il parle.
sprechen wir (laßt uns sprechen)	parlons.
sprechet	parlez.
sprechen	qu'ils parlent.

SUBJONCTIF

Présent.	*Imparfait.*	*Parfait.*
Ich spreche	Ich spräche	Ich habe
du sprechest	du sprächest	du habest
er spreche	er spräche	er habe
wir sprechen	wir sprächen	wir haben
ihr sprechet	ihr sprächet	ihr habet
sie sprechen	sie sprächen	sie haben
Que je parle.	Que je parlasse (je parlerais).	Que j'aie parlé.

Plus-que-Parfait.	*Futur simple.*	*Futur antérieur.*
Ich hätte	Ich werde	Ich werde
du hättest	du werdest	du werdest
er hätte	er werde	er werde
wir hätten	wir werden	wir werden
ihr hättet	ihr werdet	ihr werdet
sie hätten	sie werden	sie werden
Que j'eusse (j'aurais) parlé.	Que je parlerai (je parle).	Que j'aurai (j'aie) parlé.

INFINITIF

Présent.	*Passé.*
Sprechen, parler	Gesprochen haben, avoir parlé.
zu sprechen de, à parler.	*Futur.*
um... zu sprechen, pour parler.	Sprechen werden, devoir parler.

PARTICIPE

Présent.	*Passé.*
Sprechend, parlant.	Gesprochen, parlé.

99. Remarques sur les verbes forts.

1° Les principes de la formation des temps sont à peu près les mêmes pour les verbes forts que pour les verbes faibles. Pour savoir former tous les autres temps, il suffit de bien connaître les temps primitifs.

Notons cependant que les imparf. de l'ind. et du subj. n'ont jamais le t dans leurs terminaisons, et que le dernier adoucit toujours la voyelle forte. Ce qui n'a pas lieu dans les verbes faibles.

2° Les verbes forts qui *altèrent* la voyelle du radical à la deuxième et à la troisième personne du *présent de l'indicatif*, en même temps qu'à la deuxième personne du singulier de l'*impératif*, sont la plupart de ceux dont la voyelle du radical est en e.

Ex. : Sprechen, parler : du sprichst, spricht.
Sehen, voir : du siehst, sieht.

Nota. — 1° La voyelle e se change en i ou ie, selon que la syllabe qui la renferme est *brève* ou *longue*.

2° Ceux qui suivent *conservent* l'e : bewegen, engager ; gehen, aller ; genesen, guérir ; beben, lever ; pflegen, entretenir (amitiés) ; scheren, tondre ; stecken, être enfoncé ; stehen, être debout ; weben, tisser.

3° Ceux dont la voyelle du radical est en a adoucissent ordinairement cette voyelle, à la deuxième et à la troisième personne du singulier du présent de l'indicatif (*mais non à l'impératif*).

Ex. : Schlafen, du schläfst, er schläft, dormir.

Nota. — 1° Il faut y ajouter un ou deux verbes dont le radical est en o ou au : stossen, du stössest ; laufen, du läufst ; saufen, du säufst ; — kommen, venir, fait du kommst ou kömmst...

2° Les suivants *n'adoucissent pas* : fragen, demander ; laben, charger ; schaffen, créer ; schallen, retentir...

4° *Classification.* — On peut diviser les verbes forts en six classes principales, selon la différence des voyelles ou des diphtongues qui se trouvent au radical de l'infinitif.

Nous en donnons ici un tableau avec les exemples les plus usités de chaque classe et avec leurs temps primitifs. On en trouvera le tableau complet à la fin de ce volume.

100. TABLEAU DES VERBES FORTS (1)

PREMIÈRE CLASSE

Infinitif **a**; *Imparfait* **u** ou **ie**; *Participe passé* **a**.

Imparfait en u.
graben,	creuser;	gräbst,	grub,	gegraben.
schaffen (2),	créer;	schaffst,	schuf,	geschaffen.
schlagen,	battre;	schlägst,	schlug,	geschlagen.

Imparfait en ie.
fallen,	tomber;	fällst,	fiel,	gefallen.
halten,	tenir;	hälst,	hielt,	gehalten.
lassen,	laisser;	lässest (3),	ließ,	gelassen.

1° backen, cuire; fahren, aller *(en voiture, bateau)*; fragen, interroger; laden, charger; tragen, porter; wachsen, croître; waschen, laver.

2° blasen, souffler; braten, rôtir; fangen, prendre, attraper; hangen, pendre; rathen, conseiller; schlafen, dormir.

101. DEUXIÈME CLASSE

Infinitif **e** (i, ie, ä); *Imparfait* **a**; *Participe passé* **e** ou **o**.

Participe en e.
essen,	manger;	issest,	aß,	gegessen.
geben,	donner;	gi(e)bst,	gab,	gegeben.
sehen,	voir;	siehst,	sah,	gesehen.

Participe en o.
befehlen,	commander;	befiehlst,	befahl,	befohlen.
nehmen,	prendre;	nimmst,	nahm,	genommen.
sprechen,	parler;	sprichst,	sprach,	gesprochen.

1° fressen, manger *(animaux, gloutons)*; genesen, guérir; geschehen, avoir lieu; lesen, lire; messen, mesurer; treten, marcher; vergessen, oublier; — bitten, supplier; sitzen, être assis; liegen, être couché, situé.

---

(1) Les verbes accompagnés d'un * sont *aussi faibles*. — Pour les détails, on fera bien de se reporter au tableau plus complet, à la fin de ce volume. — Dans ce tableau, nous indiquons : 1° l'infinitif; 2° la 2ᵉ personne du prés. de l'ind.; 3° l'imparf. de l'ind., 4° le participe passé. — Nous n'indiquons pas l'imparfait du subj., ni l'impératif, parce qu'il est facile de les trouver.

(2) Schaffen est faible dans le sens de *travailler*.

(3) Quelquefois läßt.

2° bergen, cacher ; bersten*, crever ; brechen, briser ; empfehlen, recommander ; erschrecken (1), s'effrayer ; helfen, aider ; schelten, injurier ; stechen, piquer ; stehlen, voler ; sterben, mourir ; treffen, atteindre ; verderben (2), se gâter ; werben, rechercher ; werfen, jeter ; — gebären, enfanter.

Nota. — Parmi ces verbes, quelques-uns ont un double imparf. du subj., **ä** et aussi **ö** (befehlen, bersten, gelten, schellen, stehlen) ; d'autres aussi **ü** (bergen, helfen, sterben, verderben, werfen).

102.   TROISIÈME CLASSE

Infinitif **e** (ä, ö, a, au) *ou* **ie** (ü) ; *Imparfait* **o** ;
      Participe passé **o**.

Infinitif en e (ä, ö, a, au).
fechten, combattre ;	fichst,	focht,	gefochten,
rächen (3), venger ;	rächst,	roch,	gerochen,
schwören, jurer ;	schwörst,	schwor (4),	geschworen,
saufen, boire (anim.) ;	säufst,	soff,	gesoffen.

Infinitif en ie (ü).
bieten, offrir ;	bietest,	bot,	geboten,
verlieren, perdre ;	verlierst,	verlor,	verloren.
lügen, mentir ;	lügst,	log,	gelogen.

1° bewegen, déterminer ; dreschen, battre *(blé)* ; flechten, tresser ; heben, lever ; melken, traire ; pflegen, cultiver *(amitié)* ; quellen, sourdre ; scheren, tondre ; schmelzen, se fondre ; schwellen, enfler ; weben, tisser ; — erwägen, considérer ; gähren, fermenter ; schwären, suppurer ; erlöschen, s'éteindre ; — schallen, retentir ; saugen, sucer ; schrauben, visser.

2° biegen, plier ; tiefen, türen (5), choisir, élire ; fliegen, voler *(ailes)* ; fliehen, fuir ; fließen, couler ; frieren, geler ; genießen, jouir ; gießen, verser ; kriechen, ramper ; riechen, sentir ; schieben, pousser ; schießen, tirer *(arme)* ; schließen, fermer ; sieden, bouillir ; sprießen,

---

(1) Erschrecken est faible dans le sens actif : effrayer quelqu'un.
(2) Verderben, *item.*
(3) Fort seulement en poésie.
(4) Aussi schwur.
(5) *Vieux*, usité surtout à l'imparfait et au part. dans erkor, erkoren.

bourgeonner; stieben, s'en aller en poussière; triefen, dégoutter; triegen (trügen), tromper; verdrießen, contrarier; wiegen, peser; ziehen, tirer.

Nota. — Pour plusieurs de ces verbes, on trouve quelquefois, chez les anciens et en poésie, **eu** au lieu de **ie**, à l'ind. prés., 2ᵉ à 3ᵉ pers.; et à la 2ᵉ pers. de l'impératif : du beutst, er beut, etc.

103.   QUATRIÈME CLASSE

Infinitif **i**; *Imparfait* **a**; *Participe passé* **u** *ou* **o**.

binden,	lier;	bindest,	band,	gebunden.
finden,	trouver;	findest,	fand,	gefunden.
trinken,	boire;	trinkst,	trank,	getrunken.
gewinnen,	gagner;	gewinnst,	gewann,	gewonnen.
rinnen,	couler;	rinnst,	rann,	geronnen.
sinnen,	méditer;	sinnst,	sann,	gesonnen.

Participe en u. / Participe en o.

1° dringen, pénétrer; gelingen, réussir; klingen, (ré)sonner; ringen, lutter; schlingen, enlacer; schwinden, disparaître; schwingen, agiter; singen, chanter; sinken, s'enfoncer; springen, sauter; stinken, puer; winden, tordre; zwingen, forcer.

2° beginnen, commencer; schwimmen, nager; spinnen, filer; — auxquels on peut ajouter: glimmen, brûler, être ardent; klimmen, gravir, et (ver)wirren, égarer, qui sont le plus souvent *faibles*.

Nota. — Les verbes du n° 2 font à l'imparf. du subj. non seulement ä mais aussi ö : ich gewänne ou gewönne...

104.   CINQUIÈME CLASSE

Infinitif **ei**; *Imparfait* **i** *ou* **ie**; *Part. passé* **i** *ou* **ie**.

greifen,	saisir;	greifst,	griff,	gegriffen.
leiden,	souffrir;	leidest,	litt,	gelitten.
streiten,	lutter;	streitest,	stritt,	gestritten.
bleiben,	rester;	bleibst,	blieb,	geblieben.
leihen,	prêter;	leihest,	lieh,	geliehen.
schreiben,	écrire;	schreibst,	schrieb,	geschrieben.

Imparf. et Part. en ie / Imparf. en i

1° sich befleißen, s'appliquer ; beißen, mordre ; bleichen, pâlir [1] ; gleichen, ressembler ; gleißen*, dissimuler ; gleiten, glisser ; keifen, criailler ; kneifen, kneipen, pincer ; pfeifen, siffler ; reißen, tirer ; reiten, aller à cheval ; schleichen, se glisser ; schleifen, aiguiser ; schleißen, se fendre ; schmeißen, jeter ; schneiden, tailler ; schreiten, marcher ; spleißen, fendre ; streichen, frotter ; weichen, céder.

2° gedeihen, prospérer ; meiden, éviter ; preisen, priser, vanter ; reiben, frotter ; scheiden, (se) séparer ; scheinen, paraître, sembler ; schreien, crier ; schweigen, se taire ; speien, cracher ; steigen, monter ; treiben, pousser ; weisen, montrer ; zeihen, accuser.

105.   SIXIÈME CLASSE

Elle comprend une dizaine de verbes qu'on ne peut classifier [2].

Inf. : divers ; *Imparf.* : divers ; *Part. passé* : divers.

dingen,	louer, engager ;	dingst,	dung,	gedungen.
gehen,	marcher ;	gehst,	ging,	gegangen.
heißen,	se nommer ;	heißt,	hieß,	geheißen.
hauen,	tailler ;	haust,	hieb,	gehauen.
kommen,	venir ;	o ou ö	kam,	gekommen.
laufen,	courir ;	läufst,	lief,	gelaufen.
rufen,	appeler, crier ;	rufst,	rief,	gerufen.
stehen,	se tenir ;	stehst,	stand (stund),	gestanden.
stoßen,	heurter ;	stößest,	stieß,	gestoßen.
thun,	faire ;	thust [3],	that,	gethan.

REMARQUES

1° Il y a des verbes qui sont faibles dans le sens *actif*, et *forts* dans le sens *neutre*. Ex. :

---

(1) On dit plutôt, pour pâlir : erbleichen ou verbleichen *(forts)*. — Bleichen, *blanchir*, est faible dans le sens *actif*.
(2) On cite souvent ces verbes comme irréguliers.
(3) Indicatif présent : ich thue, du thust, er thut ; wir thun, ihr thut, sie thun.

bleichen, *fort* : pâlir ;   *faible* : faire blanchir.
löschen,   „   s'éteindre ;   „   éteindre.
schrecken, „   s'effrayer ;   „   effrayer,
wägen,   „   avoir du poids ; „ peser (quelq. chose).
schmelzen, „   se fondre ;   „   faire fondre.
schwellen, „   s'enfler ;   „   faire enfler.
sieden,   „   bouillir ;   „   faire bouillir.
stecken,   „   être enfoncé ; „   enfoncer.
verderben, „   se corrompre ; „   corrompre.
weichen,   „   céder ;   „   faire mollir.
wiegen,   „   peser *(n.)*   „   bercer, balancer.

2° Quelques verbes ont le participe passé en **en**, tout en étant *faibles* aux autres temps. Ce sont : falten, plier ; mahlen, moudre ; salzen, saler ; schmalzen, graisser ; schroten, rogner, couper ; spalten, fendre...

Ex. : du faltest ; ich faltete, gefalt**en**, etc.

3° Les verbes *dérivés* ou *composés* suivent la même conjugaison que les verbes simples, d'où ils dérivent. — Il faut excepter : beauftragen, charger (d'une commission) ; berathschlagen, concerter ; herbergen, héberger ; lobpreisen, célébrer ; willfahren, se rendre au désir de... Ces verbes sont *faibles*.

106.   § IV. — **Conjugaison mixte.**

La conjugaison mixte est celle qui, *à certains temps, adoucit la voyelle du radical* comme les verbes forts et qui, *à l'imparfait* et *au participe passé*, a les *terminaisons des verbes faibles*.

Plusieurs de ces verbes sont encore irréguliers aux trois premières personnes de l'indicatif présent ; c'est pourquoi on appelle quelquefois cette conjugaison *irrégulière*.

Ils sont d'ailleurs peu nombreux. En voici la liste, avec leurs temps primitifs et leurs irrégularités :

1. Dürfen, pouvoir, oser, être autorisé ; ich darf, du darfst, er darf ; durfte, dürfte (1), gedurft.

---

(1) Nous ajoutons ici l'imparfait du subjonctif qui, en effet, n'est pas le même partout.

2. Haben, avoir ; ich habe, du hast, er hat ; hatte, hätte, gehabt.
3. Können, pouvoir, être à même ; ich kann, du kannst, er kann ; konnte, könnte, gekonnt.
4. Mögen, pouvoir, être disposé, vouloir bien ; ich mag, du magst, er mag ; mochte, möchte, gemocht.
5. Müssen, devoir, falloir ; ich muß, du mußt, er muß ; mußte, müßte, gemußt.
6. Sollen, devoir, être obligé (moralement) ; ich soll, du sollst, er soll ; sollte, sollte, gesollt.
7. Wollen, vouloir (avoir la volonté) ; ich will, du willst, er will ; wollte, wollte, gewollt.
8. Wissen, savoir (quelquefois pouvoir) ; ich weiß, du weißt, er weiß ; wußte, wüßte, gewußt.
9. Brennen, brûler, *ind. rég.* ; brannte, brennete, gebrannt.
10. Kennen, connaître, — kannte, kennete, gekannt.
11. Nennen, nommer, — nannte, nennete, genannt.
12. Rennen, courir, — rannte, rennete, gerannt.
13. Senden, envoyer, — sandte, sendete, gesandt.
14. Wenden, tourner, — wandte, wendete, gewandt[1]
15. Bringen, apporter, — brachte, brächte, gebracht.
16. Denken, penser, — dachte, dächte, gedacht.

107. REMARQUES

1° Quand l'indicatif présent est *irrégulier*, il ne l'est qu'aux *trois* personnes du *singulier*. Il redevient régulier au pluriel. Ex. : Ich darf, wir dürfen ; ich kann, wir können, etc.

2° On voit que certains verbes mixtes *altèrent* la voyelle du radical *seulement* à l'imparfait de l'indicatif et au participe passé. — D'autres la changent aussi à l'imparfait du subjonctif. *Aucun* ne l'altère à l'*impératif*.

---

(1) Senden et wenden s'emploient très souvent aussi à la conjugaison faible, surtout dans leurs composés.

3° Quelques verbes mixtes changent non seulement la voyelle, mais même la *consonne* ou les consonnes du radical. Ex. : bringen, ich brachte.

On a déjà pu remarquer la même chose pour quelques verbes forts. Ex. : gehen, ich ging.

4° Un grand nombre de ces verbes servent souvent d'auxiliaires. Ce sont les huit premiers, ceux dont l'indicatif présent est irrégulier. C'est pourquoi ils sont appelés aussi *semi-auxiliaires*, ou auxiliaires de *modes*.

Nota. — Laſſen, laisser, faire (verbe fort), est également auxiliaire de mode.

II. Des différentes espèces de Verbes.

108.   § Ier. — **Verbes actifs et neutres.**

Les verbes actifs et les verbes neutres se conjuguent sur les modèles donnés plus haut : sur leben, sprechen ou brennen, selon qu'ils sont *faibles, forts* ou *mixtes*.

Voici en quoi ils diffèrent dans leurs conjugaisons :

1° Les verbes *actifs* se conjuguent toujours avec l'auxiliaire haben, tandis que les verbes *neutres* se conjuguent tantôt avec haben, tantôt avec sein. (Voir n° 177-178.) Ex. : weinen, pleurer, ich **habe** geweint; fallen, tomber, ich **bin** gefallen.

2° Les verbes actifs peuvent avoir un passif. Généralement, il n'en est pas de même des verbes neutres.

Nota. — Il y a des verbes qui sont neutres en allemand et actifs en français et vice versa. (Voir Syntaxe n°s 343, 345.)

§ II. — Verbes passifs.

109. — Les verbes passifs se conjuguent à l'aide de l'auxiliaire **werden**, auquel on ajoute le participe passé du verbe à conjuguer. — Rien de plus régulier.

Conjugaison de gelobt werden, être loué.

INDICATIF

Présent.

Ich werde
du wirst
er wird   gelobt
wir werden
ihr werdet
sie werden

Je suis loué.

Imparfait.

Ich wurde *ou* ward
du wurdest *ou* wardst
er wurde *ou* ward   gelobt
wir wurden
ihr wurdet
sie wurden

J'étais *ou* je fus loué,
(j'ai été loué).

Parfait.

Ich bin
du bist
er ist   gelobt worden
wir sind
ihr seid
sie sind

J'ai été loué.

Plus-que-Parfait.

Ich war
du warst
er war   gelobt worden
wir waren
ihr waret
sie waren

J'avais, j'eus été loué.

Futur simple.

Ich werde
du wirst
er wird   gelobt werden
wir werden
ihr werdet
sie werden

Je serai loué.

Futur antérieur.

ich werde gelobt
du wirst gelobt
er wird gelobt   worden sein
wir werden gelobt
ihr werdet gelobt
sie werden gelobt

J'aurai été loué.

CONDITIONNEL

Présent.

Ich würde
du würdest
er würde   gelobt werden
wir würden
ihr würdet
sie würden

Je serais loué.

Passé.

Ich würde gelobt
du würdest gelobt
er würde gelobt   worden sein
wir würden gelobt
ihr würdet gelobt
sie würden gelobt

J'aurais été loué.

IMPÉRATIF

Werde gelobt   sois loué.
werde er gelobt   qu'il soit loué.
werden wir gelobt (laßt uns gelobt werden)   soyons loués.
werdet gelobt   soyez loués.
werden sie gelobt   qu'ils soient loués.

SUBJONCTIF

Présent.	*Imparfait.*	*Parfait.*
Ich werde	Ich würde	Ich sei
du werdest	du würdest	du sei(e)st
er werde	er würde	er sei
wir werden	wir würden	wir seien
ihr werdet	ihr würdet	ihr seiet
sie werden	sie würden	sie seien
gelobt	gelobt	gelobt worden
Que je sois loué.	Que je fusse loué, (je serais loué.)	Que j'aie été loué.

Plus-que-Parfait.	*Futur simple.*	*Futur antérieur.*
Ich wäre	Ich werde	Ich werde gelobt
du wärest	du werdest	du werdest gelobt
er wäre	er werde	er werde gelobt
wir wären	wir werden	wir werden gelobt
ihr wäret	ihr werdet	ihr werdet gelobt
sie wären	sie werden	sie werden gelobt
gelobt worden	gelobt werden	worden sein
Que j'euss été (j'aurais été) loué.	Que je serai (sois) loué.	Que j'aurai (j'aie) été loué.

INFINITIF

Présent.

Gelobt werden
gelobt zu werden de, à...
um... gelobt zu werden pour être loué.

Passé.

Gelobt worden sein, avoir été loué.

Futur.

Werden gelobt werden, devoir être loué (1).

PARTICIPE

Présent.

Gelobt werdend, étant loué.

Passé.

Gelobt worden, été loué.

Futur.

Zu loben(d) à louer, devant être loué.

110. **REMARQUES**

1° Dans les verbes passifs, le participe de werden *perd* l'augment **ge**. Ainsi c'est toujours **worden**, et non pas geworden, qu'on emploie.

(1) Voir page 78, note 2.

2° On emploie quelquefois **sein**, au lieu de werden. Cela a lieu chaque fois qu'on veut montrer que la chose est *déjà faite* et entièrement *accomplie*.

Ex. : Das Haus **ist** gebaut, la maison est bâtie, c'est-à-dire achevée.

Die Schlacht **war** gewonnen, la bataille était gagnée.

Dans ce cas, on peut toujours tourner le présent par le parfait, et l'imparfait par le plus-que-parfait. Ainsi : la maison est bâtie, on peut dire, *a été* bâtie ; la bataille était gagnée, on peut dire, *avait été* gagnée.

Au contraire, quand il faut employer werden, on peut toujours tourner le passif par le même temps de l'actif. Ainsi : Das Haus wird gebaut, *on bâtit* la maison. Das Haus wurde gebaut, *on bâtissait* la maison, etc.

3° Les verbes passifs ont seuls un *participe futur* : zu et l'*infinitif* quand il est attribut ; zu et le *part. présent* quand il est épithète.

Ex. : Der Mann ist zu loben, cet homme est à louer, doit être loué *(laudandus)* ; der zu lobende Mann, l'homme qui est à louer.

4° Il ne faut pas confondre les verbes passifs avec les verbes *neutres*. Ceux-ci se conjuguent souvent avec sein, jamais avec werden.

Ex. : Ich **bin** gefallen, je suis tombé.

5° Les verbes neutres n'ont pas de forme passive, excepté toutefois à la 3° personne du sing., quand ils sont employés d'une manière impersonnelle.

Ex. : Es **wird** gelacht, on rit, etc... (Voir n° 117, p. 109, 3°.)

§ III. — Verbes réfléchis.

111. — Les verbes réfléchis, en allemand, se *conjuguent toujours* avec l'auxiliaire haben et sont accompagnés d'un pronom réfléchi.

Ce pronom se met tantôt à l'*accusatif*, tantôt au *datif*, rarement au *génitif*, selon qu'il est complément direct ou indirect, et selon le cas gouverné par le verbe.

Conjugaison de sich freuen, se réjouir.

INDICATIF

Présent.	*Imparfait.*	*Parfait.*
Ich freue mich	Ich freute mich	Ich habe mich
du freuest dich	du freutest dich	du hast dich
er freu(e)t sich	er freute sich	er hat sich
wir freuen uns	wir freuten uns	wir haben uns gefreut
ihr freu(e)t euch	ihr freutet euch	ihr habet euch
sie freuen sich	sie freuten sich	sie haben sich
Je me réjouis.	Je me réjouis(sais) (je me suis réjoui).	Je me suis réjoui.

Plus-que-Parfait.	*Futur simple.*	*Futur antérieur.*
Ich hatte mich	Ich werde mich	Ich werde mich
du hattest dich	du wirst dich	du wirst dich
er hatte sich gefreut	er wird sich freuen	er wird sich gefreut haben
wir hatten uns	wir werden uns	wir werden uns
ihr hattet euch	ihr werdet euch	ihr werdet euch
sie hatten sich	sie werden sich	sie werden sich
Je m'étais réjoui.	Je me réjouirai.	Je me serai réjoui.

CONDITIONNEL

Présent.	*Passé.*
Ich würde mich	Ich würde mich
du würdest dich	du würdest dich
er würde sich freuen	er würde sich gefreut haben
wir würden uns	wir würden uns
ihr würdet euch	ihr würdet euch
sie würden sich	sie würden sich
Je me réjouirais.	Je me serais réjoui.

IMPÉRATIF

Freue dich	réjouis-toi.
freue er sich	qu'il se réjouisse.
freuen wir uns (laßt uns, uns freuen)	réjouissons-nous.
freu(e)t euch	réjouissez-vous.
freuen sie sich	qu'ils se réjouissent.

VERBES RÉFLÉCHIS

SUBJONCTIF

Présent.	*Imparfait.*	*Parfait.*
Ich freue mich	Ich freuete mich	Ich habe mich
du freuest dich	du freuetest dich	du habest dich
er freue sich	er freuete sich	er habe sich
wir freuen uns	wir freueten uns	wir haben uns
ihr freuet euch	ihr freuetet euch	ihr habet euch
sie freuen sich	sie freueten sich	sie haben sich
Que je me réjouisse.	Que je me réjouisse (je me réjouirais).	Que je me sois réjoui.

(gefreut)

Plus-que-Parfait.	*Futur simple.*	*Futur antérieur.*
Ich hätte mich	Ich werde mich	Ich werde mich
du hättest dich	du werdest dich	du werdest dich
er hätte sich	er werde sich	er werde sich
wir hätten uns	wir werden uns	wir werden uns
ihr hättet euch	ihr werdet euch	ihr werdet euch
sie hätten sich	sie werden sich	sie werden sich
Que je me fusse réjoui (je me serais réjoui).	Que je me réjouirai (réjouisse).	Que je me serai (sois) réjoui.

(gefreut) (freuen) (gefreut haben)

INFINITIF

Présent.		*Passé.*
Sich freuen	se réjouir.	Sich gefreu(e)t haben
sich zu freuen	de se réjouir.	s'être réjoui.
um sich... zu freuen	pour se réjouir.	

Futur.

Sich freuen werden, devoir se réjouir.

PARTICIPE

Présent.	*Passé.*
Sich freuend, se réjouissant.	(Sich) gefreu(e)t, réjoui.

112.   REMARQUES

1° Dans ces verbes, le pronom réfléchi occupe tout simplement la place du complément. Il se met donc *après* le verbe aux temps simples à mode personnel, et *avant*, aux temps à mode impersonnel, c'est-à-dire à l'infinitif et au participe.

Il se place *entre* l'auxiliaire et le participe ou l'infinitif dans les temps composés.

Ex. : Ich habe **mich** gefreut, — ich werde **mich** freuen.

Cet ordre n'est interverti que dans les propositions *relatives* ou *subordonnées*, qui rejettent le verbe à la fin.

Ex : Der Vater, welcher sich **freute**, — welcher sich gefreut **hatte**. Le père qui se réjouissait, qui s'était réjoui. — Weil er sich **freute**, parce qu'il se réjouissait.

2º Les verbes réfléchis sont dits *réciproques*, quand on peut y ajouter « l'un l'autre ». On se sert alors en allemand de **einander**, l'un l'autre, *avec* ou *sans* le pronom réfléchi, en ayant soin de le mettre *après* ce dernier.

Ex : Sie hassen (sich) **einander**. Ils se haïssent.

3º Il y a des verbes *essentiellement* pronominaux (sich weigern, refuser ; sich einbilden, s'imaginer), mais la plupart sont des verbes *actifs* employés avec la forme réfléchie, comme : sich loben, se louer ; sich rächen, etc.

Il peut arriver que cette forme change quelque peu le sens du verbe : sich stellen, feindre (de stellen, placer) ; sich verlassen, se fier (de verlassen, abandonner).

4º Tous les verbes réfléchis ne se construisent pas avec l'accusatif ; il y en a qui gouvernent le *datif* : sich einbilden, sich schmeicheln, etc. ; ou même le *génitif* : seiner pflegen, se soigner, etc. (1).

5º Il y a des verbes qui sont réfléchis en allemand *sans l'être en français*, et vice versa. Les principaux sont :

a) sich aufhalten, séjourner.
sich bedanken, remercier.
sich besinnen, réfléchir.
sich erbarmen, avoir pitié.
sich fürchten, avoir peur.
sich in Acht nehmen, prendre garde.

sich getrauen }
sich unterstehen } oser.
sich schämen, avoir honte.
sich stellen (als ob), feindre, faire semblant.
sich verstellen, dissimuler.
sich weigern, refuser.

(1) On fera bien de conjuguer ces verbes.

b) s'arrêter, stehen bleiben.
s'en aller, fortgehen.
se baigner, baden.
s'endormir, einschlafen.
s'éveiller, erwachen, aufwachen.
s'enfuir, entfliehen.
s'écrier, ausrufen.
s'appeler, heißen.
se taire, schweigen.

se douter, vermuthen.
s'apercevoir, bemerken, inne werden.
se reposer, ausruhen.
se coucher, schlafen gehen.
se lever, aufstehen.
s'écouler, verfließen.
se hâter, eilen.
se moquer, spotten.

§ IV. — Verbes impersonnels.

113. — Les verbes impersonnels, en allemand, ont toujours pour sujet **es**, exprimé ou sous-entendu. Ils se conjuguent avec l'auxiliaire **haben**, et quelquefois avec **sein**.

Il y en a qui sont impersonnels de leur nature, d'autres ne le sont que par accident ; enfin, il y en a qui se construisent, en allemand, d'une manière toute particulière.

1° *Verbes essentiellement impersonnels*.

Tels sont : regnen, pleuvoir ; schneien, neiger ; hageln, grêler ; donnern, tonner ; blitzen, faire des éclairs ; frieren, geler ; thauen, dégeler ; reifen (1), faire du frimas ; nebeln, faire du brouillard.

114. Conjugaison de **regnen**, pleuvoir (part. passé **geregnet**).

INDICATIF

Présent.	Imparfait.	Parfait.
Es regnet.	Es regnete.	Es hat geregnet.
Plus-que-Parfait.	Futur simple.	Futur antérieur.
Es hatte geregnet.	Es wird regnen.	Es wird geregnet haben.

CONDITIONNEL

Présent.		Passé.
Es würde regnen.		Es würde geregnet haben.

(1) Ne pas confondre avec reifen, mûrir.

SUBJONCTIF

Présent.
Es regne.

Imparfait.
Es regnete.

Parfait.
Es habe geregnet.

Plus-que-Parfait.
Es hätte geregnet.

Futur simple.
Es werde regnen.

Futur antérieur.
Es werde geregnet haben.

INFINITIF

Présent.
Regnen.

Passé.
Geregnet haben.

Futur.
Regnen werden.

PARTICIPE

Présent.
Regnend.

Passé.
Geregnet.

115. — 2° *Verbes accidentellement impersonnels.*

Tels sont : Es gibt, es hat (avec accus.), il y a, il existe ; es gilt (acc.), il y va... ; es scheint, il paraît ; es schadet, il nuit ; es beginnt, il commence ; es bleibt, il reste ; es geschieht, il arrive ; es heißt, on dit ; es folgt, il s'ensuit ; es genügt, il suffit..., etc.

Nota. — *Il y a* se traduit souvent par es ist, es sind. Cela a surtout lieu quand on ne peut pas tourner par : il existe, on voit..., ou que l'endroit est étroitement déterminé. Ex. : Es ist Niemand hier, il n'y a personne ici ; es sind zwei Vögel in diesem Käfig, il y a deux oiseaux dans cette cage.

Remarquez que dans l'*interrogation*, et l'inversion en général, es se supprime : Ist Niemand hier?

Il y a peut se traduire par d'autres verbes encore comme : es liegt, es steht..., selon le sens. Ex. : Es liegt viel Schnee, il y a beaucoup de neige ; es steht ein Bettler dort, il y a là un mendiant.

116. — 3° *Verbes impersonnels se construisant d'une manière particulière.* — Il y a des verbes qui, sans être impersonnels en français, le sont, ou peuvent l'être, en allemand : le *nom* ou *pronom* qui leur sert de sujet en français, devient complément direct ou indirect en allemand, et ainsi se met à l'*accusatif* ou au *datif*.

VERBES IMPERSONNELS

Exemples.

1° Avec l'accusatif.

Hungern, avoir faim (part. passé, **gehungert**).

INDICATIF

Présent.	Es hungert **mich**, j'ai faim.
	Es hungert **dich**, tu as faim.
	Es hungert **ihn**, il a faim.
	Es hungert **uns**, nous avons faim.
	Es hungert **euch**, vous avez faim.
	Es hungert **sie**, ils ont faim.
Imparfait.	Es hungerte **mich** (1), j'avais faim.
Parfait.	Es hat **mich** gehungert, j'ai eu faim.
Plus-que-Parfait.	Es hatte **mich** gehungert.
Futur simple.	Es wird **mich** hungern.
Futur antérieur.	Es wird **mich** gehungert haben.

CONDITIONNEL

Présent.	Es würde **mich** hungern.
Passé.	Es würde **mich** gehungert haben.

SUBJONCTIF

Présent.	Es hungere **mich**.
Imparfait.	Es hungerte **mich**.
Parfait.	Es habe **mich** gehungert.
Plus-que-Parfait.	Es hätte **mich** gehungert.
Futur simple.	Es werde **mich** hungern.
Futur antérieur.	Es werde **mich** gehungert haben.

Ainsi se conjuguent :

Es dürstet mich, j'ai soif.	Es schmerzt mich, j'ai de la peine.
Es ärgert mich, je suis fâché.	Es jammert mich, j'ai pitié.
Es freut mich, je suis bien aise.	Es frier(e)t mich, j'ai froid.
Es reuet mich, je me repens.	Es gelüstet mich, j'ai envie.
Es wundert mich, je m'étonne.	Es verdrießt mich, je suis ennuyé[2].

(1) L'élève devra continuer.
(2) Avec ces verbes, comparez les verbes latins : me pœnitet, me tædet, *etc.*

117.   2° Avec le datif.

Träumen, rêver (part. passé, **geträumt**).

INDICATIF

Présent.
    Es träumt **mir**,   je rêve.
    Es träumt **dir**,   tu rêves.
    Es träumt **ihm**,   il rêve.
    Es träumt **uns**,   nous rêvons.
    Es träumt **euch**,   vous rêvez.
    Es träumt **ihnen**, ils rêvent.

Imparfait.   Es träumte **mir**.
Parfait.   Es hat **mir** geträumt.
Plus-que-Parfait.   Es hatte **mir** geträumt.
Futur simple.   Es wird **mir** träumen.
Futur antérieur.   Es wird **mir** geträumt haben.

CONDITIONNEL

Présent.   Es würde **mir** träumen.
Passé.   Es würde **mir** geträumt haben.

SUBJONCTIF

Présent.   Es träume **mir**.
Imparfait.   Es träumte **mir**.
Parfait.   Es habe **mir** geträumt.
Plus-que-Parfait.   Es hätte **mir** geträumt.
Futur simple.   Es werde **mir** träumen.
Futur antérieur.   Es werde **mir** geträumt haben.

Ainsi se conjuguent :

Es ekelt mir, j'ai du dégoût.
Es ahnt mir, j'ai un pressentiment, je m'en doute.
Es gelingt mir, je réussis.
Es fällt mir ein, je me rappelle.
Es ist mir Angst, j'ai peur.
Es ist mir warm, j'ai chaud.
Es wird mir übel, je me trouve (j'attrape) mal, etc.

REMARQUES

1° La plupart de ces verbes ne sont pas nécessairement impersonnels ; on pourrait dire aussi bien : ich freue mich, ich ärgre mich... ; ou bien : ich habe Hunger, Durst..., j'ai faim, soif... ; ou encore : ich bin hungrig, durstig..., etc.

2° Certains verbes impersonnels sont toujours pronominaux en allemand (avec sich), sans l'être en français, et vice versa : Es schickt sich, es geziemt sich, es gebührt sich, il convient ; es fragt sich, on se demande, la question est de savoir ; — es ist möglich, es kann sein, il se peut ; es wird spät, il se fait tard, etc...

3° Tous les verbes *passifs* peuvent s'employer impersonnellement, et cet usage en allemand est très fréquent.

Ex. : Es **wird** gelobt, on loue ; es **wird** getanzt, on danse ; es **wird** gesprochen, on parle ; es **wird** geträumt, on rêve.

4° *Il fait...* se traduit ordinairement par es ist, et *il se fait* par es wird ; — *il vaut* par : es ist werth *ou* es lohnt sich *(génitif...)*.

Ex. : Es ist Nacht, il fait nuit ; es wird spät, il se fait tard ; es ist der Mühe werth *ou* es lohnt sich der Mühe, il vaut la peine.

III. Nature et Composition des Verbes.

118. — Si l'on considère les verbes selon leur nature ou leur composition, il faut les diviser en trois classes : 1° les verbes *simples ;* 2° les verbes *dérivés* ; 3° les verbes *composés*.

§ Ier. — Verbes simples.

Les verbes simples, appelés aussi *primitifs*, sont ceux qui ne proviennent d'aucun autre mot.

Ex. : binden, lier ; geben, donner ; leben, vivre.

Ils suivent les conjugaisons ordinaires et servent à former la plupart des verbes dérivés ou composés.

110 DU VERBE

Nota. — Les verbes forts (ou anciens) sont tous des verbes primitifs ; mais la réciproque n'est pas vraie, car il y a un certain nombre de verbes primitifs qui sont faibles ou mixtes : leben, lieben... ; nennen, rennen, etc...

119. § II. — **Verbes dérivés.**

Les verbes dérivés sont ceux qui se forment d'un autre mot, à l'aide d'un *simple changement* ou d'une *simple augmentation*.

Les mots qui servent à les former sont, ordinairement, ou des verbes, ou des substantifs, ou des adjectifs.

Principes de formation.

On forme les verbes dérivés de deux manières : ou par un simple changement intérieur du mot dont ils dérivent, ou à l'aide de certaines particules qu'on y ajoute, et qui se nomment *préfixes* et *suffixes*.

1° *Changement intérieur.* — Ce changement consiste à modifier la voyelle ou la consonne, quelquefois les deux ensemble, du mot dont dérive le verbe. Ce mot, dans ce cas, est toujours un verbe simple.

Ex. setzen, asseoir,   vient de sitzen, être assis.
      tränken, abreuver,   —   trinken, boire.
      stellen, placer,   —   stehen, se tenir.
      wecken, réveiller,   —   wachen, veiller.

2° *Au moyen des préfixes et des suffixes.*

120. — *a*) Les *Préfixes* sont des particules toujours inséparables qu'on place devant certains verbes qu'ils servent à former.

Ils sont au nombre de huit : **be, emp, ent, er, ge, miß, ver, zer.**

Ces particules n'existent jamais seules et n'ont plus de sens par elles-mêmes ; cependant, elles donnent chacune un sens particulier aux verbes dérivés qu'elles forment. Ainsi :

VERBES DÉRIVÉS

Be sert surtout à former des verbes actifs, ou bien à spécialiser une action.

Ex. : Bewaffnen, armer, de Waffen, armes.
Beweinen, déplorer, de weinen, pleurer.
Bedenken, méditer (un sujet donné) de denken, penser.

Emp (altération de ent) ne sert qu'à former trois verbes.

Ex. : Empfangen, recevoir, de fangen, prendre.
Empfehlen, recommander, de befehlen, commander.
Empfinden, ressentir, de finden, trouver.

Nota. — Empören, révolter, vient de empor, en haut. Il est d'ailleurs faible.

Ent exprime l'idée de privation ou d'éloignement.

Ex. : Enthaupten, décapiter, de Haupt, tête.
Entlaufen, s'enfuir, de laufen, courir.

Er contient une certaine idée d'accomplissement.

Ex. : Erkranken, tomber malade, de krank, malade.
Erfinden, inventer, de finden, trouver.

121. — **Ge** (latin, *cum*) ajoute l'idée de cohésion.

Ex. : Gedenken, se souvenir, de denken, penser.
Gefrieren, congeler, de frieren, geler.

Miß (franç. *mé(s)*, *dés*) ajoute l'idée de mal.

Ex. : Mißkennen, méconnaître, de kennen, connaître.
Mißbilligen, désapprouver, de billigen, approuver.

Ver indique une certaine transformation, tantôt en bien, tantôt en mal, quelquefois éloignement ou perte.

Ex. : Vergöttern, diviniser, de Gott, Dieu.
Verblühen, faner, de blühen, fleurir.
Verspielen, perdre *(au jeu)*, de spielen, jouer.

Zer marque l'idée de destruction.

Ex. : Zerstören, démolir, de stören, troubler.
Zerschneiden, dépecer, de schneiden, couper.

122. — *b*) Les *Suffixes* sont des particules qui s'ajoutent à la fin des mots.

Il y en a sept principaux : **en, chen** *ou* **schen, eln, ern, igen, iren** *ou* **ieren, zen.**

en, par euphonie **n**, n'a pas de signification propre et s'ajoute à toutes sortes de mots pour former des verbes.

Ex. : Fischen, pêcher,   de Fisch, poisson.
Tadeln, blâmer,   de Tadel, blâme.

Nota. — Souvent le radical du mot change : schwärzen, noircir, de schwarz, noir ; schneien, neiger, de Schnee, neige.

chen *ou* **schen** sert à marquer une intensité d'action.

Ex. : Horchen, écouter,   de hören, entendre.
Herrschen, dominer,   de Herr, seigneur.

eln marque l'idée de diminution.

Ex. : Lächeln, sourire,   de lachen, rire.

ern marque répétition.

Ex. : Räuchern, enfumer,   de rauchen, fumer.

123. — **igen** s'ajoute à certains substantifs et adjectifs pour former des verbes actifs.

Ex. : Endigen, finir,   de Ende, fin.
Reinigen, purifier,   de rein, pur.

iren, quelquefois **ieren**, n'ajoute pas non plus de sens particulier ; il sert à former surtout des verbes d'origine étrangère.

Ex. : Stolziren, se pavaner,   de stolz, fier.
Marschiren, marcher ;   Amüsiren, amuser.
Kommandiren, commander ;   Kopiren, copier.

Nota. — Ces verbes ne prennent pas ge au participe passé.

zen indique souvent l'idée de répétition.

Ex. : Aechzen, gémir,   de ach, hélas.
Faulenzen, fainéanter,   de faul, paresseux.

124. — *Remarques sur la conjugaison des verbes dérivés.*

1º La plupart des verbes dérivés appartiennent à la conjugaison *faible*, spécialement :

a) Ceux qui se forment d'un verbe primitif au moyen d'un changement intérieur.

Ex. : ſetzen, asseoir (de ſitzen, être assis), ich ſetzte, geſetzt.

b) Ceux qui dérivent d'un autre mot, comme d'un nom, d'un adjectif, etc.

Ex. : fiſchen, pêcher (de Fiſch, poisson), ich fiſchte, gefiſcht ;
— ändern, changer (de ander, autre), ich änderte, geändert.

Nota. — Cela est vrai même des verbes qui, à première vue, paraissent dériver d'un verbe fort, mais qui, en réalité, dérivent directement d'un nom, comme : rathſchlagen, délibérer (de Rathſchlag, conseil) ; herbergen, héberger (de Herberge, auberge, abri) ; frühſtücken, déjeuner (de Frühſtück, le déjeuner) ; handhaben, manier (de Handhabe, poignée ou manivelle) ; heirathen, épouser (de Heirath, mariage) ; beauftragen, charger d'une commission (de Auftrag, commission) ; veranlaſſen, occasionner (de Anlaß, occasion)..., etc.

c) Tous les verbes qui se terminent par un des suffixes : chen, ſchen, eln, ern, igen, iren, zen.

Ex. : horchen, écouter, ich horchte, gehorcht, etc.

Nota. — Cependant, il ne faut point confondre ch, ſch, z, *suffixes*, avec ch, ſch, z faisant *partie du radical* des verbes. Ex. : ſprechen, machen, ſchmelzen. — Dans ce cas, on le voit, les verbes peuvent suivre la déclinaison forte.

125. — 2º Par euphonie, les verbes *étrangers* et même les autres en **iren**, ayant l'accent sur l'avant-dernière syllabe, ne prennent pas l'augment **ge** au participe passé.
— Il faut y ajouter ceux en **eien** et quelques autres dérivant de noms d'instruments ou d'onomatopées.

Ex. : prophezeien, prophétiser ; kaſteien, macérer... ; poſaunen, trompeten, sonner de la trompette... ; miauen, miauler (de miau).

Nota. — On dit cependant gebenedeit, béni, de benedeien, employé comme *adjectif*.

3° Perdent également **ge** au participe passé : les verbes qui commencent par un des préfixes (voir n° 120).

Ex. : **erfinden**, participe passé **erfunden**.

Cependant, il faut faire une *exception* pour un certain nombre de verbes qui commencent par **miß** et qui prennent l'augment, tantôt *avant*, tantôt *après* miß :

Avant, quand il s'agit d'un verbe *actif*. Dans ce cas, l'accent est sur le verbe.

Ex. : mißhandeln, maltraiter ; part. passé **ge**mißhandelt.

Après, quand il s'agit d'un verbe *neutre*. L'accent tonique est alors sur miß.

Ex. : mißhandeln, mal agir ; part. passé miß**ge**handelt.

Il faut en dire autant de la préposition **zu**, à l'infinitif. Mißzuhandeln, de mal agir.

Nota. — 1° Il y a des verbes où **miß** n'est jamais accentué et qui, par conséquent, ne prennent *jamais* **ge**. Ce sont surtout : mißfallen, déplaire ; mißglücken, mal réussir ; mißgönnen, envier ; mißkennen, méconnaître ; mißlingen, échouer ; mißrathen, dissuader ; mißtrauen, se méfier...

2° Quand le verbe qui suit miß commence par un autre préfixe inséparable, comme miß**ver**stehen, mal comprendre, alors miß, bien qu'ayant l'accent, est *inséparable*. Ex. : **miß**verstanden.

§ III. — Verbes composés.

126. — On appelle *verbes composés*, par opposition aux verbes dérivés, les verbes formés de deux ou plusieurs mots dont chacun a un sens par lui-même et peut exister séparément.

Les mots qui se joignent aux verbes simples ou dérivés, pour former des verbes composés, sont des substantifs, des adjectifs, des prépositions ou des adverbes.

Les uns se séparent du verbe à certains temps, et sont appelés *particules séparables*.

Les autres ne s'en séparent jamais, et sont dits *particules inséparables*.

D'autres enfin, selon le sens du verbe composé, sont *tantôt séparables, tantôt inséparables*.

I. Particules séparables.

127. — Ces particules sont ordinairement :

1° Les *substantifs* et les *adjectifs* servant de particules.

Ex. : danksagen, rendre grâce, ich sage **Dank**, dank-gesagt ; — irregehen, s'égarer, ich gehe **irre**, irregegangen ; — freisprechen, absoudre, ich spreche **frei**, freigesprochen.

Nota. — *a)* D'ailleurs, ces substantifs sont souvent considérés comme de vrais *compléments*, et se séparent du verbe, même à l'infinitif, en prenant une majuscule : Dank sagen... Statt finden, avoir lieu.

D'autres noms, compléments du verbe, se placent comme s'ils ne faisaient qu'un avec lui, tout en ne formant pas de mots composés. Ex. : Schach spielen, jouer aux échecs. Er spielt am liebsten Schach, il préfère le jeu d'échecs.

b) Il y a quelques *exceptions*, comme liebkosen, caresser ; liebäugeln, faire des yeux doux ; weissagen, prophétiser ; wetterleuchten, faire des éclairs ; frohlocken, jubiler ; lobsingen (1), célébrer ; lobpreisen (2), exalter ; wahrsagen, prédire... ; et quelques autres, ayant perdu le sens propre des mots qui les composent ou qui ont renforcé le sens du verbe simple. On dira donc : ich liebkose, ich weissage, etc.

c) Certains verbes, paraissant composés, dérivent directement d'un substantif ou d'un adjectif, et ne se séparent pas. Ex. : argwöhnen, soupçonner (de Argwohn) ; offenbaren (3), révéler (de offenbar, manifeste) ; frühstücken, déjeuner (de Frühstück) ; ratschlagen, délibérer ; handhaben, manier, etc. (Voir n° 124, *nota*.)

2° Les *prépositions*, simples ou composées, qui pour la plupart peuvent entrer dans la composition de ces

---

(1) Cependant, on dit aussi au participe passé lobgesungen.
(2) Lobpreisen n'a pas de participe passé.
(3) Part. passé offenbart *ou* geoffenbart.

sortes de verbes. Telles sont surtout : ab (pour von), an, auf, aus, bei, ein (in), nach, vor, zu.

Ex. : **auf**machen, ouvrir, ich mache **auf**.

3° Les *adverbes*, simples ou composés, tels que : dar (da), fort, her, hin, hinaus, hinab, hinauf, herbei, weg, wohl, zurück, entzwei, nieder, etc., etc.

Ex. : **fort**gehen, s'en aller, ich gehe **fort**.

128. REMARQUES

a) Dans les propositions directes, ces particules se séparent à tous les temps simples, à mode personnel. Dans ce cas, elles se rejettent à la fin de la proposition. — Elles se séparent aussi à l'infinitif et au participe passé, mais sans se rejeter, soit par l'augment **ge**, soit par la préposition **zu**, qui se placent entre la particule et le verbe.

Ex. : Ich mache die Thüre **auf** (1), (de aufmachen), j'ouvre la porte ; die Thüre auf**zu**machen, auf**ge**macht.

b) Dans les propositions incidentes ou subordonnées, c'est-à-dire celles qui commencent par un relatif ou une conjonction de subordination, comme le verbe doit être rejeté à la fin de la proposition, il *ne peut point* y avoir de *séparation*.

Ex. : Die Thüre, welche ich **auf**machte, la porte que j'ouvris ; als ich die Thüre **auf**machte, lorsque j'ouvris la porte.

II. Particules inséparables.

129. — Il n'y en a que deux. Ce sont les prépositions **hinter** *derrière*, et **wider**, *contre*, qu'il ne faut pas confondre avec wieder, *de nouveau*.

Elles sont comparables aux préfixes.

Ex. : hinterlassen, léguer ; zu **hinter**lassen, ich **hinter**lasse widerstehen, résister ; zu **wider**stehen, ich **wider**stehe

---

(1) Mot à mot : je fais, je rends la porte ouverte.

III. Particules tantôt séparables, tantôt inséparables.

130. — Elles sont au nombre de six :

1° Quatre pépositions : burd), *par, à travers*; über, *sur*; um, *autour*; unter, *sous, parmi*.

2° Deux adverbes : voll, *pleinement*; wieder, *de nouveau*.

Elles sont *séparables*, quand elles conservent leur sens propre, primitif. Dans ce cas, c'est sur elles que repose l'accent tonique.

Elles sont *inséparables*, quand elles sont prises dans un sens détourné, figuré. Dans ce cas, l'accent tonique repose sur le radical du verbe.

131. *Exemples* :

Infinitif.		Indicatif présent.	Participe passé.
Durch= gehen	passer par, à travers.	Ich gehe durch,	durchgegangen.
	repasser, parcourir.	Ich durchgehe,	durchgangen.
Um= gehen.	aller avec, fréquenter.	Ich gehe um,	umgegangen.
	tourner, éviter.	Ich umgehe,	umgangen.
Über= setzen.	passer de l'autre côté.	Ich setze über,	übergesetzt.
	traduire.	Ich übersetze,	übersetzt.
Unter= stehen	se tenir à l'abri.	Ich stehe unter,	untergestanden.
	oser, se faire fort (1).	Ich unterstehe mich,	sich unterstanden.
Voll= bringen	mettre plein, remplir.	Ich bringe voll,	vollgebracht.
	achever.	Ich vollbringe,	vollbracht.
Wieder= holen	chercher de nouveau.	Ich hole wieder,	wiedergeholt.
	répéter.	Ich wiederhole,	wiederholt.

Remarques sur les verbes composés.

132. — 1° Quand la particule, tantôt séparable, tantôt inséparable, se sépare, elle se met généralement avec le complément : ich gehe durch den Wald, je traverse la forêt; er setzte mich über den Fluß, il me passa de l'autre côté du fleuve. — Mais on dira : er setzte mich sogleich über, etc.

---

(1) Réfléchi dans ce sens : sich unterstehen.

2º Quand les particules séparables sont composées, on les sépare tout entières comme les particules simples.

Ex. : hereinkommen, entrer ; ich komme herein.

3º Il peut se faire que le verbe soit précédé de deux particules, l'une séparable, l'autre inséparable. Dans ce cas, on sépare celle qui est séparable, si elle se trouve la première ; mais on ne sépare rien, si elle se trouve après la particule inséparable.

Ex : abbehalten, garder en main : ich behalte den Hut ab ; — verabreden, convenir : ich verabrede..., etc.

Conjugaison du verbe à particule séparable :
133. **Aufmachen** ouvrir (part. passé **aufgemacht**).

INDICATIF

Présent.

Ich mache
du machest
er macht
wir machen
ihr machet
sie machen

die Thür(e) auf

J'ouvre la porte.

Imparfait.

Ich machte
du machtest
er machte
wir machten
ihr machtet
sie machten

die Thür(e) auf

J'ouvrais la porte.

Parfait.
Ich habe die Thür aufgemacht
j'ai ouvert la porte.

Plus-que-Parfait.
Ich hatte die Thür aufgemacht
j'avais ouvert la porte.

Futur simple.
Ich werde die Thür aufmachen
J'ouvrirai la porte.

Futur antérieur.
Ich werde die Thür aufgemacht haben
j'aurai ouvert la porte.

CONDITIONNEL

Présent.
Ich würde die Thür aufmachen
j'ouvrirais la porte.

Passé.
Ich würde die Thür aufgemacht haben
j'aurais ouvert la porte.

IMPÉRATIF

Mache die Thür auf   ouvre la porte.

SUBJONCTIF

Présent.

Ich mache die Thür auf
que j'ouvre la porte.

Imparfait.

Ich mach(e)te die Thür auf
que j'ouvrisse la porte.

Parfait.

Ich habe die Thür aufgemacht
que j'aie ouvert la porte.

Plus-que-Parfait.

Ich hätte die Thür aufgemacht
que j'eusse ouvert la porte.

Futur simple.

Ich werde die Thür aufmachen
que j'ouvrirai la porte.

Futur antérieur.

Ich werde die Thür aufgemacht haben
que j'aurai ouvert la porte.

INFINITIF

Présent.

Die Thür aufmachen — ouvrir la porte.
Die Thür aufzumachen — de *ou* à ouvrir la porte.
Um die Thür aufzumachen — pour ouvrir la porte.

Passé.

Die Thür aufgemacht haben
avoir ouvert la porte.

Futur.

Die Thür aufmachen werden
devoir ouvrir la porte.

PARTICIPE

Présent.

Die Thür aufmachend
ouvrant la porte.

Passé.

Die Thür aufgemacht.
ouvert la porte.

Chapitre VI

DU PARTICIPE

134. — Le participe est un mot qui tient à la fois de l'adjectif et du verbe.

§ Ier. — Participe adjectif.

Comme adjectif, le participe, soit présent, soit passé, sert à qualifier le nom, et suit les mêmes règles que l'adjectif. Ainsi :

1º Il peut être employé comme épithète ou comme attribut.

a) Comme *épithète*, il se met avant le substantif et se décline comme les autres adjectifs qualificatifs.

Ex. : Labender Trank, boisson rafraichissante, gén. labenden Trankes.

Der labende Trank, gén. des labenden Trankes.

Ein labender Trank, gén. eines labenden Trankes.

b) Comme *attribut*, il se place après le substantif et reste *invariable*. (Cependant, comme attribut, il se rencontre plus rarement, parce qu'en allemand on préfère employer dans ce cas un temps à mode personnel.)

Ex. : Dieser Trank ist labend (*mieux* labt), cette boisson est rafraîchissante.

Seine Stimme ist reizend, sa voix est charmante.

135. — 2º Il peut être employé *substantivement* ou *adverbialement*, comme les autres adjectifs, et suit encore les mêmes règles, c'est-à-dire employé substantivement il se décline, et employé adverbialement il reste invariable.

Ex. : Ein Gelehrter, un savant, gén. eines Ge-
lehrten.
Eine brennend rothe Fahne, un drapeau rouge
comme feu.

3° Il a ses *comparatifs* et *superlatifs*, qui se forment et déclinent comme ceux des adjectifs.

Ex. : Ein labend(e)rer Trank; der labendste Trank.
— Ein gelehrteres Kind; das gelehrteste
Kind.

Nota. — Le participe employé comme adjectif, peut avoir un ou plusieurs compléments et se place après eux (voir n°s 184 et 185) ; à moins qu'il ne faille ou qu'on ne veuille employer une autre tournure (Syntaxe, n° 417).

§ II. — **Participe verbe.**

136. — Comme verbe, le participe marque un temps, et peut avoir un complément soit direct, soit indirect.

Il est toujours *invariable*, et doit, en règle générale, se placer après ses compléments.

Ex. : Dies sagend, lachte er, en disant cela, il rit.
Ich habe ihm dieses alles schon gesagt, je lui ai
déjà dit tout cela.

L'emploi du participe *passé* comme verbe est fréquent, ainsi qu'en français.

Celui du participe *présent* est beaucoup plus rare, surtout en prose et dans le langage ordinaire ; on lui substitue ordinairement une périphrase.

Ex. : Als er dies sagte, en disant cela (comme il disait
cela). (Voir Syntaxe, n° 417).

Chapitre VII

DE L'ADVERBE

137. — On compte huit sortes d'adverbes, selon le rapport qu'ils expriment :

1º Les adverbes de manière.	5º Les adv. d'interrogation.
2º » de temps.	6º » d'affirmation.
3º » de lieu.	7º » de négation.
4º » de quantité.	8º » de doute.

Nous en donnons ici les principaux.

§ Iᵉʳ. — Adverbes de manière.

1º La plupart des *adjectifs qualificatifs* servent à former les adverbes de manière. Dans ce cas, ils restent invariables. Tels sont :

gut, bien ; schön, bien, bellement ; klein, petitement ; herrlich, magnifiquement ; langsam, lentement, etc.

Ex. : Sie haben sehr **schön** gesungen, vous avez très bien chanté.

Nota. — Il en est de même du participe employé comme adjectif : er thut alles gezwungen, il fait tout d'une manière forcée ; er hörte mich schweigend an, il m'écouta en silence.

2º Un certain nombre d'adverbes de manière se forment à l'aide de Weise, manière ; d'autres avec les suffixes lich et lings.

Ex. : glücklicher**weise**, heureusement ; haufenweise, par troupes ; massenweise, en masse ; unverschämterweise, effrontément, etc. ; — schwer**lich**, difficilement ; wahrlich, en vérité ; rück**lings**, à reculons.

3º On peut considérer aussi comme adverbes de manière :

Ex. : alſo, ainsi ; anders, autrement ; flugs, promptement ; gern, volontiers ; gleichfalls, pareillement ; gleichſam, pour ainsi dire ; ſo, ainsi, tant ; ſehr, très, fort ; ſtracks, tout droit ; umſonſt, vergebens, en vain ; ungern, à contre-cœur ; wohl, bien ; zuſammen, ensemble, etc.

138. § II. — Adverbes de temps.

Allezeit, en tout temps.
alsdann, à cette époque.
bald, bientôt.
bereits, déjà.
bisher, jusqu'ici.
bisweilen, parfois.
da, alors.
dann, alors, ensuite.
darauf, là-dessus, puis.
eben, justement.
eheſtens, au plus tôt.
einmal, une fois, un jour.
einſt, un jour.
erſt, d'abord.
fertan, désormais.
geſtern, hier.
heute, aujourd'hui.
hierauf, là-dessus, ensuite.
immer, toujours.
je, jemals, jamais (sans négation, *unquam*).
jetzt, à présent, maintenant.
lange, longtemps.
morgen, demain.

Nachher, après.
nie, niemals,} ne jamais (négat.).
nimmer,
noch, encore.
nun, maintenant.
oſt, souvent.
ſelten, rarement.
ſchon, déjà.
ſeither, depuis, jusqu'ici.
ſogleich, aussitôt.
ſodann, ensuite.
ſonſt, autrefois, autrement.
ſtets, continuellement, toujours.
übermorgen, après-demain.
unterdeſſen, pendant ce temps, en attendant.
vorgeſtern, avant-hier.
vorher, auparavant.
wieder, de nouveau,
wann, quand.
zuerſt, d'abord.
zuvor, avant.
zuweilen, de temps en temps.

zuletzt à la fin

139. REMARQUES

1º Aux adverbes de temps il faut ajouter certains *substantifs* (espèces de génitifs absolus) qui, même quand ils sont féminins, prennent s, avec ou sans article.

Ex. : abends ou des Abends, le soir ; (des) mittags, à midi ; vormittags, avant-midi ; nachmittags, après-midi ; morgens, le matin ; nachts, la nuit ; eines Tages, un jour, etc. (1).

2° Certains *adjectifs* ou *superlatifs*, dérivant d'un mot désignant le temps, servent aussi d'adverbes de temps.

Ex. : endlich, enfin ; jährlich, annuellement ; neulich, récemment ; täglich, journellement ; ehestens, au plus tôt ; jüngst, tout dernièrement ; längst, il y a longtemps ; nächstens, prochainement...

§ III. — Adverbes de lieu.

140. — Les adverbes de lieu peuvent répondre à quatre questions :

1° A la question wo, *où (ubi)?* sans mouvement ; marque le lieu où l'on est.

2° A la question wohin, *où (quò)?* avec mouvement ; marque le lieu où l'on va.

3° A la question woher, *d'où (unde)?* marque le lieu d'où l'on vient.

4° A la question wodurch, *par où (quà)?* marque le lieu où l'on passe.

On peut diviser les adverbes de lieu en trois classes : les uns marquent repos, d'autres mouvement, d'autres sont mixtes, c'est-à-dire marquent tantôt repos, tantôt mouvement.

A. Adverbes de repos.

Allenthalben, de toutes parts.
auswendig, en dehors.
da, daselbst, là, y.
daheim, à la maison.
dort, là-bas.
hier, ici.
hienieden, ici-bas.
irgendwo, quelque part.
Nirgends, nirgendwo, } nulle part.
rings, tout autour.
überall, partout.
unterwegs, en chemin.
weit, fern, loin, au loin.
wo, où.
zu Hause, à la maison.

(1) On conserve la majuscule avec l'article.

Il faut y ajouter quelques adverbes dérivés de prépositions, en n ou en, avec leurs composés :

Außen, en dehors :   d(a)raußen, là dehors.
innen, en dedans :   d(a)rinnen, là dedans, y.
oben, en haut :   d(a)roben, là-haut.
unten, ici-bas :   d(a)runten, là-bas.
hinten, (par) derrière :   dahinten, là derrière.
vorn, (par) devant :   davorn, là devant.

B. Adverbes de mouvement.

Abwärts, bergab, } en descendant.
aufwärts, bergauf, } en montant.
fort, weg, loin.
heim, nach Hause, à (vers) la maison, chez soi.
her, ici, par ici, y } hin, là, par là, y } et leurs nombreux composés.

stromab, en aval.
stromauf, en amont.
rückwärts, rücklings, zurück, } en arrière.
von außen, de dehors.
vorwärts, en avant.
zusammen, ensemble.

141.   REMARQUES

1° Parmi les adverbes de mouvement, il faut citer surtout **her** et **hin**. Ces deux mots signifient *là*, mais point dans le même sens.

Hin exprime le mouvement où l'on va, et marque toujours un éloignement de la personne qui parle.

Ex. : Geh hin, vas-y (là-bas, où je ne suis pas).

Her exprime aussi le mouvement où l'on va, mais il marque un rapprochement vers la personne qui parle.

Ex. : Komm her, viens-y (là où je suis).

142. — 2° Ces deux adverbes, her et hin, servent à former de nombreux composés, en s'ajoutant soit à des prépositions, soit à d'autres adverbes.

Entre ces composés, la différence sera la même qu'entre her et hin. Tels sont :

Herab, hinab, en bas (de haut en bas) ; heran, hinan, auprès, en haut (vers le haut) ; herauf, hinauf, en haut ; heraus, hinaus, dehors ; herunter, hinunter, en bas ; herein, hinein, dedans ; herüber, hinüber, au delà (d'un côté à l'autre) ; herzu, hinzu, auprès.

Ex. : Steige hinauf (va), monte là-haut (où je ne suis pas).
Steige herauf (viens), monte ici (où je suis).

3° Quand her et hin se combinent avec d'autres adverbes, ils se placent tantôt avant, tantôt après ces adverbes. Le sens n'est pas tout à fait le même, car c'est toujours le premier qui détermine le sens.

Ex. : Nachher, après (d'une manière générale).
Hernach, après (tout de suite).
Umher, tout autour ; herum, de tous côtés.

4° Les adverbes herein, hinein, heraus, hinaus sont souvent précédés d'un substantif avec zu.

Ex. : Er kam zu der Thür herein, il entra par la porte, etc.

5° On forme aussi des adverbes de mouvement *(quà)* avec durch : dadurch, hindurch, par là...

C. Adverbes mixtes.

(Tantôt mouvement, tantôt repos.)

Diesseits, de ce côté-ci. rechts, à droite.
jenseits, de ce côté-là. nieder, en bas, par terre.
links, à gauche. seitwärts, de côté.

Nota. — Diesseits et jenseits peuvent être aussi employés comme prépositions. (Voir n° 149.)

143. § IV. — **Adverbes de quantité.**

Beinahe, presque.
bei weitem, à beaucoup près.
bloß, seulement, simplement.
desto, d'autant *(suivi d'un compar.)*.
durchaus, absolument.
eben so viel, (tout) autant.
einigermaßen, en quelque sorte, jusqu'à un certain point.
etwa, environ.
fast, presque.
ganz, gänzlich, **entièrement**.

gar, très, tout à fait.
ganz und gar, absolument.
genug, assez, suffisamment.
kaum, à peine.
mehr, plus.
nur, seulement, ne... que.
recht, bien, très.
sehr, très, fort.
so sehr, si fort, tant.
so viel, tant.
so gar, même.
theils, en partie.

überaus, extrêmement.
ungefähr, à peu près, environ.
ungemein viel, énormément.
viel, beaucoup.
weit, bien *(devant compar.)*.
wenig, peu.
wie, comment, comme, combien.

wie sehr, combien.
wieviel, combien.
ziemlich, assez, pas mal.
zu (allzu), \
zu sehr, } trop.
zu viel, /

144. — Aux adverbes de quantité on peut ajouter :

1° Les mots qui indiquent répétition, et qui sont terminés en **mal** (fois).

Ex. : einmal, une fois ; zweimal, deux fois ; manchmal, quelquefois ; abermal(s), une seconde fois, etc.

2° Ceux qui marquent l'ordre, le rang, et qui se forment pour la plupart en ajoutant **us** à l'adjectif numéral ordinal.

Ex. : erstens, premièrement ; zweitens, deuxièmement ; höchstens, tout au plus ; mindestens, au moins ; übrigens, au reste ; wenigstens, au moins ; zuletzt, en dernier lieu, etc.

145. § V. — **Adverbes d'interrogation**.

Warum ? pourquoi ?
wie ? comment ?
wie lange ? combien de temps ?
wie oft ? combien de fois ?
wie viel, wie sehr ? combien ?
wie weit ? jusqu'où ?
wo ? où ?

Wodurch ? par quoi ?
wohin ? où, vers quel endroit ?
woher ? d'où ?
woran ? à quoi ?
wozu ? à quelle fin, à quoi bon ?
nun ? eh bien ?
wann, wenn ? quand ?

146. § VI. — **Affirmation, Négation, Doute.**

A

Allerdings, sans doute ;
doch, pourtant, si ;
freilich, si, assurément ;
fürwahr, certes ;
gern, volontiers, bien ;
gewiß, certainement ;
ja, ja wohl, oui.

Schlechterdings, absolument ;
traun (*vieilli* ou *poétique*), vraiment ;
wahrhaftig, vraiment, certes ;
wahrlich, en vérité ;
wirklich, effectivement.

B

Nein, non ;
nicht, ne... pas ;
gar nicht, pas du tout ;
ganz und gar nicht, pas le moins du monde ;
nicht einmal, pas même ;
nicht mehr, ne... plus.

Auch nicht, non plus ;
noch nicht, pas encore ;
keineswegs, nullement, en aucune façon ;
nie, niemals,
nimmer, } (ne) jamais.

C

Etwa, par hasard, environ ;
gleichsam, pour ainsi dire ;
schwerlich, difficilement ;
vermuthlich, probablement ;
vielleicht, peut-être ;

Wahrscheinlich, vraisemblablement ;
wohl, peut-être bien, probablement.

Nota. — La négation ne s'exprime qu'une fois dans la même proposition, et quand il y a déjà un mot négatif comme kein, Niemand, elle ne s'exprime plus.

Degrés de signification dans les adverbes.

147. — 1° *Adverbes de manière.* Leur *comparatif* se forme comme celui des adjectifs dont ils dérivent.

Ex. : herrlich, *comparatif* herrlich**er**, plus magnifiquement.

Leur *superlatif* se forme ordinairement en faisant précéder l'adverbe de am ou bien de auf's, auf das, et en lui donnant la terminaison ſten dans le premier cas, ſte dans le second cas.

On emploie am quand le degré de supériorité est *relatif* à d'autres objets, et auf's, quand il est *absolu*, sans rapport à d'autres objets.

Ex. : Dieſe Nacht ſcheint mir **am herrlichſten**, cette nuit me paraît la plus magnifique (de toutes). Er empfieng mich **auf's herrlichſte**, il me reçut de la manière la plus magnifique.

Nota. — La 1ʳᵉ manière am—ſten, sert souvent à traduire le superlatif de l'adjectif attribut. (Voir n° 50, nota 4°.)

Remarque. — Le superlatif *absolu* se rend quelquefois aussi, pour traduire certaines locutions, par la simple addition des suffixes **ſt** ou **ſtens**, sans être précédé de auf's.

Ex. : äußerſt, extrêmement ; beſtens, le mieux possible ; ergebenſt, tout dévoué : frühſtens, au plus tôt ; herzlichſt, de tout cœur ; höchſtens, tout au plus ; nächſtens, très prochainement ; ſpäteſtens, au plus tard.

2° *Comparatifs et superlatifs irréguliers.*

gut, wohl, bien,	beſſer ;	beſtens, am beſten.
gern, volontiers,	lieber ;	liebſt, am liebſten.
bald, bientôt,	eher ;	eheſt (1), am eheſten.
viel, beaucoup,	mehr ;	meiſt(ens), am meiſten.
oft, souvent,	öfter(s) (2) ;	am öfteſten ou ofteſten.
wenig, peu	{ weniger ;	wenigſtens, am wenigſten.
	minder ;	mindeſt(ens), am mindeſten.

148. **Locutions adverbiales.**

Il y a des adverbes qui sont formés de plusieurs mots réunis, c'est ce qu'on appelle *locutions adverbiales.* En voici les plus usitées :

Auf einmal, tout d'un coup ;
dann und wann, de temps en temps ;
eine Zeit lang, pendant quelque temps ;
früh morgens, de grand matin ;
heut über acht... Tage, d'aujourd'hui en huit ;
heut zu Tag(e), de nos jours
hie(r) und da, } çà et là.
hin und her, }
in der That, en effet ;
im Gegentheil, au contraire ;

Im Grunde, au fond ;
je eher wie lieber, } le plus tôt
ſo bald als möglich, } possible ;
nach Wunſch, à souhait ;
ſchlimm genug, tant pis ;
um die Wette, à l'envi ;
von nun an, dès à présent ;
von Tag zu Tag, de jour en jour ;
vor Zeiten, jadis ;
zu gelegener (rechter) Zeit, à propos ;
zu unrechter Zeit, mal à propos.

---

(1) On trouve aussi baldigſt, le plus tôt possible.
(2) Oefters s'emploie sans comparaison : (assez) souvent *(sœpius).*

Chapitre VIII

DE LA PRÉPOSITION

149. — On distingue en allemand quatre sortes de prépositions, selon le cas qu'elles gouvernent.

En effet ces prépositions, qui ne peuvent jamais être suivies du nominatif, gouvernent les unes le génitif, les autres le datif, les autres l'accusatif. Enfin il y en a qui gouvernent tantôt le datif et tantôt l'accusatif.

§ Ier. — Prépositions qui gouvernent le génitif.

Diesseit(s), en deçà de ;
enseit(s), au delà de ;
halb, halben, par rapport à ;
außerhalb, hors de ; *(et ses composés)*
innerhalb, de l'intérieur de, dans l'espace de ;
oberhalb, au-dessus de ;
unterhalb, au-dessous de ;
kraft, en vertu de ;
längs, le long de ;
laut, conformément à ;
Mittelst, vermittelst, au moyen de, moyennant ;
statt, anstatt, au lieu de ;
trotz, en dépit de ;
unfern, unweit, non loin de ;
um... willen, pour l'amour de ;
ungeachtet, malgré ;
vermöge, grâce à ;
während, pendant, durant ;
wegen, à cause de ;
zufolge, par suite de, suivant.

150.   REMARQUES

1° Plusieurs de ces prépositions gouvernent aussi le *datif*. Telles sont : trotz, zufolge, längs.

2° Quelques-unes se placent le plus souvent *après* leur complément, telles sont : halb, halben (1), statt, wegen, zufolge (cette dernière surtout quand elle est suivie du datif).

Ex. : Meines Vaters **wegen**, à cause de mon père.

---

(1) Halb(en) **a vieilli, se place toujours après.**

3° Les deux prépositions anstatt, um... willen, veulent leur complément *entre* les deux mots qui servent à les composer.

Ex. : **An** meines Vaters **statt**, à la place de mon père.
Um meines Vaters **willen**, pour l'amour de mon père.

Nota. — Statt prend même souvent une majuscule.

4° Quand le complément de wegen et de halben, um... willen, est un pronom personnel, on ajoute à ce dernier un **t** euphonique, qui souvent même remplace le r final du génitif (voir n° 82, 2°).

Ex. : Meinethalben, par rapport à moi.
Deinetwegen, à cause de toi.
Um unsertwillen, pour l'amour de nous.

151. — § II. — Prépositions qui gouvernent le datif.

Aus, de, hors de *(ex)* ;
außer, (en) dehors de ;
bei, auprès, chez *(apud)* ;
binnen (1), en, dans l'espace de ;
entgegen, au-devant de ;
gegenüber, vis-à-vis ;
gemäß, conformément à ;
mit, avec ;
nach, après, d'après ;

nächst, zunächst, près de ;
nebst, avec, outre ;
ob *(poét.)*, à cause de ;
sammt, avec, y compris ;
seit (2), depuis ;
von, de, par *(ab)* ;
zu, à, chez *(ad)* ;
zuwider (3), contre, malgré.

152. REMARQUES

1° **Bei** indique le repos et le séjour ; **zu** la direction vers une *personne ;* **nach**... vers un endroit.

Ex. : Er ist **bei** mir, er kommt **zu** mir, er geht **nach** Paris.

(1) Binnen s'applique seulement au temps.
(2) seit est pris quelquefois pour seitdem, depuis (lors) ; les deux sont aussi conjonctions.
(3) Zuwider se traduit souvent par un adjectif : er ist mir zuwider, il m'est contraire.

2° Plusieurs de ces prépositions se placent *après* leur complément, ce sont : gegenüber, entgegen, gemäß et zuwider, — et indifféremment nach, mais seulement quand il signifie *selon, d'après*.

Ex. : Meinem Bruder **entgegen**, à la rencontre de mon frère.

Meiner Meinung **nach**, selon mon opinion.

3° La préposition von peut se combiner avec an, auf, aus, pour exprimer l'origine, le point de départ. Dans ce cas, le complément se met toujours au *datif* et se place *entre* les deux prépositions.

Ex. : **Von** diesem Augenblicke **an**, dès ce moment.
Von Jugend **auf**, dès la jeunesse.
Von Paris **aus**, (en partant) de Paris.

153. — § III. — Prépositions qui gouvernent l'accusatif.

Bis, jusque ;
durch, par, à travers ;
für, pour ;
gegen (gen), contre, vers.

Ohne,
sonder (poét.), } sans ;
um [1], autour de, pour ;
wider, contre.

154. REMARQUES

1° Gen, vieux pour gegen, et sonder ne se rencontrent plus qu'en poésie et dans certaines locutions, comme gen Himmel, vers le ciel ; gen Osten, vers l'est ; sonder Furcht und Tadel, sans peur et sans reproche ; sonder Gleichen, sans pareil.

2° Bis ne s'emploie guère seul, si ce n'est devant les noms propres géographiques, les adverbes de lieu, les noms de nombre.

Ex. : Bis (nach) Paris, bis zehn, bis zwanzig.

Dans les autres cas, il est suivi d'une autre préposition.

Ex. : Bis an mir, jusqu'à moi.
Bis zur Ruhe, jusqu'au repos.

---

(1) Um est souvent suivi de herum : le complément se met entre les deux : um den Tisch herum, autour de la table.

3° A ces prépositions on peut ajouter les adverbes suivants, employés souvent dans un sens absolu et se plaçant *après* des accusatifs : hindurch, au travers de ; hinauf, en montant ; hinunter, hinab, en descendant ; entlang, le long de...

>Ex. : Den Tag hindurch, le jour durant ; die Stadt hinauf, en montant la ville ; den Fluß entlang (1), le long de la rivière.

155. — § IV. — Prépositions qui gouvernent tantôt le datif, tantôt l'accusatif.

An, à ;
auf, sur ;
hinter, derrière ;
in, dans ;
neben, à côté de.

Ueber, sur ;
unter, sous, parmi ;
vor, avant, devant, il y a ;
zwischen (2), entre.

156. — *Règles.* — 1° Ces prépositions gouvernent le *datif* quand elles servent à marquer le repos, ou, s'il y a mouvement, quand ce mouvement ne se fait pas en dehors du lieu où l'on se trouve.

>Ex. : Ich bin in dem Garten, je suis au (dans le) jardin.
>Ich ging in dem Garten spazieren, je me promenais au (dans le) jardin.

2° Elles gouvernent l'*accusatif* quand elles renferment l'idée de mouvement d'un lieu ou d'un objet vers un autre lieu ou un autre objet.

>Ex. : Ich gehe in den Garten, je vais au (dans le) jardin.
>Ich schreibe an meinen Freund, j'écris à mon ami.

Contraction de certaines prépositions.

157. — Il y a des prépositions qui se contractent avec l'article défini, et sont même employées de préférence avec cette contraction. Ce sont :

---

(1) Entlang se trouve aussi avec le génitif, mais avant le complément : entlang des Flusses.

(2) Zwischen vient de zwei et s'emploie entre deux choses, deux personnes ou deux groupes.

Am	pour	an dem ;	Jn's	pour	in das ;
an's	»	an das ;	über's	»	über das ;
auf's	»	auf das ;	um's	»	um das ;
beim	»	bei dem ;	vom	»	von dem ;
durch's	»	durch das ;	zum	»	zu dem ;
für's	»	für das ;	zur	»	zu der.
im	»	in dem.			

Nota. — 1° L'apostrophe (an's, auf's, etc.) n'est pas absolument nécessaire.

2° On trouve aussi, dans le style familier : hinterm et hinter's, überm, unterm et unter's, vorm et vor's.

Locutions prépositives.

158. — Il y a en allemand, comme en français, certaines locutions qui servent de prépositions.

Voici quelques exemples :

Aus Mangel an, *(dat.)* faute de ;
bei Gelegenheit, *(gén.)* à l'occasion ;
im Angesichte, *(gén.)* à la vue ;
in Betreff, *(gén.)* à l'égard de, quant à ;
mitten durch, *(acc.)* à travers ;
nahe bei, *(dat.)* proche de ;
ohne Wissen, *(gén.)* à l'insu ;
weit von, *(dat.)* loin de ;
zu Gunsten, *(gén.)* en faveur de ;
mit Hülfe, *(gén.)* à la faveur de.

Chapitre IX

DE LA CONJONCTION

159. — On peut distinguer en allemand trois espèces de conjonctions, selon le rôle qu'elles jouent dans la phrase :

1° les conjonctions de coordination ;

2° les conjonctions de subordination ;

3° les conjonctions de corrélation.

§ Iᵉʳ. — Conjonctions de coordination.

Les conjonctions de coordination sont celles qui unissent les propositions entre elles, sans les faire dépendre les unes des autres. Ce sont :

a) Aber, allein, sondern, mais ;
denn, car ;
oder, ou ;
und, et.

b) Entweder... oder, ou... ou ;
nähmlich, c'est-à-dire, à savoir ;
sowohl... als, et... et, ainsi que ;
weder... noch (1), ni... ni.

160. REMARQUES

1° Les conjonctions de coordination se placent en tête de la proposition ; cependant, aber peut se placer aussi *après le premier* mot, quelquefois même *après plusieurs* mots.
   Ex. : Er aber war... ou er war aber gerecht, mais lui, il était juste.

2° Und se remplace quelquefois par une virgule entre deux adjectifs, qualifiant le même nom.
   Ex. : Ein gutes, frommes Kind, un enfant bon *et* pieux.

3° Les conjonctions du n° a) ne changent en rien la construction de la phrase. — Celles du n° b) sont quelquefois aussi corrélatives ou adverbiales et veulent alors l'inversion (voir nᵒˢ 164 et 192, 2°, b).

§ II. — Conjonctions de subordination.

161. — Les conjonctions de subordination (appelées aussi *relatives*) unissent les prépositions entre elles, de telle sorte que les propositions subordonnées dépendent d'autres propositions appelées principales. — Ce sont :

---

(1) Weber traduit seulement le premier *ni*, ailleurs on met noch.

A. Conjonctions *simples* :

Als, lorsque, quand ;
    que (après un comparatif) ;
da, comme, puisque ;
daß, que *(ut)* ;
denn, que, à moins que ;
ehe, avant que ;
falls [1], en cas que ;

ob, si (dubitatif, *an*) ;
seit, depuis que ;
während, pendant que ;
wann, quand ;
weil, parce que, tandis que ;
wenn, si, quand ;
wie, comme, *que* (comparatif).

B. Conjonctions *composées* :

Bevor, avant que ;
damit, afin que ;
dieweil [2], tandis que ;
gleichwie (sowie), comme, de même que ;
indem, pendant que ;
nachdem, après que ;

obgleich [3], }
obschon,   } quoique ;
obwohl,   }
seitdem, depuis que ;
sobald, aussitôt que ;
ungeachtet, quoique ;
wiewohl, quoique ;

wofern, en cas que.

C. *Locutions* conjonctives :

Als daß, pour que ;
als ob,   } comme si ;
als wenn, }
anstatt daß, au lieu que ;
auf daß, afin que ;
bis daß, jusqu'à ce que ;
ehe daß, avant que ;
es sei denn daß, à moins que ;
gleich als wenn, comme si ;
im Fall (daß), dans le cas que ;
(in) so fern (als), } en tant que ;
(in) so weit (als), }
in wiefern, comment ;
in wieweit, jusqu'à quel point.
je nachdem, selon que ;

je... desto,   } plus... plus...
je... umso,   }
ob... auch, quoique ;
ohne daß, sans que ;
so... auch } quelque... que,
wie auch, } tout... que ;
so bald als, aussitôt que ;
so daß, de sorte que ;
so lange (als), aussi longtemps que ;
so oft (als), aussi souvent, chaque fois que ;
ohne... zu *(devant l'infini)*, sans ;
um... zu *(devant l'infini)*, pour ;

---

(1) Génit. de Fall, cas, employé comme conjonction.
(2) Dieweil est vieilli, se rencontre chez les vieux auteurs et en poésie.
(3) Voir page 137, remarques, 3°.

während daß *ou* dem, pendant que ;
wenn... nur, pourvu que ;
wenn... auch, quand même ;
wenn... gleich, quoique ;
wenn... schon, quand même.

Il faut y ajouter les adverbes d'interrogation qui, en effet, entre deux verbes, jouent le rôle de véritables conjonctions :

warum,
weßhalb,
weßwegen, } pourquoi ;
wann, quand ;
wie, comment ;
wieviel, combien ;
wie lange, combien de temps ;
wo, où *(et ses composés).*

162. REMARQUES

1° Les conjonctions de subordination se mettent *en tête* de la proposition, mais elles rejettent *le verbe à la fin*. — Il en est de même des adverbes ou autres mots, employés comme conjonctions.

Ex. : **Als** ich noch zu Hause **war**, quand j'étais encore à la maison :

Ich weiß nicht, **warum** er mir schon so lange **grollt**, je ne sais pourquoi il m'en veut depuis si longtemps.

2° Dans les locutions je... desto, je... um so, c'est je qui est conjonction et subordonne, c'est-à-dire rejette le verbe à la fin ; — desto, um so, sont corrélatifs et veulent l'inversion. — Tous deux sont suivis de mehr ou d'un autre *comparatif*.

Ex. : **Je** gelehrter er wird, **desto** tugendhafter und christlicher benimmt er sich. Plus il devient savant, plus il mène une conduite vertueuse et chrétienne. — **Je mehr** er besitzt, **um so mehr** begehrt er ; plus il possède, plus il désire.

3° Les conjonctions composées, obgleich, obschon, obwohl, peuvent s'écrire en deux mots, comme wenn nur, wenn auch, et être séparés par le sujet (surtout pronom) ou même par plusieurs mots. Elles sont suivies de l'indicatif.

Ex. : **Ob** ich **gleich** (schon ou wohl) nicht reich bin, bien que je ne sois pas riche...

Nota. — so... auch, wie... auch, sont toujours séparés : so (*ou* wie) gelehrt er **auch** sein mag, quelque savant qu'il soit.

§ III. — Conjonctions de corrélation.

163. — Les conjonctions corrélatives marquent une simple corrélation entre deux propositions, sans les subordonner absolument l'une à l'autre. — Ce sont :

Also, ainsi, donc ;
auch, aussi ;
außerdem, en outre ;
bald... bald, tantôt... tantôt ;
da, dann, alsdann, alors ;
dagegen, hingegen, par contre ;
darauf (1), (hierauf), là-dessus ; alors ;
darum, daher, deßhalb, deßwegen, c'est pourquoi ;
desto, d'autant ;
demnach, en conséquence ;
dennoch, pourtant ;
dessenungeachtet, néanmoins ;
doch, jedoch, cependant, toutefois ;
ferner, puis, de plus ;
folglich, conséquemment ;

gleichwohl, toutefois ;
indessen (unterdessen), cependant, en attendant ;
kaum... (so), à peine (que) (2) ;
mithin, donc, par conséquent ;
nicht nur... sondern auch, non seulement... mais ;
nichtsdestoweniger, néanmoins ;
nun, maintenant, alors, or, eh bien... ;
so, ainsi, alors ;
sonst, autrement, sinon ;
theils... theils, en partie... en partie ;
überdies, en outre, du reste ;
vielmehr, plutôt, bien plus ;
zudem, en outre ;
zwar, à la vérité.

164.   REMARQUES

1° Les conjonctions de corrélation sont composées d'adverbes ou de mots employés comme tels ; c'est pourquoi on les appelle aussi *adverbiales*. On pourrait en ajouter beaucoup d'autres du même genre, qui joueraient le même rôle si on les plaçait en tête d'une proposition.

---

(1) Darauf, darum, dagegen sont quelquefois employés comme mots relatifs (pour worauf...) dans ce cas ils rentrent dans le conj. de subordination : der Grund, darauf wir stehen, le sol, sur lequel nous sommes placés.

(2) Cela veut dire qu'après kaum, à peine, *que* du français se rend par so : kaum war das Wort gesagt, **so** war der Esel zerrissen. A peine le mot était-il dit, *que* l'âne était mis en pièces. Kaum traduit aussi *à peine si.* Kaum hatte ich Zeit, à peine si j'ai eu le temps.

2° Les conjonctions corrélatives ne rejettent pas le verbe à la fin, au contraire elles le veulent *avant* le sujet. (Voir n° 190, 5°, Inversion.)

Ex. : Wenn du Gutes thust, so **wirst** du belohnt werden, si tu fais le bien, tu seras récompensé.

3° On peut y ajouter quelquefois entweder—oder; nämlich; sowohl—als; weder—noch, également *conjonctives*. (Voir n° 160, 4°, et n° 192, 2°.)

Ex. : Entweder **ist** er todt, oder (ist er) lebendig, il est ou vivant ou mort ; — weder **konnte** er, noch **wollte** er, il ne put, ni ne voulut.

Nota. — Auch, bald..., nicht nur, theils... peuvent faire exception, quand ils portent directement sur le sujet (n° 192, 2°).

Chapitre X

DE L'INTERJECTION

165. — Il y a autant de sortes d'interjections, que l'âme peut avoir de sentiments différents.

Les principales sont :

1° *Pour la joie :*

O ! oh !
ah ! ah !
aha ! ah ! ah !
ha ! ah !
ei ! eh !
juchhe ! } gai !
heisa !

2° *Douleur :*

O ! ôh !
ach ! hélas !
weh ! } hélas ! malheur !
o weh !
au ! } aïe ! malheur !
au weh !
leider, hélas ! malheureusement !

3° *Surprise :*

Ah ! ah !
bah ! bah ;
ei ! } eh !
ih !

hoho ! } oh ! oh !
oho !
potz ! peste ! dame !
potztausend ! diantre !
so ! ah ! ah ça !

4° *Crainte, dégoût :*   5° *Doute :*

Pfui! fi!   Hum!
hu! hu! } horreur!   hui! } hum!
brr!

6° *Eloignement :*

Weg (da)! fort! gare! va-t-en!   Pfui doch! fi donc!

7° *Commandement :*   topp! tope-là!

Auf! auf denn! allons,
  debout!   8° *Encouragement :*
halt! halte-là!
he!   Auf! allons!
heda! } hé! holla!   frisch! alerte!
holla!   topp! tope!
                             wohlan! courage!
sch!
st! still! } chut! silence!   9° *Rire :*
pst!   Ha ha!
                             hi hi! } id...

Nota. — On le voit, on se sert de toutes sortes de mots (adverbes, noms, adjectifs, onomatopées) pour former des interjections. On peut y ajouter beaucoup d'autres sons ou expressions, surtout :

a) Sons imités : bautz! patatras! klapp! v'lan! bing! boum! husch! husch! crac! tick, tack (montre, moulin), tic tac! klipp klapp! tic tac, flic, flac! piff, paff! puff! paf! etc.

b) Locutions interjectives :

Achtung! attention! gare!   Ins Gewehr! aux armes!
Feuer (...io, jo)! au feu!   Mord (...io)! à l'assassin!
Glück zu! bonne chance!   Himmel! Ciel!
Gott befohlen! à Dieu!   Horch! écoutez!
Gottlob! Dieu soit loué!   Leb' wohl! adieu!
Gott gebe (wollte Gott)! plût à   O der Schande! ô honte!
  Dieu!   O Wunder! miracle!
Heil (Dir...)! Salut!   Sachte! doucement!
Halt den Dieb! au voleur!   Sieh da! tenez, tenez!
Immerhin! gut, so sei's, eh bien! Warum nicht gar! bah!
  soit! à la bonne heure!   Warte nur! attends!
Meinetwegen, etc.., peu m'im-   Zu Hülfe! au secours!
  porte!   Vortrefflich! à merveille! etc.

SUPPLÉMENT
A LA PREMIÈRE PARTIE

§ Iᵉʳ. — **Substantifs**.

I. *Nature et composition.*

166. — 1° *Nature et formation.* — Les noms sont *simples* (primitifs ou radicaux) ; *dérivés* ou *composés*.

Ex. : Der Garten, le jardin ; der Gärtner, le jardinier ; die Gartenthür, la porte du jardin.

Inutile de parler ici des noms *simples*.

A. Noms dérivés.

1° Ils se forment comme les verbes dérivés (voir n° 119 et suivants) au moyen d'un changement *intérieur* ou *extérieur*.

Ex. *(intérieur)*: Der Bund, l'alliance (binden, lier).
Der Gang, la marche (gehen, aller).
Die Schrift, écriture (schreiben, écrire).

(extérieur) : Der Fall, la chute (fallen, tomber).
Die Jagd, la chasse (jagen, chasser).
Die Antwort, la réponse (ant, wort).
Die Freiheit, la liberté (frei, heit).

2° Le changement extérieur consiste surtout à ajouter un préfixe, ou un suffixe (voir n° 120).

Les principaux *préfixes* pour les noms sont : ab, aber, after, ant, erz, ge, miß, un, ur...

Les principaux *suffixes* sont : e, ei, el, er, heit, in, keit, ing, ling, niß, sal, sel, schaft, thum, ung, — et plus rarement : and, ach, end, ich, icht, ig, ist, rich, und, uth...

Nota. — Ces préfixes et suffixes ne peuvent exister séparément, mais ils ajoutent un sens particulier aux mots et en changent le genre et la déclinaison.

B. Noms composés.

167. — Ils se forment de diverses manières :

1° *De deux noms* juxtaposés (1) ou unis par e et surtout par (e)s, (e)n, (e)r (génitifs).

Ex. : Der Regenschirm, le parapluie (Regen, pluie ; Schirm, abri) ; das Tagebuch, journal (Tag, jour ; Buch, livre) ; der Gottesdienst, le service divin (Gott, Dieu ; Dienst, service) ; die Menschenliebe, l'amour des hommes (Mensch, homme ; Liebe, amour) ; der Kinderfreund, l'ami des enfants (Kind, enfant ; Freund, ami).

2° D'un *adjectif* (qualif. ou num.) et d'un *nom*.

Ex. : Der Großvater, le grand-père (groß, grand ; Vater, père) ; — der Zweikampf, le duel (zwei, deux ; Kampf, combat).

3° D'un *verbe* (du radical) et d'un *nom*.

Ex. : Die Schreibfeder, la plume à écrire (schreiben, écrire ; Feder, plume).

4° D'une *particule* (adverbe ou préposition) et d'un *nom*.

Ex. : Der Vortheil, l'avantage (vor, avant ; Theil, part) ; die Nebensache, l'accessoire (neben, à côté ; Sache, chose).

5° De mots *non substantifs*, quelquefois de toute une *proposition*.

Ex. : Das Lebewohl, l'adieu (lebe, vis (impératif) ; wohl, bien) ; der Taugenichts, le vaurien (taugen, valoir ; nichts, rien) ; das Vergißmeinnicht, le myosotis, ne m'oubliez pas (vergiß, oublie ; mein, de moi ; nicht, pas).

Nota. — 1° Les noms composés doivent faire un tout complet et se former selon le génie de la langue. L'élève fera bien de n'employer que ceux dont il est absolument sûr.

---

(1) En retranchant quelquefois l'e final : die Ehrsucht, l'ambition (Ehre sucht).

2º Quand ils se composent de deux noms, le premier du français devient le dernier en allemand et vice versa. Le premier détermine le second, renferme donc l'idée accessoire et sert d'attribut. Il a l'accent, tandis que le second décide du genre et de la déclinaison.

Enfin de la place des deux mots dépend le sens des noms composés : Baumöl veut dire huile d'olive et Oelbaum olivier...

3º Le s euphonique entre les deux noms s'emploie même après des noms féminins : die Hülfstruppen (die Hülfe, secours ; Truppen, troupes) ; mais surtout après les dérivés en ion, ung, t ou th : der Religionskrieg, guerre de religion ; die Freiheitsliebe, amour de la liberté ; das Heimathsland, patrie, etc.

4º Le s euphonique est facultatif quelquefois : der Schiff(s)junge, le mousse ; d'autres fois il change le sens : der Landsmann, le compatriote ; der Landmann, le paysan.

5º Il y a des mots composés de plusieurs noms (surtout dans le style administratif) ; on les sépare souvent par =. Ex. : Appellationsgerichts=Präsident, président de la cour d'appel.

6º Quand le dernier nom est commun à plusieurs autres qui se suivent, on ne le répète qu'après le dernier, ailleurs on le remplace par =. Ex. : das Staats= und Kirchenrecht, droit civil et ecclésiastique.

La même chose a quelquefois lieu pour les suffixes : Christen= und Heidenthum (Herder). Ceci n'est pas à imiter.

168.   II. *Genre des noms.*

1º *Noms d'êtres animés.* Comme en français. *Excepté :* das Weib, la femme ; les *diminutifs* (tous neutres) et ceux qui s'appliquent aux deux sexes (neutres), comme das Kind, l'enfant, etc.

2º *Noms d'êtres inanimés.* Il y en a des trois genres, que l'usage surtout doit faire connaître. Voici quelques règles *générales :*

1) Sont *masculins :* Les noms de jours, de mois, de saisons.

Ex. : Der Mittwoch, le mercredi ; der August, août.

2) Sont *féminins :* Ceux en e, ei, heit, keit, schaft, ung, ath, uth.

Ex. : Die Blume, la fleur ; die Freiheit, la liberté ; die Heiligkeit, la sainteté ; die Freundschaft, l'amitié ; die Hoffnung, l'espérance ; die Heimath, la patrie ; die Armuth, la pauvreté.

3) Sont *neutres* : a) Les mots employés substantivement, comme les infinitifs, les adjectifs (excepté ceux désignant des êtres animés) les pronoms, les lettres de l'alphabet.

Ex. : Das Essen, le manger ; das Gut, le bien ; das Ich, le moi ; das A, le a.

b) Les noms de matière et de métaux.

Ex. : Das Holz, le bois ; das Blei, le plomb.

c) Les noms de pays et de villes qui, dans ce cas, ne prennent pas l'article (excepté s'ils sont précédés d'un adjectif).

Ex. : Das liebe Frankreich, la chère France ; das schöne Paris, le beau Paris.

Nota. — Quelques-uns sont cependant *masculins* : der Rheingau (et tous ceux en Gau, district), der Peloponnes, der Cherjones. — Elsaß est neutre et aussi masculin.

D'autres sont *féminins* : die Krimm, la Crimée ; die Lausitz, la Lusace ; die Levante, le Levant ; die Mark, la Marche ; die Pfalz, le Palatinat ; die Schweiz, la Suisse ; — et ceux en a u et ei : die Moldau, la Moldavie ; die Türkei, la Turquie.

d) Tous les diminutifs (en chen, lein, quelquefois el), et la plupart des noms collectifs, surtout ceux qui commencent par Ge :

Ex. : Das Mädchen, la jeune fille ; das Kindlein, le petit enfant ; das Büchel *(familier)*, le petit livre ; das Gebirg, chaîne de montagne.

e) La plupart des dérivés en niß, sal, sel, thum.

Ex. : Das Zeugniß, le témoignage ; das Schicksal, le sort ; das Räthsel, l'énigme ; das Christenthum, le christianisme.

Nota. — Ces règles comportent la plupart un grand nombre d'*exceptions*, qu'il serait trop long de donner *ici*.

3° *Noms composés.* Ils prennent le genre du dernier.

Ex. : Die Gottesfurcht, la crainte de Dieu. (Gott, masc. ; Furcht, *fém.*) Der Religionskrieg (Religion, *fém.* ; Krieg, *masc.*), etc.

Excepté quelques-uns en muth qui sont *féminins*, bien que Muth soit masculin. Ce sont :

Anmuth, grâce ; Demuth, humilité ; Großmuth, magnanimité ; Langmuth, douceur ; Schwermuth, mélancolie ; Wehmuth, tristesse.

169. — 4° *Noms étrangers.* Ils conservent généralement le même genre que dans leur langue.
Ex. : Der Galopp, le galop ; die Fabel, la fable ; das Studium (latin, neutre), l'étude.

Excepté quelques-uns comme : der Altar (*lat.* neutre), l'autel ; die Kanone, le canon ; der Körper (*lat.* neutre), le corps ; der Tempel (*lat.* neutre), le temple, etc.

Remarques sur quelques particularités.

a) Il y a quelques *noms qui ont deux genres.* Ce sont surtout **der** (1) ou das Kamin, la cheminée ; **der** ou das Zepter, le sceptre ; — **die** ou das Trübsal, l'affliction...

b) D'autres ont *deux formes et deux genres.*
Ex. : Der Backen ou die Backe, joue ; der Kolben ou die Kolbe, crosse (fusil) ; der Quell ou die Quelle, source ; der Spalt ou die Spalte, fente ; der Zeh ou die Zehe, le doigt (pied)...

c) D'autres ont deux formes, mais un seul genre : der Fels ou Felsen, le rocher ; der Schreck ou Schrecken, l'effroi ; der Gedanke ou Gedanken (voir page 19, n° 13), etc.

d) Enfin un assez grand nombre ont *deux genres,* mais avec une signification différente. Voici les principaux :

---

(1) Celui en **grosses lettres** est le plus usité.

Masculin.	Neutres ou Féminins.
Der Band, tome ;	das Band, ruban, lien.
der Bauer, paysan ;	das Bauer, cage.
der Erbe, héritier ;	das Erbe, héritage.
der Schild, bouclier ;	das Schild, enseigne.
der Thor, fou, insensé ;	das Thor, porte (cochère).
der Verdienst, gain ;	das Verdienst, mérite.
der Heide, païen ;	die Heide, bruyère.
der Kunde, chaland ;	die Kunde, nouvelle.
der Leiter, guide ;	die Leiter, échelle.
der See, lac ;	die See, mer.
der Weihe, milan ;	die Weihe, consécration.
der Weise, sage ;	die Weise, manière, etc.

170.   III. *Pluriel de certains noms.*

1° *Plusieurs formes au pluriel.* — Il y a des noms qui ont plusieurs pluriels, selon leur *genre* et leur *signification*, quelquefois aussi selon qu'ils sont employés *en prose* ou *en poésie*.

Der Band, volume,	plur.	die Bände,
das Band, lien,	»	die Bande.
das Band, ruban,	»	die Bänder.
der Hut, chapeau,	»	die Hüte,
die Hut, la garde,	»	die Huten.
der Schild, le bouclier,	»	die Schilde.
das Schild, l'enseigne,	»	die Schilder.
der Stift, crayon,	»	die Stifte.
das Stift, abbaye,	»	die Stifter.
der Thor, insensé,	»	die Thoren.
das Thor, porte,	»	die Thore.
die Steuer, impôt,	»	die Steuern.
das Steuer, gouvernail,	»	die Steuer.
die Bank, banc,	»	die Bänke.
die Bank, banque,	»	die Banken.
der Bogen, arc,	»	die Bögen.
der Bogen, feuille,	»	die Bogen.
der Fuß, pied,	»	die Füße.
der Fuß, pied (mesure),	»	die Fuße (Fuß).
das Gesicht, visage,	»	die Gesichter.
das Gesicht, vision,	»	die Gesichte.

das Horn, corne,	plur.	die Hörner.
das Horn, corne (matière),	»	die Horne.
das Kleinod, objet de prix,	»	die Kleinode.
das Kleinod, joyau,	»	die Kleinodien.
der Laden, volet,	»	die Laden.
der Laden, boutique,	»	die Läden.
das Licht, lumière,	»	die Lichter.
das Licht, chandelle,	»	die Lichte.
der Mond, lune,	»	die Monde.
der Mond, mois (poét.),	»	die Monden.
der Ort, endroit (ville, village),	»	die Oerter.
der Ort, lieu (en général),	»	die Orte.
die Schnur, cordon,	»	die Schnüre.
die Schnur, bru,	»	die Schnuren.
der Strauß, bouquet,	»	die Sträuße.
der Strauß, autruche,	»	die Strauße.
das Wort, mot (écrit),	»	die Wörter.
das Wort, parole,	»	die Worte.
der Zoll, douane,	»	die Zölle.
der Zoll, pouce (mesure),	»	die Zolle.
das Denkmal, monument,	»	die Denkmäler.
das Denkmal, monument,	»	die Denkmale (poét.).
das Gewand, vêtement,	»	die Gewänder.
das Gewand, vêtement,	»	die Gewande (poét.).
das Ding, chose,	»	die Dinge.
das Ding, chose,	»	die Dinger (fam.).
das Land, pays,	»	die Länder.
das Land, pays,	»	die Lande (poét.).
das Thal, vallée,	»	die Thäler.
das Thal, vallée,	»	die Thale (poét.).

171. — 2° Pluriel de Mann *et de ses composés :*

    a) Mann a plusieurs pluriels. Il fait :

        Die Männer, dans le sens ordinaire *(viri).*
        Die Mann *(invar.)* (1) — de *soldats.*
        Die Mannen, dans le sens de *vassaux.*
        Die Leute, — — de *gens.*

---

(1) **Voir page 24, note 4.**

b) Dans les composés il fait Männer, quand on ne parle que des individus en particulier, des maris ou avec respect: et Leute, quand on veut désigner une classe d'individus. On voit que ce dernier est le plus souvent employé. Ex. :

Der Hauptmann, le capitaine,   plur. die Hauptleute.
Der Kaufmann, le marchand,   »   die Kaufleute.
Der Landsmann, le compatriote,   »   die Landsleute.
Der Schiff(s)mann, le batelier, »   die Schiffsleute.
Der Zimmermann, le charpentier, »   die Zimmerleute.

Mais on dira :

Der Biedermann, l'homme d'honneur, die Biedermänner.
Der Ehemann, le *mari*, die Ehemänner.
Der Staatsmann, l'homme d'Etat, die Staatsmänner.
Muselmann, musulman, fait Muselmänner.

Nota. — *Les hommes du Nord* se traduisent par : die nordischen Männer, die Nordleute ou Nordländer; les anciens *Normands*, die alten Normannen.

172. — 3° *Noms qui ne s'emploient pas au pluriel*, ou très rarement. Ce sont :

1) Les noms de matière, quand ils désignent des choses qui ne se comptent pas.

Ex. : Das Gold, l'or: das Fleisch, la viande ; der Sand, le sable ; die Milch, le lait...

2) La plupart des noms abstraits et beaucoup de noms collectifs.

Ex. : Die Anmuth, la grâce ; die Liebe, l'amour ; — das Geschrei, les cris ; das Obst, les fruits (des arbres); das Vieh, le bétail...

3) Les mots employés substantivement, tels que les infinitifs et aussi les adjectifs *au neutre*.

Ex. : Das Essen, le manger ; das Wahre, le vrai.

Nota. — Quand les noms de matière... etc..., deviennent concrets, ils prennent quelquefois un pluriel. — Très souvent ils suppléent par le pluriel d'un *synonyme*.

Ex : Der Dank, remercîment, *pl.* die Danksagungen.
Das Lob, éloge, » die Lobsprüche.
Der Rath, conseil, » die Rathschläge.
Der Trost, consolation, » die Tröstungen.
Das Unglück, malheur, » die Unglücksfälle.

4° *Noms qui ne s'emploient qu'au pluriel*. Voici les principaux :

Die Eltern, parents ;
die Einkünfte, revenus ;
die Ferien, vacances ;
die Gebrüder, frères (associés) ;
die Geschwister, frères et sœurs ;
die Masern, rougeole ;
die Ostern, Pâques ;
die Pfingsten, Pentecôte(1) ;
die Pocken, petite vérole ;
die Trümmer, débris ;
die Weihnachten, Noël ;
etc.

5° *Noms pluriels français*, qui ont un *singulier* en allemand. — Tels sont principalement :

Die Brille, les lunettes ; das Leichenbegräbniß, les funérailles ; die Scheere, les ciseaux ; das Verlöbniß, les fiançailles, etc.

IV. *Déclinaison de certains noms*.

173. — 1° *Double déclinaison*. Comme on a pu le voir au chapitre des déclinaisons, il y a des noms qui ont plusieurs formes pour le même cas.

Ex. : Der Bauer, *gén.* des Bauers ou Bauern ; der Greis, le vieillard, *gén.* des Greises ou Greisen ; der Unterthan, *gén.* des Unterthans ou Unterthanen. — De même der Bösewicht, pl. die Bösewichte ou er ; der Sporn, pl. die Sporne ou Sporen... Der Herzog, pl. die Herzoge ou Herzöge, etc.

2° *Noms composés*. En général, il n'y a que le mot déterminé, c'est-à-dire le dernier, qui se décline. Le premier reste tout à fait invariable.

Ex. : Der Familienvater, le père de famille, *gén.* des Familienvaters, *plur.* die Familienväter.

---

(1) Ostern et Pfingsten employés sans article sont cependant aussi du singulier.

Déclinez :

a) Der Schuhmacher, cordonnier ;
das Schlafzimmer, chambre à coucher ; *(n° 12)*.

b) der Kirchthurm, clocher ;
der Jagdhund, chien de chasse ;
das Landhaus, maison de campagne ;
das Reitpferd, cheval de selle ; *(n° 15...)*.

c) der Kronprinz, le prince héritier ;
die Milchfrau, la laitière ; *(n° 21...)*.

d) der Kirchenstaat, Etat de l'église ;
die Hauptstadt, capitale. *(n° 26...)*

Nota. — 1° Cependant, dans quelques noms composés d'un adjectif et d'un substantif, l'adjectif se décline. Ex. : der Hohepriester, le grand prêtre, *gén.* des Hohenpriesters ; das Neujahr, le nouvel an, *gén.* des Neuenjahres.

2° D'autres, en petit nombre, diffèrent un peu du nom simple au pluriel. Ex. : der Wicht, être chétif, pl. die Wichte ; der Bösewicht, scélérat, pl. die — er ; die Macht, pl. Mächte ; die Vollmacht, pl. die — en (voir page 23, n° 18, nota 3).

174. — 3° *Noms étrangers.* Nous avons vu qu'un certain nombre de noms étrangers devenus pour ainsi dire allemands, suivent la déclinaison forte (1re ou 2e classe); d'autres, ayant une terminaison accentuée, la déclinaison faible ; un petit nombre la déclinaison mixte. Voici quelques remarques :

a) Il y a des noms neutres étrangers terminés en a, um, al et il qui conservent cette terminaison en allemand.

Au *singulier*, ces noms suivent tous la déclinaison *forte*.

Au *pluriel*, ceux en a et um changent cette terminaison en en ; — ceux en al et il ajoutent ien.

Ex. : Das Drama, le drame, gén. des Dramas ; plur. die Dramen. — Das Individuum, l'individu, gén. des Individuums ; plur. die Individuen. — Das Capital, le capital, gén. des Capitals ; plur. die Capitalien. — Das Fossil, le fossile, gén. des Fossils ; plur. die Fossilien.

Déclinez : Das Dogma, das Studium, das Museum. — De même das Partizip, das Prinzip terminés souvent aussi en ium.

b) Il y a des noms étrangers en us qui restent invariables au singulier, et qui, au pluriel, changent us en en.

Ex. : das Genius, le génie, gén. des Genius, plur. die Genien *(mythologie).*

c) Il y a des substantifs étrangers qui conservent au pluriel la terminaison de leur langue respective.

Ex. : das Factum, le fait,   pl. die Facta (aussi en).
der Casus, le cas,   — die Casus.
das Thema, le thème,   — die Themata.
der Gouverneur,   — die Gouverneure.
der Modus, mode (verbe), pl. die Modi.
das Tempus, temps (verbe), pl. die Tempora.

Nota. — Les Allemands ajoutent souvent s, au pluriel, à toutes sortes de noms étrangers et même quelquefois à des noms allemands. On trouve (mais ce n'est pas à imiter) : Die Drama's, die Themas, — die Kerls, les gaillards ; die Mädchens (Lessing) dans le style familier. — Mais on s'en sert surtout pour les noms empruntés aux langues modernes : die Ambassadeurs, die Fonds, die Genies, die Honneurs, die Klubs, die Lieutenants, die Lords, die Majors, die Puddings, die Souverains, die Sofas, die Soles, etc.

Ils conservent leur prononciation ; — quelquefois on met une apostrophe devant le s.

d) Certains noms propres, dérivant du latin, conservent en allemand la déclinaison latine ; ce sont surtout des noms bibliques.

Ex. : Christi Himmelfahrt, l'Ascension du Christ ;
der Stuhl Petri, la chaire de saint Pierre.

§ II. — Adjectifs.

175. — I. *Nature et formation.* — De même que les noms, les adjectifs sont *simples* (radicaux, primitifs), *dérivés* ou *composés.*

1° *Adjectifs simples* ou *primitifs.* — Ce sont généralement des monosyllabes comme groß, klein, gut...

Cependant, on peut y ajouter aussi ceux qui sont terminés en el, en, er, comme edel, noble, eben, uni, bitter, amer.

2º *Adjectifs dérivés.* — Ils se forment au moyen de préfixes et de suffixes.

Les *préfixes* qui s'ajoutent à d'autres adjectifs sont : erz, ge, un, ur, miß. — Ex. : erzböse, archimauvais ; geſtreng, sévère ; untreu, infidèle ; uralt, antique ; mißfällig, déplaisant.

Les *suffixes* sont : (e)n, ern, ig, icht, iſch, lich, bar, haft, ſam, los, ſelig. Ils s'ajoutent soit à des verbes, soit à des noms, soit à d'autres adjectifs ou même à des adverbes : golden, d'or ; ſilbern, d'argent ; bleiern, de plomb ; — mächtig, puissant (Macht) ; — wolkicht, nébuleux (Wolke) ; — kindiſch, puéril ; — göttlich, divin (Gott) ; — fruchtbar, fertile (Frucht, *fruit*) ; — tugendhaft, vertueux (Tugend) ; — mühſam, pénible (Mühe) ; tadellos, irréprochable (Tadel, *blâme*, los, *privé de*) ; armſelig, misérable (arm, *pauvre*).

Nota. — Los et ſelig sont deux véritables adjectifs qui peuvent exister seuls, mais qui cependant jouent le rôle de suffixes dans un sens négatif ou renforcé.

3º *Adjectifs composés.* — Ils peuvent se former :

a) D'un nom et d'un adjectif. — Ex. : zahlreich, nombreux (Zahl, *nombre*, reich, *riche*).

b) D'un verbe et d'un adjectif. — Ex. : merkwürdig, remarquable (merken, *remarquer*, würdig, *digne*), liebenswürdig, aimable.

c) De deux adjectifs dont le premier peut être considéré comme pris adverbialement. — Ex. : hellblau, bleu clair ; dreißigjährig, de trente ans.

d) D'une préposition et d'un adjectif. — Ex. : übernatürlich, surnaturel.

Nota. — Comme pour les noms composés, le premier a l'accent, mais le second est le plus important et se décline seul. — **De plus, le premier en français se met aussi le dernier en allemand.**

176. — II. *Attributs et épithètes*. — Il y a des adjectifs qui ne s'emploient jamais que comme *attributs*. Tels sont :

A. Adjectifs simples.

Angſt, agité, inquiet ;
bang(e), inquiet, troublé ;
brach, en friche ;
feind, hostile ;
gram, fâché ;
irre, errant ;

kund, connu ;
leid, pénible ;
noth, nécessaire ;
nütz, utile ;
quer, transversal ;
quitt, quitte.

B. Dérivés ou composés.

Abhold, défavorable ;
abſpenſtig, détaché ;
abwendig, détourné ;
eingedenk, se souvenant ;
gewahr, s'apercevant ;
getroſt, rassuré ;

handgemein, aux prises, aux mains ;
theilhaft, participant ;
unpaß, indisposé ;
verluſtig, en perte ;
wohnhaft, domicilié.

Ex. : Es iſt mir Angſt und bange, je suis dans l'angoisse. — Sie wurden handgemein, ils en vinrent aux mains.

D'autres ne s'emploient que comme *épithètes*, surtout certains adjectifs de temps ou de lieux en ig et lich, ou qui désignent la matière. Tels sont :

Heutig, d'aujourd'hui ;
täglich, journalier ;

golden, d'or ;
hölzen, de bois, etc.

Ex. : Der heutige Tag, le jour d'aujourd'hui.
Das goldene Kalb, le veau d'or.

III. *Comparatifs et Superlatifs*. — Il y a des adjectifs, dérivant d'adverbes ou de prépositions, qui ne s'emploient qu'au comparatif et au superlatif.

Ex. : Der (die, das) äußere, l'extérieur, äußerſte, l'extrême ;
Der (die, das) innere, l'intérieur ; innerſte, intime.
Der obere, le supérieur ; der oberſte, le suprême.
Der untere, l'inférieur ; der unterſte, le plus bas, etc.

177. — **IV.** *Adjectifs numéraux.* — Les adjectifs numéraux peuvent se remplacer soit par des noms collectifs, soit par des noms fractionnaires.

1° Noms *collectifs*. Les principaux sont :

Das Paar, une paire, un couple :
„ Dutzend, une douzaine ;
die Mandel, une quinzaine ;
das Schock, une soixantaine.

2° Noms *fractionnaires*. Ils se forment en ajoutant au dénominateur tel (de Theil, partie) ou stel.

Tel s'ajoute depuis *trois* jusqu'à *vingt* exclusivement.

Ex. : das Drittel, le tiers ; das Viertel, le quart ; das Fünftel, le cinquième ; das Zehntel, le dixième.

Stel s'ajoute à tous les autres nombres depuis *vingt*.

Ex. : Das Zwanzigstel, le vingtième.
Ein Hundertstel, un centième.
Neunundvierzig Tausendstel, 49/1000es.

Remarques. — 1° Au lieu de zweitel, on dit halb, demi, ou die Hälfte, la moitié.

Ex. : Mein halbes Vermögen ou die Hälfte meines Vermögens, la moitié de ma fortune.
Halb Paris, la moitié de Paris.
Drei und ein halber Thaler, trois thalers et demi.

2° Dans le syle familier on dit aussi, sous forme de locutions invariables : anderthalb, un et demi; dritthalb, deux et demi; vierthalb, trois et demi; *et ainsi de suite jusqu'à douze inclusivement.*

§ III. — Verbes.

178.   Auxiliaires des verbes neutres.

Les verbes neutres se conjuguent les uns avec haben, les autres avec sein; d'autres, tantôt avec haben, tantôt avec sein, selon le sens du verbe.

1° *Avec* haben : Ceux qui marquent une action, un mouvement plus ou moins volontaire, plus ou moins

VERBES 155

extérieur, comme lachen, rire ; weinen, pleurer ; bellen, aboyer ; blühen, fleurir, etc. ; spotten, se moquer.

La plupart, d'ailleurs, ont cet auxiliaire aussi en français. Nous ne donnons que ceux qui pourraient présenter quelques difficultés :

Darben, être dans, con-   kränkeln, être maladif ;
naître la misère ;   schweigen, se taire ;
glühen, être ardent ;   wohnen, demeurer.

179. — 2° *Avec* sein : Ceux qui marquent simplement un état, une transformation intérieure, ou un mouvement qui ne sort pas du sujet, comme bleiben, rester ; sterben, mourir ; gehen, aller.

Voici ceux qui diffèrent du français :

Bersten, éclater ;   rücken, avancer ;
dringen, pénétrer ;   scheitern, échouer ;
faulen, pourir ;   scheiden, se séparer ;
fliegen, voler ;   schiffen, naviguer ;
fliehen, fuir ;   schmelzen, (se) fondre ;
gedeihen, prospérer ;   schreiten, marcher,
gerathen, réussir ;   schwellen, (se) gonfler ;
gleiten, glisser ;   schwinden, disparaître ;
kriechen, ramper ;   sinken, s'affaisser, choir ;
prallen, rebondir ;   steigen, monter ;
reifen, mûrir ;   verbleichen, pâlir ;
rennen, courir ;   verderben, périr ;
rollen, rouler ;   weichen, céder.

Nota. — Plusieurs de ces verbes peuvent être pris dans un sens actif ; dans ce cas il est évident qu'ils veulent haben : ich habe das Blei geschmolzen, j'ai fondu le plomb, etc.

180. — 3° *Tantôt avec* haben, *tantôt avec* sein :

a) Ce sont d'abord certains verbes de mouvement. Ils prennent haben, quand ils expriment le mouvement d'une manière vague et générale, sans indication de direction ; — ils prennent sein, lorsque la direction du mouvement vers un lieu déterminé est indiquée.

Ex : Wir haben viel gereist, nous avons beaucoup voyagé.

Wir sind nach Berlin gereist, nous sommes partis pour Berlin.

Voici les principaux de ces verbes :

Eilen, se hâter ;	reiten, monter à cheval ;
fahren, aller (en voiture) ;	rollen, rouler ;
fließen, couler ;	segeln, faire voile ;
folgen, suivre ;	schwimmen, nager ;
hinken, boiter ;	springen, sauter ;
hüpfen, sautiller ;	stolpern, broncher ;
klettern, grimper ;	stranden, échouer ;
landen, aborder ;	traben, trotter ;
laufen, courir ;	treten, marcher, faire un pas ;
rauschen, mugir ;	wandeln, marcher ;
reisen, voyager ;	wandern, voyager.

181. — *b)* Quelques autres verbes qui changent de sens, selon qu'ils sont avec haben ou sein. Ex. :

	Avec haben.	*Avec* sein.
Begegnen,	s'opposer, remédier à ;	rencontrer, accueillir.
frieren,	avoir froid, geler ;	être gelé.
fortfahren,	continuer ;	partir en voiture.
knieen,	être à genoux ;	se mettre à genoux.
stehen,	se trouver ;	être, se tenir debout.
stießen,	hanter ;	rejoindre.

Ex : Er hat dem Fehler begegnet, il a remédié à la faute ; — er ist mir begegnet, il m'a rencontré ; — er ist mir freundlich begegnet, il m'a accueilli amicalement.

Ich habe gefroren, j'ai gelé ; das Wasser ist gefroren, l'eau est gelée.

Ich habe fortgefahren zu lesen, j'ai continué de lire. Er ist mit meinem Vater fortgefahren, il est parti en voiture avec mon père.

182. — *Remarque.* — Les verbes neutres *composés* suivent en général, pour l'auxiliaire, les mêmes règles que les verbes simples qui servent à les composer.

Lorsque ces verbes neutres deviennent déponents ou bien actifs, ce qui se fait surtout par l'addition de certaines particules, il est évident qu'il faut employer l'auxiliaire haben.

Ex. : Ich habe mich müde gelaufen, je me suis fatigué à courir.

Er hat den Wurm zertreten, il a écrasé le ver sous ses pieds.

DE LA CONSTRUCTION

183. — On nomme *Construction*, l'ordre dans lequel doivent se placer les mots d'une proposition.

En allemand, la construction n'est pas toujours aussi facile qu'en français ; cependant elle est soumise à des règles fixes qu'il n'est pas difficile de comprendre ni d'appliquer.

Nous donnons deux sortes de règles :

1º Des règles générales, c'est-à-dire qui peuvent se rencontrer dans toutes les propositions ;

2º Des règles particulières à la place que doit occuper le verbe dans les différentes propositions.

§ Ier. — **Règles générales.**

184. — I. En allemand, le mot *déterminant* ou secondaire se place *avant* le mot déterminé ou principal. — De là dépendent la plupart des règles qui suivent.

II. L'*épithète*, adjectif ou participe, se place *avant* le nom qu'elle qualifie. Quand il y a plusieurs épithètes, elles se placent dans l'ordre de leur importance.

Ex. : **Ein tapferer französischer** Offizier, un brave officier français.

De plus, l'épithète est elle-même *précédée* des mots qui la déterminent ; voici dans quel ordre :

1° *Article* ou *adjectif démonstratif*; 2° *adjectif possessif*; 3° *adjectif numéral*; 4° *adverbe*.

Ex. : Ein guter und geliebter Vater, un bon et cher père.

Diese meine zwei sehr geliebten Brüder, mes deux très chers frères que voici.

Nota. — 1° Cependant, all se place quelquefois *après* le nom qu'il détermine ou même après le verbe, tout en gardant l'accord. Ex. : die Kinder alle, tous les enfants; die Kinder waren alle artig.

2° Allein, seul; selig, feu, se mettent généralement *après* le nom : Gott allein, Dieu seul; mein Vater selig, feu mon père.

3° Genug, assez, se met *après l'adjectif* : reich genug, assez riche.

4° Dans le style *élevé* et pour faire *ressortir* un adjectif, on met quelquefois l'adjectif *après* le nom, mais en répétant l'article : der Krieg, der ungeheure, la guerre, l'horrible (guerre).

5° On fait à peu près de même dans les *appositions :* Heinrich der Vierte, Henri IV; Ludwig der Fromme, Louis le pieux.

6° L'adjectif ou participe mis en *apposition* garde très souvent la place du français, surtout quand on peut le tourner par un participe ou un relatif... Dans ce cas, le régime peut le précéder ou le suivre.

Ex. : Bendel, bleich und zitternd, aber besonnener als ich machte mir ein Zeichen, Bendel (qui était) pâle et tremblant mais plus réfléchi que moi, me fit signe. — Immer geschäftig und von großen Entwürfen bewegt, entsagte er allen Zerstreuungen, toujours actif et rempli de grands projets, il renonçait à toutes les distractions. (Schiller.)

185. — III. Les *compléments* de l'adjectif, soit épithète, soit attribut, le *précèdent* ordinairement.

Ex. : Unser guter, **von uns** so sehr geliebter Vater, notre bon père par nous tant aimé.

Ein gegen Jedermann höfliches Kind, un enfant *poli* envers tout le monde.

Nota. — 1° Cependant l'adjectif attribut *peut* aussi se mettre avant le complément précédé d'une préposition : er ist dankbar **gegen** seine Wohlthäter, il est reconnaissant envers ses bienfaiteurs.

DE LA CONSTRUCTION

2º **Voll** (quelquefois **voller**), *plein*, est ordinairement *suivi* de son complément : **voll Wasser**, plein d'eau. Quelquefois l'usage permet d'employer un adjectif composé : **ein gnadenvolles Leben**, une vie pleine de grâces.

IV. Le participe passé et l'infinitif *suivent* eux aussi leurs compléments, qu'ils fassent ou non partie d'un temps composé.

Ex. : **Seinen Vater lieben, liebend,** aimer, aimant son père.

Ich werde von meinem Vater geliebt, je suis aimé de mon père.

186. — V. Le complément du nom se place ordinairement *après* ce nom.

Ex. : **Die Güte des Vaters,** la bonté du père.
Der Kaiser von Oesterreich, l'empereur d'Autriche.

Nota. — 1º Je dis ordinairement, parce que souvent, pour le faire ressortir, on place le *génitif* (mais le génitif seulement) avant le nom dont il est le complément *(Voir nº 208)*:

Schillers Werke, les œuvres de Schiller.
Des Vaters Güte, la bonté du père...

2º Cependant ce *génitif* placé devant le nom *ne s'emploie* guère pour les noms *féminins* (à moins que ce ne soient des noms propres ayant le génitif en **s**), ni pour les noms pris dans un sens *passif*... On dira donc généralement : **Die Güte der Mutter,** la bonté de la mère ; **die Zerstörung Troja's...**

187. — VI. Voici quelle place doivent occuper les différents *compléments* qui peuvent se trouver dans les propositions ordinaires, directes :

1º *Le complément indirect au datif;* 2º *le complément direct ;* 3º *le complément indirect au génitif;* 4º *les compléments précédés d'une préposition.*

Ex. : **Der Vater gab meinem Bruder ein schönes Buch,** le père donna un beau livre à mon frère.
Er beschuldigte seinen Diener der Untreue *(génitif),* il accusa son serviteur d'infidélité.
Er gab uns dieses Buch mit Freude, il nous donna ce livre avec plaisir.

Nota. — 1° Quand le complément ~~direct~~ est un *pronom*, il se met toujours le *premier*. — Quand il y a *plusieurs* pronoms qui servent de compléments, on met le *premier* celui qui est *le plus court* ou *le moins important*. — Les pronoms précédés d'une *préposition* restent *à la fin*.

Ex. : Ich gebe **es** meinem Vater, je le donne à mon père.

Mein Vater gab **es** ihnen, mon père le leur donna. — Er bringt seinen Bruder und seine Schwester **mit sich**, il amène avec lui son frère et sa sœur.

2° Les *adverbes* ou expressions adverbiales se mettent tantôt avant, tantôt après les autres compléments :

a) Ceux de *temps* se mettent *avant* les *noms*, mais *après* les *pronoms*, à moins que ceux-ci ne soient précédés d'une préposition :

Ich gab gestern meinem Bruder ein Buch.
Ich habe es ihm gestern gegeben.
Ich habe ihn gestern mit Ihnen gesehen.

b) Ceux de *manière* et de *lieu* se mettent ordinairement *après* : sie suchte ihren Sohn überall, elle chercha partout son fils.

3° Cette règle est d'ailleurs très *élastique*, car la place des mots, comme dans toute langue d'ailleurs, dépend beaucoup de l'importance que *veut* leur donner celui qui parle. Ainsi, pour *faire ressortir* un mot, on peut employer *l'inversion* (voir n°s 190, 191), c'est-à-dire placer tel ou tel complément en tête de la proposition, ou bien, si l'on ne veut pas employer l'inversion, placer le complément le plus *important* le *dernier*.

188. — VII. La *négation* peut se rapporter à la proposition en général, ou à tel mot en particulier.

Quand la négation se rapporte à la *proposition en général*, elle se met ou bien à la *fin* de la proposition ou bien *avant l'attribut*, le participe ou l'infinitif, ou encore *avant la particule séparable*, s'il y en a.

Ex. : Ich liebe dieses Land **nicht**, je n'aime pas ce pays. — Ich finde dieses Land **nicht** schön, je ne trouve pas ce pays beau.

Ich habe dieses Land **nie** geliebt und werde es **nie** lieben, je n'ai jamais aimé ce pays et ne l'aimerai jamais.

Wir schicken euren Bruder **nicht** fort, nous ne renvoyons pas votre frère.

Quand la négation se rapporte à un *mot en particulier*, on la place *immédiatement avant* le mot qu'elle affecte.

Ex. : **Nicht** das Laster, sondern die Tugend muß ich lieben, je dois aimer non le vice mais la vertu.

Ich habe **nicht** lange genug gewartet, je n'ai pas attendu assez longtemps.

Nota. — La négation *précède* généralement les compléments accompagnés d'une *préposition*, ainsi que les *adverbes* de manière et de temps : ich gehe nicht in den Garten, je ne vais pas au jardin ; — er hat nicht schön gesungen, il n'a pas bien chanté ; — er ist nicht hier, il n'est pas ici.

§ II. — **Règles particulières au verbe.**

189. — En allemand, le verbe peut occuper trois places différentes, et déterminer ainsi trois constructions différentes de la proposition.

1º immédiatement après le sujet, quand la construction est directe ;

2º immédiatement avant le sujet, quand il y a inversion ;

3º à la fin de la proposition, quand il y a rejet.

I. Construction directe.

La construction directe, qui ressemble beaucoup à la construction de la proposition en français, s'applique aux propositions *principales*. Elle consiste à placer :

1º *Sujet ;* 2º *verbe ;* 3º *attributs* ou *compléments ;* 4º *participe* ou *infinitif* (ou particule séparable).

Ex. : Der Vater ist gut, le père est bon.
Ich liebe ihn sehr, je l'aime beaucoup.
Er ist immer gut gegen mich gewesen, il a toujours été bon pour moi.
Ich werde auch gut gegen ihn sein, je serai aussi bon pour lui.

Nota. — 1° On voit que le *complément*, même *pronom*, suit *toujours* le verbe : il n'en est pas de même en français.

2° Si le verbe est à un temps *simple* et qu'il y ait dans la proposition une *particule séparable*, celle-ci se mettra *à la fin de la proposition* : Wir schicken ihn nicht **fort** ; — si le verbe est à un temps *composé*, c'est le *participe* ou l'*infinitif* qui se mettra *après tout le reste*, même après la particule séparable : Wir haben deinen Bruder nicht fort**geschickt** und werden ihn nicht fort**schicken**.

190.   II. Construction inverse, ou Inversion.

L'inversion consiste à changer l'ordre régulier d'une proposition, c'est-à-dire à *mettre le sujet après le verbe*.

Elle s'emploie dans les propositions principales, rarement dans les propositions subordonnées.

Elle a lieu surtout :

1° Dans la plupart des propositions *interrogatives*. — On *ne traduit pas* le sujet explétif *il(s), elle(s)*, dans les propositions où le sujet réel est un *nom*.

Ex. : **Bist** du gut, es-tu bon, *est-ce que* tu es bon?
Ist der Vater gut? le père est-*il* bon?
Sind die Menschen alle gut, tous les hommes sont-*ils* bons?

2° Dans les phrases *exclamatives, impératives* et de souhait.

Ex. : **Kommet** Alle zu mir ! venez tous à moi !
Möge er bald kommen ! puisse-t-il venir bientôt !

3° Dans les propositions *intercalées* (qui ne commencent pas par une conjonction).

Ex. : Es ist der Vater, **sagt** man..., c'est le père, dit-on.

4° Dans certaines propositions où l'on veut *affirmer* ou confirmer une pensée avec *vivacité* et où d'ordinaire on fait suivre le verbe et le sujet d'un adverbe affirmatif, comme ja, doch. Ces propositions sont souvent difficiles à traduire mot à mot.

Ex. : **Bist** du **doch** mein Freund, tu es *certes* mon ami (puisque tu es mon ami, *ou* n'es-tu pas mon ami ?)

Hast du es **ja** gewollt, l'as-tu certes voulu (puisque tu l'as voulu…).

5° Dans les propositions qui *commencent* par une conjonction *corrélative* ou adverbiale, comme also, auch, dann, deßwegen, doch, kaum, sonst, zwar, etc… (Voir n° 163).

Ex. : Also **ist** es wahr, c'est donc vrai.

Kaum **hatte** er gesprochen, à peine eut-il fini de parler.

Zwar **ist** die Mutter gut… A la vérité la mère est bonne…

191. — 6° Dans la plupart des propositions *principales* qui *commencent* par un *autre* mot *que le sujet*, soit par un attribut, soit par un complément (nom ou pronom), soit par un participe ou un infinitif, soit par un adverbe, ou tout mot ou locution qu'on veut faire ressortir.

Ex. : Gut **ist** der Vater, le père est bon.

Die Tugend **sollst** du lieben, nicht das Laster, (c'est) la vertu (qu'il) faut aimer, non le vice.

Geweint **hast** du, tu as pleuré.

Deinem Vaterland dienen **mußt** du, servir ta patrie, voilà ce qu'il faut.

Uns **beschützet** Gott, Dieu nous protège.

Heute **müssen** wir verreisen, (c'est) aujourd'hui (qu'il) faut partir.

7° Dans les propositions *subordonnées* qui devraient commencer par wenn ou ob, *si*, mais où ces mots sont *supprimés*.

Ex. : **Bin** ich artig (pour wenn ich artig bin), je werde ich belohnt werden, si je suis sage, je serai récompensé.

Hätte ich nur nicht gefehlt (pour wenn ich nur nicht gefehlt hätte)! plût au ciel que je n'eusse pas manqué (si seulement je n'avais pas manqué).

Ich weiß nicht, **will** er oder **will** er nicht (pour ob er will oder ob er nicht will), je ne sais pas s'il veut ou non.

Er that, als **wäre** er krank (pour als ob er krank wäre), il fit comme s'il était malade (il simulait une maladie).

8° Dans les propositions *principales*, *précédées* d'une proposition *subordonnée*. — Très souvent on unit les deux propositions par la conjonction de coordination **so** (quelquefois da ou dann), alors, ainsi (1).

Ex. : Wenn ich artig bin, (so) **werde** ich belohnt.
Si je suis sage, je serai récompensé.
Als er fort war, **fing** ich zu weinen an.
Quand il fut parti, je me mis à pleurer.
Da er krank war, **konnte** er nicht kommen.
Comme il était malade, il ne put venir.

Obgleich arm, (so) **bin** ich doch glücklich.
Bien que pauvre, je suis cependant heureux.
Daß du glücklich bist, **wissen** wir.
Que tu es heureux, nous (le) savons.

192.   REMARQUES.

1° *Sur certaines phrases interrogatives et exclamatives.*

a) Quand le verbe est accompagné d'un *pronom* servant de complément, le sujet se met seulement *après* ce pronom, à moins que le *sujet* ne soit lui-même un *pronom*.

---

(1) Surtout après une conjonction de mode, comme da, weil, wenn, obgleich... ; moins souvent après celles qui marquent le temps, comme als, indem, nachdem, während...

Ex. : **Freut sich** mein Vater? mon père se réjouit-il?
Mais on dira : Freut **er** sich? se réjouit-il?

b) L'interrogation peut porter sur un *autre mot* que sur le verbe ; c'est ce mot qui doit alors être *en tête* de la phrase. Il peut être un mot interrogatif, un substantif ou un pronom servant de complément ou même de sujet.

Ex. : **Wer** ist dieser Mann? quel est cet homme?
Einen Mann haben Sie gesehen? (c'est) un un homme (que) vous avez vu?
Du weinest, mein Sohn? tu pleures, mon fils?

2° *Sur certaines conjonctions précédant le verbe.*

a) Les conjonctions de coordination ne veulent *jamais* l'inversion, elles sont au nombre de six :
Und, et; aber, allein, mais; sondern, au contraire; oder, ou; denn, car.

b) Certaines conjonctions *veulent* tantôt l'inversion, tantôt *ne la veulent pas*. Ce sont :
Auch, aussi ; nämlich, c'est-à-dire ; entweder... oder, ou... ou ; weder... noch, ni... ni ; nicht nur... sondern auch, non seulement... mais encore.

Elles *demandent l'inversion*, quand elles sont *corrélatives*, c'est-à-dire se rapportent à la proposition en général ; elles *ne la veulent pas*, quand elles sont *coordonnantes*, c'est-à-dire se rapportent au sujet en particulier.

Ex. : **Auch ist** der Vater gekommen, aussi le père est-il venu.
Auch der Vater **ist** gekommen, le père (lui) aussi est venu.
Entweder muß er kommen oder bleiben, il doit ou venir ou rester ; — **entweder ich werde** kommen oder mein Bruder, ou moi ou mon frère viendra...

193. 3° *Sur les mots précédant le verbe.*

a) Le mot, attribut, complément, etc., mis en tête de la proposition, sert à traduire une foule d'expressions françaises, commençant surtout par *c'est*... :

Ex. : C'est un homme que vous cherchez, *tournez :* un homme *(acc.)* vous cherchez... ; ce n'est pas toi que nous cherchons, *tournez :* pas toi *(acc.)* nous cherchons ; ce n'est pas lui, mais son frère qui viendra, *tournez :* pas lui *(nom.)*, mais son frère viendra...

b) Les mots mis en *apostrophe*, et ceux qui ont la valeur d'une proposition *implicite* ou qui sont destinés à produire une *suspension*, ne demandent *pas* l'inversion. Ces mots sont d'ailleurs suivis d'une virgule.

Ex. : Mein Herr, **Sie** irren sich, Monsieur, vous vous trompez. Nein, **ich** irre mich nicht, non, je ne me trompe pas. — Gewiß, **er** wird kommen, c'est certain, il viendra... Kurz, **er** war getroffen, bref, il était frappé...

c) Il en est quelquefois de même de certaines propositions subordonnées indiquant surtout une possibilité et commençant par *qui que, quelque... que...,* wer, was, wie... (auch).

Ex. : Wie arm er auch sei, **er** verliert den Muth nicht, quelque pauvre qu'il soit, il ne perd pas courage.

d) On *peut toujours* faire une inversion avec le sujet explétif **es** annonçant le sujet réel qui vient après le verbe ou même après ses compléments. C'est une proposition à deux sujets plutôt que la véritable inversion. La même chose existe en français, mais plus rarement.

Ex. : **Es** kommt ein **Mann**..., il arrive un homme. — **Es** nahte endlich für uns **die** glückselige **Stunde**..., l'heure de félicité s'approchait enfin pour nous.

Dans le style familier et naïf on *sous-entend* même quelquefois le pronom **es**, de sorte que l'inversion paraît complète : Sah' ein Knab' ein Röslein stehn, un enfant vit une petite rose...

War einst ein Riese Goliath, il y avait autrefois un géant Goliath...

e) Quand le complément *précède plusieurs* propositions qui se suivent, la première *seule* prend ordinairement l'inversion.

DE LA CONSTRUCTION

Ex. : Gestern war das Wetter schön, und **wir** hatten viel Vergnügen ; hier le temps était beau, et nous avions beaucoup de plaisir.

f) Les propositions principales qui se suivent, même unies par des conjonctions *coordonnantes*, n'ont pas d'influence sur la construction et ne peuvent jamais déranger l'ordre naturel des mots.

Ex. : Ich kam, ich sah und ich siegte...
Je suis venu, j'ai vu, j'ai vaincu.

III. Rejet du Verbe.

194. — Le rejet consiste à placer le verbe à mode personnel *à la fin* de la proposition, c'est-à-dire après tous les attributs ou compléments quelconques. — Dans les temps composés, c'est l'*auxiliaire*, et non le participe ou l'infinitif, qui est considéré comme verbe et par conséquent se rejette.

Le rejet est absolument nécessaire :

1° Dans toutes les propositions *incidentes*, c'est-à-dire commençant par un relatif comme : *qui, que, quoi, dont, lequel, où, quiconque,* etc.

2° Dans toutes les propositions *subordonnées*, c'est-à-dire commençant par une conjonction de subordination telle que : *si, comme, que, lorsque, quand, quoique, afin que, parce que,* etc., ou par un mot qui sert de conjonction de subordination (n° 161, c°), tel que : *qui, lequel, comment, où,* etc., placés entre deux propositions.

Le rejet modifie seulement la place du verbe, mais il ne change rien au reste de la proposition. On aura donc (après les mots conjonctifs) :

1° *Sujet ;* 2° *attribut, compléments* ; (3° participe ou infinitif [1]) ; 4° *Verbe.*

---

[1] Quand le temps est composé.

195. 1° *Exemples. (Propositions incidentes,)*

Der Vater, **welcher** so gut **ist**, le père qui est si bon.
Mein Vater, **der** mir dieses Buch gegeben **hat**,
Mon père qui m'a donné ce livre.
Die Mutter, **deren** Brief ich empfangen **habe**,
La mère dont j'ai reçu la lettre.
Das Kind, mit **welchem** ich gesprochen **habe**,
L'enfant, à qui j'ai parlé.
Ein Buch, **das** ich gelesen **habe**, un livre que j'ai lu.
Die Feder, **womit** (pour mit welcher) ich **schreibe**,
La plume, avec laquelle j'écris.
Wer er auch **sei**, quel qu'il soit.
Der Ort, **wohin** (pour in welchen) wir gehen **werden**,
L'endroit où nous irons, etc., etc.

2° *Exemples. (Propositions subordonnées.)*

Wenn ihr immer fleißig **seid**, si vous êtes toujours appliqués.
Da ich gestern ganz krank **war**,
Comme j'étais tout à fait malade hier.
(Man sagt), **daß** er sein Buch verloren **hat**,
On dit qu'il a perdu son livre.
Als wir in Paris angekommen **sind**,
Lorsque nous sommes arrivés à Paris.
Wann der Winter vor der Thüre sein **wird**,
Quand l'hiver sera à nos portes.
Ob ich schon nur klein, arm und demüthig **bin**, und es immer sein **werde**, bien que je sois seulement petit, pauvre et humble et que je le serai toujours.
Damit Sie auch ein wenig Freude und Vergnügen **haben**,
Afin que vous ayez aussi un peu de joie et de plaisir.
Weil ihr uns immer getreu geblieben **seid**,
Parce que vous nous êtes toujours restés fidèles.
Wisse **welches** Stammes du wirklich **bist**,
Apprends de quelle race tu es réellement.

Ich weiß nicht, **wo** er jetzt **ist, was** er in diesem Augenblicke **macht, wie** und mit **wem** er sich nun **befindet**, noch **wann** er wieder zu uns zurückkommen **wird**, je ne sais où il est maintenant, ce qu'il fait en ce moment, comment et avec qui il se trouve à présent, ni quand il nous reviendra.

196.   REMARQUES

1° Quelquefois on *supprime* la conjonction **daß**. Dans ce cas, on *ne rejette pas* le verbe.

Ex. : Ich wollte, mein Vater **wäre** zurück, je voudrais que mon père fût de retour.

La même chose, on l'a vu, a lieu pour **wenn** et **ob**, quand on veut employer l'inversion (n° 191, 7°).

2° Par euphonie et pour plus de clarté, le rejet *s'arrête* devant *deux infinitifs* ou un *temps composé*, c'est-à-dire l'auxiliaire qui les accompagne se met *devant* et non après eux.

Ex. : Alles was er **hat** thun wollen (*et non* thun wollen hat), tout ce qu'il a voulu faire.

Man sagt, daß du nicht **hast** arbeiten wollen, on dit que tu n'as pas voulu travailler.

Ich habe gethan, was ein jeder in diesem Falle **würde** gethan haben, j'ai fait ce que tout autre eût fait dans ce cas.

3° Le rejet s'arrête *généralement* aussi devant une proposition explicative commençant par un *relatif* ou consistant en un *infinitif* précédé de **zu**, surtout si cette proposition est accompagnée elle-même de compléments. — Il en est de même devant les propositions *comparatives* commençant par **als**.

Ex. : Nachdem ich den Vater gesehen **hatte, der** zurück war, après avoir vu mon père, qui était de retour.

Als er nach Hause **kam**, seinen Vater **zu sehen**, lorsqu'il vint chez lui voir son père.

Da wir nicht so reich **sind** als ihr, *ou* als ihr glaubet, comme nous ne sommes pas si riche que vous, que vous croyez.

Nota. — J'ai dit *généralement,* car on trouve beaucoup d'exemples où le verbe se rejette même *après* la proposition explicative, surtout quand ce verbe est *composé* ou s'il y a *plus d'une* proposition relative. On pourrait donc dire aussi : Nachdem er den Vater, welcher zurück war, gesehen hatte.

Il faudrait même dire : Nachdem er den Vater, welcher krank war, und die Mutter, welche gesund war, gesehen hatte.

DEUXIÈME PARTIE

SYNTAXE

197. — La syntaxe a pour but de faire connaître l'emploi des mots dans les propositions.

Nous aurons donc à voir, dans autant de chapitres différents, l'emploi des mots dont il a été question dans la première partie.

Nous passerons cependant ceux qui ne présentent pas de difficultés particulières.

Chapitre Ier.
DE L'ARTICLE

L'article joue à peu près le même rôle en allemand qu'en français. Cependant dans un certain nombre de cas on *emploie* l'article *en allemand*, tandis qu'on le supprime en français, et *réciproquement*.

C'est ce que devront apprendre les règles suivantes, tant pour l'article *défini* que pour l'article *indéfini*.

§ Iᵉʳ. — Article défini.

I. Cas où l'article s'emploie.

198.   Im Sommer — Im Januar.

On emploie l'article en allemand, tandis qu'on le supprime en français, devant les noms de *saisons*, de *mois* et quelquefois de *jours*, etc.

Dans ce cas, l'article se *contracte* avec la préposition.

Ex. : **Im Sommer**, en été. — **Im Winter**, en hiver.
Im Januar, en janvier. — **Der Februar**, février.
Am Sonntag (ou simplement Sonntag), dimanche.

Nota. — 1° Remarquons aussi les expressions suivantes : In der Stadt, en ville ; im Wald, en forêt ; im Feld, en campagne ; im Großen, en grand ; im Einzeln, en détail ; — in der Geschichte, en histoire ; in der Philosophie, en philosophie, et autres semblables commençant par *en*.

2° Cependant on dit ordinairement sans article : Anfangs Januar, au commencement de janvier ; Mitte Mai, au milieu de mai ; Ende September, fin septembre, etc...

199.   Der Karl — Den Schiller.

On emploie de même l'article devant les noms propres de *personnes*, dans le langage *familier* ou quand on veut désigner les *œuvres* d'un écrivain.

Ex. : Wo ist (**der**) Karl? où est Charles?
Ich habe **den** Schiller gelesen, j'ai lu Schiller.

Nota. — 1° De même devant les noms d'animaux : Der Sultan ist ein guter Hund, Sultan est un bon chien.

2° Devant les noms d'auteurs on met quelquefois **ein** : Ich habe **einen** Schiller gekauft. J'ai acheté un Schiller.

200.   Der Tod des Sokrates.

On emploie l'article devant les noms de personnes, quand il est nécessaire pour en marquer le *cas* ou pour éviter toute *amphibologie*.

Ex. : Der Tod des Sokrates, la mort de Socrate.
Er zieht Göthe dem Schiller vor, il préfère Gœthe à Schiller.

201. Ein Mann der Treue.

On emploie de même l'article, pour marquer le *génitif*, devant les noms abstraits ou même concrets, compléments d'un autre nom ; à moins toutefois que ces noms ne soient accompagnés d'un *adjectif* qui en fasse ressortir le cas.

Ex. : Ein Mann der Treue, un homme de fidélité.
Ein Wort des Trostes, une parole de consolation.
Ein General der Kavallerie, un général de cavalerie.

Mais on dira : Ein Mann großer Treue, etc.

202. Er wurde zum König ernannt.

On emploie l'article devant un nom *commun* au *singulier*, régi par la préposition zu (avec laquelle il se contracte), après les verbes qui marquent transformation, passage d'un état ou d'un rang à un autre, comme werden, devenir ; machen, faire (rendre) ; wählen, choisir ; ernennen, nommer, etc...

Ex. : Er wurde zum König ernannt.
Il fut nommé roi.
Er wurde zum Verräther.
Il devint traître.

Nota. — 1° Remarquez encore les expressions : zum Vorwande dienen, servir de prétexte ; zur Ehre, zur Schande gereichen, faire honneur, faire honte...

2° Au *pluriel*, on emploie simplement zu : zu Verräthern werden. — Il en est de même devant les noms de matière au singulier : zu Wasser werden, se changer en eau...

203. Der Herr Graf — Die Frau Gräfin.

On emploie l'article *devant* Herr, Monsieur, Frau, Madame, quand ils sont *suivis* d'un *titre*, — au lieu de le mettre après, comme en français.

Der Herr Graf, Monsieur le comte.
Die Frau Gräfin, Madame la comtesse.

204. Der heilige Paulus.

On emploie l'article devant heilig, saint, suivi d'un nom propre de personne.

Ex. : Der heilige Paulus, saint Paul.

Nota. — *Saint*, dans un nom composé de ville, se traduit par Sankt ; souvent il ne se traduit pas du tout.
Ex. : Sankt-Petersburg ou Petersburg.

205. Den Muth verlieren.

Il y a beaucoup d'autres locutions où l'article s'emploie en allemand, tandis qu'il est supprimé en français. Telles sont :

Ex. : Den Muth verlieren, perdre courage.
Der Meinung sein, être d'avis.
Vom Pferde steigen, descendre de cheval.
In den Wagen steigen, monter en voiture.
Auf die Kniee fallen, tomber à genoux.
Von der Politik sprechen, parler politique.
Sich an den Tisch setzen, se mettre à table.
Unter der Bedingung, à condition.
Unter dem Vorwand, sous prétexte.
Nach der Natur..., d'après nature.

II. Cas où l'article défini se supprime.

206. Frankreich ist mein Vaterland.

L'article défini se supprime devant la plupart des noms de *pays*, à moins qu'ils ne soient précédés d'un adjectif, autre que ganz, tout, et halb, demi, qui *peuvent* faire exception.

Ex. : Frankreich ist mein Vaterland, *la* France est ma patrie.

REMARQUES

1º On pourra donc dire : ganz Frankreich, toute *la* France ; halb Frankreich, la moitié de la France. — Mais il faudra dire : das schöne Frankreich, la belle France, etc.

2° Il y a quelques noms propres de pays qui prennent toujours l'article. Ce sont :

a) les noms *féminins* en ei et au, comme **die** Türkei, la Turquie ; **die** Moldau, la Moldavie.

Les féminins suivants : **die** Schweiz, la Suisse ; **die** Krimm, la Crimée ; **die** Pfalz, le Palatinat ; **die** Lausitz, la Lusace ; **die** Mark, la Marche ; — ainsi que **die** Bretagne, **die** Pikardie, **die** Vendée et autres semblables.

b) les noms *masculins* en gau, comme **der** Breisgau, le Brisgau ; **der** Sundgau, le Sundgau.

c) un nom *neutre* : **das** Elsaß, l'Alsace (1).

d) Tous ceux qui ne s'emploient qu'au *pluriel*. Ex. : **die** Niederlande, les Pays-Bas.

3° Les noms des points *cardinaux* ne prennent pas l'article, excepté quand ils désignent la contrée : Norden, Süden, Westen (Ouest) und Osten (Est). Mais on dira : **der** Norden Frankreichs, le Nord de la France.

207. Kaiser Karl.

L'article défini se supprime souvent devant les noms de *titres* et de *dignités*, quand, sans être précédés d'aucun adjectif, ils sont suivis d'un nom propre.

Ex. : **Kaiser** Karl, *l'*empereur Charles.
Papst Pius der Neunte, *le* pape Pie IX.

Nota. — 1° Cependant, on dit aussi : Der Kaiser Karl, etc...
2° La même règle s'applique à Herr, Frau, Vater, Bruder, Freund, etc... Herr Franz, Bruder Martin, frère Martin.

208. Frankreichs Heldensöhne.

L'article défini se supprime toujours devant les substantifs *précédés* de leur complément au *génitif*, que ce génitif soit un pronom ou un substantif.

Ex. : Frankreichs **Heldensöhne**, *les* héros de la France.
Karl, dessen **Bruder** krank ist, Charles, dont *le* frère est malade.

---

(1) Elsaß est aussi *masculin* et employé sans article : Elsaß ist ein schönes Ländchen.

Nota. — 1° Mais on dirait : dessen der Sohn sich rühmt, (ce) *dont le fils se vante,* parce que dessen est complément non du substantif qui suit, mais du verbe.

2° On dit aussi : Mutter Gottes, mère de Dieu ; Kind Gottes, enfant de Dieu ; bien que le génitif soit après. De telles expressions sont fort rares.

209. Die Könige, Fürsten und Herren.

Dans une énumération de noms au pluriel, on *peut* n'exprimer l'article défini que devant le *premier* substantif.

Ex. : Die Könige, Fürsten und Herren, les rois, les princes et les seigneurs.

Nota. — On dit aussi au singulier : Der Herr und Meister, le seigneur et le maître ; der Hof und Garten, la cour et le jardin, pourvu que le nom soit du même genre, au même cas, et que la clarté n'en souffre pas.

210. Tugend ist kostbarer als Gold.

L'article défini se supprime dans certaines locutions *vives, proverbiales,* — et dans un grand nombre de locutions particulières commençant par une *préposition,* comme :

Vor Tag, avant *le* jour ; bei Licht, à *la* lumière ; zu Hause, nach Hause, à *la* maison ; zu Bette gehen, aller *au* lit ; auf Erden, sur la terre, etc.

Ex. : Tugend ist kostbarer als Gold, *la* vertu est plus précieuse que *l'*or.

211. Alle Menschen sind sterblich.

L'article défini se supprime généralement après *all* tout.

Ex. : Alle Menschen sind sterblich, tous *les* hommes sont mortels.

Nota. — Dans le style emphatique on trouve quelquefois l'article :

Alle die Großen, tous les grands (Lessing).

Alle die Weisesten aller der Zeiten, tous les plus savants de tous les temps (Gœthe).

212. Ich habe Brod und Fleisch.

On ne traduit pas en allemand l'article partitif *du, de la, des*.

> Ex. : Ich habe **Brod** und **Fleisch**, j'ai *du* pain et *de la* viande.
> Wir trinken **gutes Bier**, nous buvons *de la* bonne bière.

Nota. — 1° On met quelquefois en français l'article *le, la, les* devant le sujet, même quand le sens est partitif. On ne le traduit pas non plus en allemand : Gute Leute sind lieb, les (c'est-à-dire des) gens de bien sont aimés.

2° Il ne faut pas le confondre avec le *génitif*.

§ II. — Article indéfini.

A. *Cas où il s'emploie.*

213. Frankreich, ein schönes Land.

L'article indéfini se place ordinairement devant les noms mis en *apposition*, tandis qu'il est supprimé en français.

> Ex. : Frankreich, **ein** schönes Land, la France, beau pays.
> Die „Räuber", **ein** Trauerspiel von Schiller, les *Brigands*, drame de Schiller.

Nota. — Je dis *ordinairement*, car quand il ne s'agit que d'*une seule* personne ou d'*un seul* objet, on met l'article défini et quelquefois rien : Telemach, (**der**) Sohn des Ulysses, Télémaque, fils d'Ulysse *(il n'y en a qu'un)*...

214. Ich bin ein Franzose.

On emploie l'article indéfini devant les substantifs pris comme *attributs* et qui indiquent la *nationalité*, la *religion*, la *profession* d'une personne.

> Ex. : Ich bin **ein** Franzose, je suis Français.
> Er ist **ein** Christ, il est chrétien.
> Sein Vater ist **ein** Tischler, son père est menuisier.

Nota. — 1° On *supprime* cependant quelquefois cet article, surtout devant les noms de *profession*. On dit aussi : Sein Vater ist Tischler.

2° On *ne peut pas* le supprimer quand le nom est précédé d'un *adjectif* : Er ist **ein** schlechter Dichter, il est mauvais poète.

3° Avec la négation on aura **kein** : Er ist **kein** schlechter Dichter, il n'est pas mauvais poète.

215.   Er hat eine rothe Nase.

On emploie l'article *indéfini*, au lieu de l'article défini, devant les *compléments* de **haben**, exprimant une *propriété* physique ou morale.

  Ex. : Er hat **eine** rothe Nase, il a *le* nez rouge.
    Er hat **eine** edle Seele, il a *l'*âme noble.

Nota.— Au *pluriel*, ein n'existe pas et se *retranche* absolument : Er hat dunkle Augen, il a *les* yeux foncés.

216.   Ich wünsche Ihnen einen Guten Morgen.

On emploie également l'article *indéfini* dans les locutions suivantes et autres semblables :

  Ex. : Einen guten Morgen wünschen, souhaiter le bonjour.
   Ein Mittel finden, trouver moyen.
   Ein Ende machen, mettre fin.
   Ein Zeichen geben, faire signe.
   Eine Schlacht liefern, livrer bataille.
   Einen Dienst leisten, rendre service.

217.   Ein Land hat uns geboren.

L'article indéfini est souvent pris dans le sens de *le même* : il s'écrit alors avec une *majuscule* et reçoit, dans la prononciation, l'accent *tonique*.

  Ex. : Ein Land hat uns geboren, *le même* pays nous a donné le jour.

B. *Cas où l'article défini ne s'emploie pas.*

218. Von hoher Statur.

Souvent on supprime en allemand l'article indéfini, tandis qu'il est employé en français, devant les noms précédés d'un *adjectif*, surtout quand ils dépendent d'une *préposition*.

Ex. : Von **hoher** Statur, d'*une* haute stature.
Bei **schönem** Wetter, par *un* beau temps.
Mit **starker** Stimme, d'*une* forte voix.

Nota. — 1° La même chose a lieu quelquefois sans préposition, dans les locutions proverbiales ou en poésie : Gute Gesundheit ist besser als großer Reichthum, *une* bonne santé vaut mieux *qu'une* grande fortune. — Es ist nicht irdische Musik... (Uhland), ce n'est pas *une* musique terrestre.

2° De même devant deux ou plusieurs noms qui se suivent : Er hat Haus und Garten, il a *une* maison et *un* jardin. — Mais il faudrait dire : Er hat ein Haus.

Chapitre II.

DU SUBSTANTIF

219. — Nous ne considérons ici le substantif ni comme sujet ni comme complément du verbe, mais seulement dans ses *rapports* avec un autre substantif.

Or, ces rapports sont de deux sortes : *apposition* et *complément*.

§ Ier. — Apposition.

En général, l'apposition a lieu quand deux noms se modifient sans être unis par aucune préposition. Cependant l'apposition peut exister dans certains cas, même lorsque en français les deux noms sont unis par *de*, comme on le verra plus loin.

220. **Meinem Freund, dem Arzte.**

Lorsqu'il y a apposition entre deux noms, ces deux noms se mettent *au même cas* et, si c'est possible, *au même genre*.

Ex. : **Meinem Freund, dem Arzte**, à mon ami le médecin.
Die Sonne, die Himmelskönigin, le soleil, roi du ciel.

221. **Die Stadt Paris.**

L'apposition a lieu entre deux noms, malgré la préposition *de* qui les unit en français, quand les deux noms signifient une *seule et même* chose. — On peut dans ce cas mettre entre les deux noms : *qui s'appelle*.

Ex. : **Die Stadt Paris**, la ville *de* Paris.
Der Monat Mai, le mois *de* Mai.

222. **Ein Glas Bier.**

On considère encore comme mis en apposition, le substantif qui suit un nom de *mesure*, de *quantité*, de *poids*, de *nombre*, tels que : **ein Glas**, un verre ; **eine Elle**, une aune ; **ein Pfund**, une livre ; **ein Paar**, une paire ; **ein Dutzend**, une douzaine, et en général tous les noms *collectifs*, tels que : **ein Regiment**, un régiment ; **ein Haufen**, une troupe, etc., auxquels il faut ajouter ceux qui signifient *genre, espèce...* comme **Art, Sorte, Gattung**.

Ex. : **Ein Glas Bier**, un verre *de* bière.
Zwei Regimenter Soldaten, deux régiments *de* soldats.
Diese Sorte Wein, cette sorte *de* vin.

Nota. — 1° Il n'y a pas apposition quand la préposition *de* est suivie d'un *déterminatif* ou d'un *adjectif*.

Ex. : **Ein Glas dieses Bieres**, un verre de *cette* bière ; — **eine Flasche guten Weines**, une bouteille de *bon* vin.

2° Le plus souvent ces noms de mesure, etc., restent *invariables*.

Ex. : **Zwei Glas Bier**, deux verres de bière.

Il faut excepter les noms de mesure *féminins* terminés en **e**, ceux de *temps* et les noms *collectifs*.

Ex. : Zwei Ellen Tuch, deux aunes de drap.

§ II. Compléments du Substantif.

223. — Les compléments d'un nom sont toujours exprimés en français par la préposition *de*. Cette préposition indique ordinairement que le complément existe aussi en allemand, *excepté* pour quelques cas d'*apposition*.

Das Buch des Lehrers.

Le complément du nom se met, le plus souvent, au *génitif*, principalement quand il exprime la *possession* ou la *dépendance*.

Ex. : Das Buch **des Lehrers**, le livre du maître.
Die Farbe **der Blume**, la couleur de la fleur.

Nota. — On sait que le génitif peut précéder : Des Lehrers Buch, surtout pour les noms masculins de personnes (nos 186, 208).

224. Die Bewohner von Paris.

Devant les noms de *pays* on remplace le génitif par la préposition von, *de*, suivie du datif.

Ex. : Die Bewohner **von** Paris, les habitants de Paris.

225. Die Schlacht bei Leipzig.

Lorsque *de* peut se tourner par une *autre* préposition, comme *auprès*, *vers*, etc., on le traduit par ces prépositions correspondantes.

Ex. : Die Schlacht **bei** Leipzig, la bataille *de* Leipzig.
Der Weg **nach** Rome, le chemin *de* Rome.

226. Ein Tisch von Marmor.

Le nom qui désigne la *matière* dont une chose est faite se met ordinairement au *datif* avec von.

Ex. : Ein Tisch **von** Marmor, une table *de* marbre.

Nota. — 1° Il y a des exemples où von est remplacé par **aus**: Ein Tisch **aus** Marmor.

2° Souvent on tourne par un *adjectif*. Ex. : Ein marmorner Tisch.

227.   Ein Kind von fünf Jahren.

On emploie encore von dans plusieurs autres cas, surtout pour indiquer l'*âge* ou l'*origine*, le *rang* ou l'*influence*, le nombre des *parties* dont une chose se compose, et aussi pour donner à la phrase plus de *clarté* ou pour *ne pas répéter* plusieurs génitifs successivement.

Ex. : Ein Kind **von** fünf Jahren, un enfant *de* cinq ans.
Ein Brief **von** meinem Freunde, une lettre *de* mon ami.
Ein Mann **von** Verstand, un homme *d*'esprit.
Ein Gedicht **von** zwölf Gesängen, un poème *en* douze chants.
Das Lied **von** der Glocke, le chant *de* la Cloche.
Die Geschichte **von** der Erbauung der Stadt Rom, l'histoire *de* la fondation *de* la ville de Rome.

Nota. — 1° Pour marquer l'âge ou l'origine on se sert souvent aussi de l'*adjectif :* ein fünfjähriges Kind, un enfant de cinq ans ; Straßburger Bier, bière de Strasbourg.

2° On dira de même : der dreißigjährige Krieg, la guerre de 30 ans (et non von dreißig Jahren) ; französische Stunden, des leçons de français, etc.

228.   Eine Blume aus dem Garten.

Au lieu de von en emploie **aus**, quand *de* peut se tourner par *hors de, tiré de.*

Ex. : Eine Blume **aus** dem Garten, une fleur *du* jardin.
Eine Geschichte **aus** der Bibel, une histoire *de* la Bible.

229. Der Gedanke an die Freiheit.

Quand un substantif *dérive* d'un verbe ou d'un adjectif qui veulent être *suivis* d'une *préposition,* on fait suivre ce substantif de *la même* préposition.

Ex. : Der Gedanke **an** die Freiheit (denken an, penser à), la pensée de la liberté.

Die Furcht **vor** dem Tod (sich fürchten vor, trembler devant), la crainte *de* la mort.

Der Stolz **auf** Reichthum (auf etwas stolz, fier de quelque chose), l'orgueil *de* la richesse.

Nota. — Dans tous ces cas, il faudra bien se garder d'employer le génitif, qui indiquerait la possession.

L'exemple suivant fera mieux encore saisir cette différence : Die Liebe Gottes, l'amour de Dieu ; c'est-à-dire que Dieu *a* pour nous ; die Liebe zu Gott, l'amour de Dieu, c'est-à-dire que nous avons *pour* lui.

230. Der Musiklehrer.

Souvent aussi on forme, des deux noms unis simplement par *de*, un nom *composé*. (Voir n° 167.)

Ex. : Der Musiklehrer, le maître *de* musique.
Die Gartenthür, la porte *du* jardin.

Chapitre III.

DE L'ADJECTIF

§ Ier. — Adjectif qualificatif.

231. — Il faut entendre ici, par ce mot, non seulement les adjectifs proprement dits, mais aussi les mots employés comme tels, c'est-à-dire les participes adjectifs.

On sait déjà qu'ils peuvent être employés soit comme épithètes, soit comme attributs. Dans le premier cas, ils se rapportent directement au substantif ; dans le second, ils en sont séparés par un verbe.

I. Accord des adjectifs qualificatifs.

232.   Der gute Vater.

En règle générale, l'adjectif *épithète* doit *précéder* le substantif qu'il qualifie. Dans ce cas, il *s'accorde* avec lui en *genre*, en *nombre* et en *cas*, en suivant les *déclinaisons* des adjectifs. *(Première partie, n°s 43-47.)*

  Ex. : Der **gute** Vater, le bon père.
        Die **guten** Väter, les bons pères.

233.   Ein Vater, gut und mild.

Par exception, l'adjectif épithète *suit* le nom. Cela a lieu en poésie, et aussi en prose, pour plus de clarté, dans les phrases un peu longues, surtout pour les participes.

Dans ce cas, l'adjectif reste toujours *invariable*.

  Ex. : Ein Vater, **gut** und **mild**, un père, bon et tendre.
        Der Mensch, mit seinem Schicksal so selten **zufrieden**, l'homme, si rarement content de son sort.
        Die Feinde, von den Franzosen **geschlagen**, mußten weichen, les ennemis, battus par les Français, durent reculer.

Nota. — 1° On pourrait cependant dire aussi : Der mit seinem Schicksale so selten zufriedene Mensch, etc..., ou tourner par un relatif : Der Mensch, welcher...

2° L'adjectif ou le participe pourraient même *précéder la proposition* et être pris d'une manière absolue; ils restent alors également *invariables* : Von den Franzosen **geschlagen**, mußten die Feinde weichen.

3° Il y a des cas où l'on sous-entend le nom et où l'adjectif, même après un substantif, se décline : Wir haben Fische, **große** und **kleine** (s. ent. Fische), nous avons des poissons, des grands et des petits. — Er gab Befehl, ausdrücklichen, il donna un ordre, un (ordre) formel. — Unsere wichtigsten Verben sind **starke** *(Grimm)*, nos verbes les plus importants sont des (verbes) forts...

234. 𝔇as beſte von dieſen Knaben und Mädchen.

Lorsqu'on parle de choses d'un *genre différent*, ou de personnes de différent sexe, l'adjectif qui s'y rapporte se met au *neutre*.

Ex. : **𝔇as** beſte von dieſen Knaben und Mädchen, le meilleur de ces garçons et de ces filles.

235. Ludwig der Große.

En allemand, comme en français, l'adjectif qui *suit* un nom pour exprimer un titre, une *qualité*, le *rang*, est *précédé* de l'article *défini*; il se *décline* comme les autres adjectifs, en se mettant au cas du substantif qui le précède.

Ex. : Ludwig **der Große**, Louis le Grand.
Ludwigs **des Großen**, de Louis le Grand.

236. Das Schöne und das Erhabene.

Souvent l'adjectif est pris *substantivement;* il commence dans ce cas par une *majuscule*, et suit la déclinaison des *autres* adjectifs.

Ex. : Das **Schöne** und das **Erhabene**, le beau et le sublime.
Die **Großen** haben ihre **Gesandten**, les grands ont leurs ambassadeurs (envoyés).

Nota. — Certains adjectifs sont devenus de vrais substantifs; il ne faut pas les confondre avec les adjectifs pris substantivement : Das Gut, le bien (propriété) qu'il ne faut pas confondre avec das Gute, le bien (ce qui est bon); das Recht, le droit, das Rechte, le juste (ce qui est juste); das Blau, le bleu (en général), das Blaue, le bleu (ce qui est bleu).

237. Das Leben ist kurz.

L'adjectif employé comme *attribut* reste toujours *invariable*, que le verbe qui le sépare du nom soit exprimé ou sous-entendu. (Voir nos 42 et 134.)

Ex. : Das Leben ist **kurz**, la vie est courte.
Ich finde ihn **gut**, je le trouve bon (*qu'il est* bon).

238. **II. Compléments des adjectifs qualificatifs.**

Les adjectifs qualificatifs peuvent avoir un ou plusieurs compléments. Les uns gouvernent le *génitif*, d'autres le *datif*, d'autres l'*accusatif*, d'autres enfin sont suivis d'une *préposition*.

Au *positif*, l'adjectif se place ordinairement *après* son complément, *excepté* quand il est suivi d'une *préposition*, car dans ce cas il se place indifféremment *avant* ou *après*.

Au contraire l'adjectif au *comparatif* ou au *superlatif*, est *suivi* de son complément.

Adjectifs qui gouvernent le génitif.

239. Er ist einer Belohnung würdig.

Les adjectifs qui gouvernent le génitif renferment généralement l'idée de possession ou de privation, et sont suivis en français de la préposition *de*. Tels sont :

Bedürftig, qui a besoin de ;	mächtig, puissant ;
beflissen, adonné à ;	müde, las ;
bewußt, ayant conscience ;	satt, rassasié ;
eingedenk, se souvenant ;	schuldig, coupable ;
fähig, capable ;	sicher, sûr ;
froh, joyeux ;	theilhaft, participant ;
gewahr, qui s'aperçoit ;	überdrüssig, ennuyé ;
gewiß, certain ;	voll, plein ;
kundig, qui connaît ;	würdig, werth, digne.

Ex. : Er ist ein**er** Belohnung würdig, il est digne d'une récompense.

Nota. — 1° Werth et surtout voll (quand son complément n'est accompagné d'aucun adjectif) s'emploient *aussi* avec l'accusatif. Dans ce cas, werth exprime surtout la valeur matérielle, et voll est *suivi* de son complément, qui ne prend pas d'article.

Ex. : Es ist einen Thaler **werth**, cela vaut un écu.
Voll Wasser, plein d'eau (1). (Voir n° 241.)

---

(1) Mais on dira : Voll guten Weines, rempli de bon vin. On dit aussi voller : voller Gnade, pleine de grâce.

2º Froh se construit aussi avec **über** (acc.) (Nº 242), fähig avec **zu** (dat.), gewiß avec **von** (dat.).

Adjectifs qui gouvernent le datif.

240. Er ist seinem Vater ähnlich.

Les adjectifs qui se construisent avec le datif sont ceux qui marquent une attribution ou convenance. Ils sont généralement suivis en français de la préposition *à*. Tels sont :

Ähnlich, semblable ;
angenehm, agréable ;
anständig, convenable ;
dankbar, reconnaissant ;
dienlich, utile ;
eigen, propre ;
entbehrlich, superflu ;
ergeben, dévoué ;
gehorsam, obéissant ;
getreu, treu, fidèle ;
gleich, égal ;

gnädig, propice ;
günstig, favorable ;
hold, affectionné, propice ;
lieb, cher ;
nöthig, nécessaire ;
schädlich, nuisible ;
tröstlich, consolant ;
übrig, restant ;
verhaßt, odieux ;
verwandt, parent ;
willkommen, bienvenu, etc.

Ex. : Er ist **seinem Vater** ähnlich, il est semblable à son père.

Adjectifs qui gouvernent l'accusatif.

241. Er ist zwölf Jahre alt.

Les adjectifs — très peu nombreux d'ailleurs — qui se construisent avec l'accusatif, sont ceux qui expriment une mesure, une valeur, un poids, un laps de temps, etc... comme alt, vieux ; breit, large ; dick, épais, gros ; hoch, haut ; lang, long ; schuldig, redevable ; schwer, pesant ; stark, fort ; tief, profond ; werth, valant.

Ex. : Er ist **zwölf Jahre** alt, il est âgé de 12 ans.
Dieser Weg ist **zwei Kilometer** lang, ce chemin est long *de* deux kilomètres.

Nota. — Il est évident que c'est seulement le nom de l'âge, du poids, etc., qui se met à l'accusatif. Ainsi on dira : Er ist mir *(dat.)* zehn Thaler *(acc.)* schuldig, il *me* doit (est redevable de) *dix thalers.*

Adjectifs suivis d'une préposition.

242. Reich an Tugenden.

Les adjectifs qui se construisent avec une préposition sont en assez grand nombre. On ne peut les classifier. Les uns gardent la préposition qui se trouve en français, d'autres se construisent avec une autre préposition. Voici des exemples :

Arm an *(dat.)* pauvre de ;
fruchtbar » fertile en ;
reich » riche en ;
schwach » faible en ;
leer » vide de ;
gewöhnt an *(acc.)*, habitué à ;
frei von *(dat.)*, libre de ;
rein » pur de ;
roth » (vor) rouge de ;
schön » beau de ;
bang vor *(dat.)*, effrayé de ;
gefühllos gegen *(acc.)* insensible à ;
höflich gegen, poli envers ;
nahe bei *(dat.)*, proche de ;
begierig nach *(dat.)*, avide de.

Achtsam auf *(acc.)*, attentif à ;
argwöhnisch » soupçonneux de ;
eifersüchtig » jaloux de ;
stolz » fier de ;
einfach in *(dat.)*, simple dans ;
erfahren » expérimenté dans ;
geschickt » adroit à ;
unwissend » ignorant de ;
empfindlich über *(acc.)*, sensible à ;
froh über, qui se réjouit de ;
tauglich zu *(dat.)*, propre à ;
geizig mit *(dat.)*, avare de ;
sparsam » économe de ;
zufrieden » content de.

Ex. : Reich an Tugenden, riche en vertus.
Stolz **auf** seine Unschuld, fier de son innocence.
Mit seinem Geschick zufrieden, content de son sort.
Nahe **bei** mir, près de moi.

Nota. — 1° Nahe se construit aussi avec le *datif* sans préposition : Dem Ufer nahe, près du rivage.

2° Froh gouverne aussi le *génitif*. (N° 239.)

3° Gewöhnt (gewohnt) gouverne aussi le *génitif* ou même l'*accusatif* : wir sind es gewöhnt, nous y sommes habitués.

4° Quelquefois la préposition change le sens de l'adjectif : etwas schuldig sein, être re levable de quelque chose ; an etwas schuldig *(mieux* Schuld*)* sein, être cause de quelque chose.

243. Dieses Schauspiel ist schwer zu beschreiben.

La plupart des adjectifs qualificatifs peuvent avoir pour complément un *infinitif*. L'adjectif précède ordinairement l'infinitif, devant lequel on met la préposition zu, *à*.

Ex. : Dieses Schauspiel ist schwer zu beschreiben, ce spectacle est difficile à décrire.

244. III. Compléments des Comparatifs et des Superlatifs.

1° *Des Comparatifs*.

Er ist gelehrter als sein Bruder.

Après un comparatif de supériorité ou d'infériorité, le *que* se traduit par **als**, et le second terme de comparaison se met au même cas que le premier.

Ex. : Er ist gelehrter **als** sein Bruder, il est plus savant que son frère.

Er ist minder gelehrt **als** du, il est moins savant que toi.

Nota. — 1° Il faut bien voir quel rôle joue le second terme de la comparaison, s'il est sujet ou complément. Ainsi on dira : Ich liebe ihn mehr als **dich**, je l'aime plus que toi (c'est-à-dire que je ne t'aime). Mais il faut dire : ich liebe ihn mehr als **du**, je l'aime plus que toi (que tu ne l'aimes).

2° Als est quelquefois remplacé par denn *(vieilli)* en poésie, dans certaines locutions ou pour éviter la répétition : größer **denn** wir, plus grands que nous ; — mehr als Abenteurer **denn** als Gesandter (Gœthe), plus en aventurier qu'en ambassadeur.

245. Dieser Mann ist eben so weise als du ou wie du.

Après un comparatif d'égalité, *que* se traduit aussi par als, mais plus souvent par wie, *comme*.

Ex. : Dieser Mann ist eben so weise **als** *ou* **wie** du, cet homme est tout aussi sage que toi.

Nota. — Quelquefois on met les deux, als wie : Als wie ein König so reich, aussi riche qu'un roi. — C'est un pléonasme qui n'est pas à imiter.

246. Er ist gelehrter als man glaubt.

Après un comparatif, le verbe se met au même temps qu'en français. — On ne traduit pas la particule *ne*, et on *peut* supprimer le pronom *le* qui accompagne quelquefois le verbe. Souvent on ajoute **nur**.

Ex. : Er ist gelehrter als man (nur) **glaubt**, il est plus savant qu'on *ne le* croit.

247. Er ist um einen guten Theil größer als du.

Souvent le comparatif a un complément propre, servant à exprimer de combien un objet est supérieur ou inférieur à un autre. Ce complément se met ordinairement à l'*accusatif* avec **um**, *pour*.

Ex. : Er ist **um einen** guten Theil größer als du, il est d'une grande partie plus grand que toi.

Um einen Tag jünger, plus jeune d'un jour.

2° *Des Superlatifs.*

248. Die Rose ist die schönste der Blumen, ou bien von, aus, unter den Blumen.

Le nom pluriel qui sert de complément au superlatif relatif se met au *génitif* sans préposition ; — ou bien au *datif* avec une des prépositions von, aus, unter.
De plus, le superlatif prend le *genre* du nom pluriel qui le *suit*, et non de celui qui le précède.

Ex. : Die Rose ist die schönste **der** Blumen, *ou bien* **von, aus, unter den** Blumen, la rose est la plus belle des fleurs.

Der Löwe ist **das** stärkste **der** Thiere, etc., le lion est le plus fort des animaux.

On met das stärkste au neutre, bien que Löwe soit du masculin. C'est comme s'il y avait : das stärkste Thier der Thiere.

Nota. — 1° Il faut ajouter que cette tournure n'est pas très usitée ; on dira plutôt : Die Rose ist die schönste Blume ; der Löwe ist das stärkste Thier.

2º Devant un nom de *lieu* on met souvent in *(dat.)* : Die größte Stadt in Europa, la plus grande ville *d*'Europe ; der erste in der Classe, le premier *de* la classe.

249. Der beste von euch allen ist Karl.

Cependant, quand le complément du superlatif est un *pronom personnel*, on le met ordinairement au *datif* avec l'une des trois prépositions von, unter, aus.

Ex. : Der beste **von** euch allen ist Karl, le meilleur de vous tous, c'est Charles.

250. Der Jüngere der beiden Brüder, etc.

Au lieu du superlatif qui est en français, on emploie le *comparatif*, quand il ne s'agit que de *deux* personnes ou de *deux* choses.

Ex. : Der **Jüngere** der beiden Brüder, etc., le plus jeune des deux frères.

Die **stärkere** von beiden Händen, la plus forte des deux mains.

Nota. — 1º Cette règle s'applique en allemand, même lorsqu'en français on emploie le positif, comme dans ces exemples : Plinius der Aeltere, der Jüngere, Pline l'Ancien, le Jeune.

2º Elle s'applique également pour les adjectifs erste et letzte, opposés l'un à l'autre, comme dans cet exemple : Shakespeare und Corneille, zwei große Dichter ; der erstere ein Engländer, der letztere ein Franzose, Shakespeare et Corneille, deux grands poètes ; le premier Anglais, le dernier Français.

§ II. — Adjectifs numéraux.

251. — Les adjectifs numéraux s'emploient généralement de la même manière en allemand qu'en français. Cependant il y a certaines différences, il peut se présenter quelques difficultés. De là les règles suivantes.

I. Adjectifs numéraux cardinaux.

252. Es ist drei Uhr *ou* es ist drei.

Pour indiquer *l'heure*, ainsi que les *années*, on se sert comme en français de l'adjectif numéral *cardinal*.

Le mot *heure* se traduit par Uhr, toujours invariable ; souvent il ne se traduit pas.

Ex. : **Es ist drei Uhr**, ou simplement **es ist drei**, il est trois heures.

Im Jahre tausend acht hundert drei und achtzig, l'an mil huit cent quatre-vingt-trois.

253.

Nota. — 1° Le mot Uhr se *retranche* surtout dans le langage *usuel*, ou pour exprimer les *fractions* de l'heure.

Ex. : Drei Viertel auf zwei, 2 heures moins le quart.

2° *Midi* et *minuit* peuvent se traduire par zwölf Uhr ou bien le premier par Mittag, et le second par Mitternacht.

3° Quand on ne veut pas exprimer l'heure, mais seulement un certain *espace* de temps, on se sert de Stunde, heure, au lieu de Uhr.

Ex. : Drei Stunden lang, trois heures durant.

2° Pour la division des jours et des mois, voici quelques particularités. On dit : vierzehn Tage, *quatorze* jours, au lieu de *quinze* jours ; — au lieu de trois, six, neuf mois, on dit plus volontiers : ein Vierteljahr, un quart d'année ; ein halbes Jahr, une demi-année ; drei Vierteljahr, trois quarts d'année.

254. **Es ist halb drei, drei Viertel auf drei (Uhr).**

Pour indiquer les *fractions* d'heure, on aime prendre ces fractions sur l'heure qui *suit*, au lieu de les ajouter à l'heure qui précède comme en français. Ainsi au lieu de dire : deux heures et demie, deux heures trois quarts, on dira : une demie sur trois, trois quarts sur trois, etc.

Ex. : **Es ist halb drei**, il est deux heures et demie.
Drei Viertel auf **drei**, 2 heures trois quarts.

255.

Nota. — 1° Pour indiquer les *demi-heures*, on se sert toujours du mot halb, suivi immédiatement du mot cardinal : halb drei.

2° Pour indiquer les *quarts*, on se sert du mot Viertel, le plus souvent suivi de la préposition auf : drei Viertel auf drei.

Cependant on emploi aussi quelquefois la manière du français :
Ex. : Ein Viertel **vor** drei, 3 heures moins le quart ; — ou drei Viertel **nach**, ou **über** zwei, 2 heures trois quarts.

3° Pour indiquer *les minutes*, quand elles expriment une assez grande fraction de l'heure, on emploie les mêmes règles que pour les quarts. On dira donc : zwanzig Minuten auf drei (Uhr), 2 heures 20 minutes, — ou : zwanzig Minuten nach, über zwei.

Mais quand les minutes n'indiquent qu'une *petite* fraction, on tourne comme *en français*.

Ex. : Drei (Uhr) und fünf Minuten, 3 heures 5 minutes, ou : fünf Minuten nach, über zwei (Uhr); fünf Minuten vor zwei, 2 heures moins 5.

256. Drei der *ou* von, aus, unter den tapfersten Soldaten.

Le complément des adjectifs numéraux se met au *génitif* sans préposition, ou au *datif* avec une des prépositions von, aus, unter. Cette dernière manière s'emploie surtout quand le complément est un *pronom*.

Ex. : Drei **der** *ou* **von, aus, unter den** tapfersten Soldaten, trois des plus braves soldats.
Drei von uns, trois de nous.

257. Wir waren unser zwölf.

Quand l'adjectif numéral cardinal est employé comme attribut dans une proposition où le sujet est un *pronom personnel*, on le fait ordinairement précéder du *génitif* de ce pronom.

Ex. : Wir waren **unser** zwölf, nous étions douze.
Es spielten **ihrer** sieben, ils jouaient à sept.

Nota. — 1° On dit de même dans le langage usuel : unser einer, et non pas einer von uns, pour dire : nous autres, une personne de notre condition. — Deiner zwei, deux comme toi ; Seiner vier, quatre comme lui.

2° Après les noms de nombre, on emploie souvent le *génitif*, même quand il n'est pas employé en français. On aime dans ce cas l'inversion : Ich habe der Brüder drei, j'ai trois frères (1).

---

(1) Il en est de même après les pronoms indéfinis : meiner Tage sind nur noch wenige, je n'ai plus que quelques jours (à vivre). (*Campe*.)

II. Adjectifs numéraux ordinaux.

258. Karl der Fünfte.

Pour exprimer l'ordre de succession des rois, etc., on se sert de l'adjectif numéral *ordinal* (avec une *majuscule*) au lieu du nombre cardinal qui se trouve en français, et on le place toujours *après* le nom.

Ex. : Karl **der Fünfte**, Charles V.
Ludwig **der Vierzehnte**, Louis XIV.

259. Paris, den zehnten März.

On emploie aussi l'adjectif numéral *ordinal*, pour indiquer la *date*, les *divisions* d'un livre, etc.; seulement on le place toujours *avant* le substantif, et on le fait accorder comme les autres épithètes.

Ex. : Paris, **den zehnten** März, Paris, le 10 mars.
Beim heiligen Matthäus, **zehntes** Kapitel, en saint Matthieu, chapitre X.

§ III. — Adjectifs ou Pronoms démonstratifs.

260. Dieser mein alter Freund.

Dieser et jener se placent quelquefois *devant* les adjectifs *possessifs*, et servent à traduire bon nombre de locutions.

Ex. : **Dieser mein** alter Freund, mon vieil ami *que voici*.
Jene unsere tapfern Soldaten, nos braves soldats *dont je viens de parler*.

261. Dies ist mein Vater, — meine Mutter.

Le *neutre* dieses ou dies peut s'employer pour *tous* les genres et pour tous les nombres, quand il sert à annoncer un autre sujet; seulement le *verbe* suit le *nombre* de ce dernier.

Ex. : **Dies** ist mein Vater, — meine Mutter, voici mon père, — ma mère.
Dies sind meine Eltern, ce sont mes parents.

Nota. — Il en est de même de das, jenes, etc.

262. Der Vater schrieb seinem Sohne, daß derselbe
zurückkomme.

Pour *éviter* toute *équivoque*, on emploie derselbe, au lieu du pronom personnel ; derselbe se rapporte toujours au complément qui précède.
  Ex. : Der Vater schrieb seinem Sohne, daß **derselbe** zurückkomme, le père écrivit à son fils qu'il revienne.

263. Auch fand sie dieselbe.

On emploie de même dieselbe, au lie de sie, pour *éviter* la répétition du même pronom.
  Ex. : Auch fand sie **dieselbe** (pour sie sie), aussi l'a-t-elle trouvée.

264. Er schrieb seinem Vetter und dessen Sohn.

Pour éviter une équivoque, on emploie le *génitif* du *pronom démonstratif*, au lieu de l'adjectif possessif.
  Ex. : Er schrieb seinem Vetter und **dessen** Sohn, il écrivit à son cousin et au fils de celui-ci.

Si on mettait seinem, on ne saurait s'il est question du fils du cousin ou du fils de celui qui écrit.

265. Ich bedarf dessen nicht.

On emploie toujours le pronom démonstratif à la place du pronom possessif, quand il s'agit d'une *chose* et non d'une personne.
  Ex. : Er wollte mir Geld geben, aber ich bedarf **dessen** (et non seiner) nicht, il voulut me donner de l'argent, mais je n'en ai pas besoin.

266. Meine Mutter und die meines Freundes.

Le pronom démonstratif, *suivi* d'un *complément*, se traduit le plus souvent par der, die, das, de préférence aux autres pronoms démonstratifs, à moins pourtant qu'on ne veuille répéter le nom dont il tient la place.

Ex. : **Meine Mutter und die** meines Freundes. — ou bien : und die Mutter meines Freundes, ma mère et celle de mon ami.

267. Ich habe nicht daran gedacht.

Le pronom démonstratif, *précédé* d'une *préposition*, se *contracte* ordinairement avec cette préposition, quand il remplace un nom de *chose*. Il ne se contracte *jamais* avec elle quand il remplace un nom de *personne*.

Ex. : Ich habe nicht **daran** gedacht, je n'*y* ai pas pensé.

Mais on dira : Ich habe **an ihn** gedacht, j'ai pensé *à lui*.

§ IV. — Adjectifs ou pronoms possessifs.

268. Meine Freunde und Feinde.

Lorsque l'adjectif possessif est *suivi* de plusieurs substantifs qui sont du *même genre*, du *même nombre* et au *même cas*, on n'est pas obligé de le répéter, à moins qu'on ne veuille insister sur l'idée de chaque nom.

Ex. : **Meine** Freunde und Feinde, mes amis et *mes* ennemis.

Nota. — 1° Il faudrait dire : Mein Vater und meine Mutter, etc., parce que ces mots ne sont pas du même genre.

2° Au *pluriel* on peut toujours supprimer la répétition de l'adjectif possessif, pourvu que les substantifs soient au *même cas*. En effet, les adjectifs possessifs n'ont qu'une forme au pluriel pour les trois genres (n° 69).

Ex. : Seine Vettern und Basen, *ses* cousins et *ses* cousines.

269. Jenes Gut ist mein.

Les pronoms personnels *à moi*, *à toi*, *à lui*, etc., exprimant la *possession* et accompagnant le verbe *être*, se traduisent par les adjectifs possessifs mein, dein, sein, etc., qui, étant attributs, restent *invariables*.

Ex. : Jenes Gut ist **mein**, ce bien-là est *à moi*.

Nota. — 1° Quelquefois cependant on emploie, au lieu de l'adjectif, le pronom possessif. Ainsi on pourrait dire aussi : Jenes Gut ist meines, ou das meine, ou das meinige.

2° Cette tournure est *inusitée* à la 3e personne du pluriel : Die Bücher sind (ou *mieux* gehören) ihnen et non ihr.

270. Ich liebe meinen Vater, denn ich kenne seine Güte.

On emploie l'adjectif *possessif* pour traduire le pronom *en*, chaque fois qu'on peut le tourner par l'adjectif possessif, sans équivoque.

Ex. : Ich liebe meinen Vater, denn ich kenne **seine** Güte, j'aime mon père, car j'*en* connais la bonté.

271. Er hat seine Religion geändert.

On emploie de même l'adjectif possessif, après le verbe *changer*, pour traduire la préposition *de*, qui le suit dans certaines phrases.

Ex. : Er hat **seine** Religion geändert, il a changé *de* religion (mot à mot : *sa* religion).

272. Ihr Herr Vater.

L'adjectif possessif, précédé en français de *Monsieur*, *Madame*, etc., se met en allemand *avant* et non après Herr, Frau, etc.

Ex. : **Ihr** Herr Vater, Monsieur *votre* père.
Seine Frau Schwester, Madame *sa* sœur.

273. Mein Herr, wie befinden Sie sich?

En *s'adressant* à quelqu'un, on ne met l'adjectif possessif devant Herr, Monsieur ; Frau, Madame ; Fräulein, Mademoiselle, etc., que lorsqu'ils *ne* sont *point suivis* d'un nom *propre* ou d'un nom de *titre*.

Ex. : **Mein** Herr, wie befinden Sie sich, Monsieur, comment vous portez-vous ?

274. *Nota.* — 1° Mais on dira le plus souvent *sans* adjectif possessif : Herr Franz, Monsieur François ; Herr Graf, Monsieur le comte, etc.

2° Quand on ne s'adresse pas à quelqu'un, on met l'article, pourvu qu'il ne s'agisse pas d'un nom propre : Der Herr Graf ist angekommen, Monsieur *le* comte est arrivé. — De même devant Herr, quand on s'adresse à quelqu'un de la 3ᵉ personne : Ist **der** Herr verrückt? Est-ce que Monsieur est fou ? (*Kotzebue.*)

3° Ces sortes de noms sont souvent précédés de gnädig, gracieux ; geehrt, honoré ; wohlgeboren, bien né, etc., surtout quand il s'agit de personnes de qualité. Dans ce cas, on n'est jamais obligé d'employer l'adjectif possessif.

Ex. : Gnädiger Herr, gracieux Monsieur, Monseigneur,... gnädiges Fräulein, etc. — *Madame* se traduit par Madame ou gnädige Frau, jamais meine Frau, quand on s'adresse à une dame, sans nom et sans titre. Avec un nom ou un titre on dira : (Die) Frau Müller, (die) Frau Professorin.

275. Sie eilten mir zu Hülfe.

Souvent on rend l'adjectif possessif du français par le *pronom personnel* correspondant, lequel devient alors complément et se met au cas régi par le verbe.

Ex. : Sie eilten **mir** zu Hülfe, ils accoururent à *mon* secours (mot à mot : à moi au secours).

Ich erwartete Nachricht **von dir**, j'attendais de *tes* nouvelles (des nouvelles de toi).

Die Reihe ist **an uns**, c'est *notre* tour (le tour est à nous).

Nota. — 1° Quelquefois, surtout dans le langage familier, on emploie l'adjectif possessif par pléonasme : Gebet mir dem Kinde sein Buch, donnez-moi le livre de l'enfant. Auf der Fortuna ihrem Schiff (Schiller), sur la vaisseau de la fortune. Expressions peu imitables en prose.

2° D'autrefois on le remplace par l'article. Ainsi l'on dit : Der Vater, die Mutter, etc., au lieu de mein, dein, sein, unser... Vater, etc. Ich habe den Vater gesehen, j'ai vu *mon* père ; Sie haben mit der Mutter gesprochen, ils ont parlé à *notre* mère, etc.

276. Ich habe Ihren Vater gesehen.

Par *politesse*, on emploie souvent les adjectifs et pronoms possessifs de la *troisième* personne du *pluriel*, au lieu de ceux de la seconde. Dans ce cas, on commence toujours par une *majuscule*. (*Voir n° 70, 3°.*)

Ex. : Ich habe **Ihren** (pour euren) Vater gesehen, j'ai vu votre père.

Nota. — 1° Devant certains noms de titres, on emploie indistinctement la 2ᵉ ou la 3ᵉ personne du pluriel. Ainsi on peut dire : Ihre ou Euere Majestät, votre majesté, etc. (tous les deux avec une majuscule).

2° Eure s'écrit souvent, en abréviation, par Ew., de l'ancienne forme Ewere, *votre*.— De même Seine, Se., Sc. Majestät, Sa Majesté.

3° Pour l'étiquette on se sert quelquefois des formes Jhro, Dero, Hochdero (anciens génitifs) : Jhro Gnaden, Votre Seigneurie... Ich erbitte mir nur dero Erlaubniß *(Chamisso)*, je ne demande pour moi que la permission de Votre Excellence...

§ V. — Adjectifs ou pronoms relatifs,— et interrogatifs.

277. Les adjectifs et pronoms relatifs le plus souvent employés sont welcher, der et wer. Les deux premiers sont tantôt adjectifs, tantôt pronoms, et s'emploient, en règle générale, indifféremment l'un pour l'autre. — Wer est toujours pronom.

On sait que welcher et wer sont aussi interrogatifs, et, sous ce rapport, les règles de leur accord et de leur emploi ne changent pas.

278. Mein Vater, der mich liebt.

Le pronom relatif *s'accorde* en *genre* et en *nombre* avec son *antécédent*. On le met au *cas* qu'exige le verbe *suivant*.

Ex. : Mein Vater, **der** mich liebt, mon père, qui m'aime.

Meine Eltern, **denen** ich gehorche, mes parents, à qui j'obéis.

279. Da sind zehn Thaler, welches die Summe ist...

Quelquefois l'antécédent est une *proposition* tout entière ; dans ce cas, le pronom relatif se met au *neutre singulier*.

Ex. : Da sind zehn Thaler, **welches** die Summe ist, die ich euch schuldig bin, voici dix thalers, ce qui est la somme que je vous dois.

280. Meine Mutter, welche die Güte selbst ist.

On doit *préférer* welcher à der, pour ne pas répéter deux fois le même mot, ou pour varier, quand il y a dans la phrase des articles qui ressemblent au pronom relatif.

Ex. : Meine Mutter, **welche** die Güte selbst ist (et non pas : die die Güte, etc.), ma mère, qui est la bonté même.

281. Wir wissen nicht, welches ihr Schätze sind.

Le *neutre* welches, de même que dieses (n° 261), peut être employé, même quand le substantif auquel il se rapporte n'est ni du neutre, ni du singulier.

Ex. : Wir wissen nicht, **welches** ihre Schätze sind, nous ne savons pas quels sont leurs trésors.

Welches sind die größten Dichter Deutschlands ? quels sont les plus grands poètes de l'Allemagne ?

282. ...Welchem Gesetz wir gehorchen müssen.

Lorsqu'on *répète* l'antécédent en français, on met en allemand l'adjectif relatif immédiatement *avant* cet antécédent ainsi répété. Dans ce cas, on se sert toujours de welcher.

Ex. : Gott hat uns das Gesetz gegeben, unsern Nächsten zu lieben, **welchem** Gesetz wir gehorchen müssen, Dieu nous a donné la loi d'aimer notre prochain, *loi à laquelle* nous devons obéir.

283. Der Mann, dessen Sohn krank ist.

Welcher, *pronom*, ne s'emploie *jamais* au *génitif*; on se sert toujours du génitif de der, soit au singulier, soit au pluriel, afin d'éviter toute amphibologie.

Ex. : Der Mann, **dessen** Sohn krank ist, l'homme dont le fils est malade.

Die Belohnung, **deren** er würdig ist, la récompense dont il est digne.

Die Armen, **deren** Wohlthäter er war, les pauvres dont il était le bienfaiteur.

Nota. — 1° On se souvient que, dans ce cas, le mot qui suit le pronom au génitif ne doit pas être précédé de l'article (n° 208).

DE L'ADJECTIF

2° La règle s'applique aussi à welcher *interrogatif*. Au lieu de welches, on emploie wessen. Ex. : Wessen ist das Haus ? à qui est cette maison ?

284. Wer mich liebt, folge mir nach.

Wer, was, sert à lui tout seul à traduire *celui qui, celle qui*. Il s'emploie généralement sans antécédent, à moins que le pronom et l'antécédent ne soient pas au même cas.

Ex. : **Wer** mich liebt, folge mir nach, celui qui m'aime, qu'il me suive.

Ich weiß, **was** ich sage, je sais ce que je dis.

Nota. — 1° On peut employer cependant l'antécédent, bien que les deux soient au même cas, lorsqu'on veut donner plus de force à l'idée contenue dans la proposition principale : Wer mich liebt, (der) folge mir nach.

2° Lorsque le pronom relatif est à un *autre cas* que l'antécédent, *on doit* les exprimer tous les deux, et les mettre chacun au cas qui lui convient,

Ex. : Wer mir nachfolgt, **den** liebe ich, j'aime celui qui me suit.

285. Wir lieben gern, die uns lieben.

Le pronom die peut en même temps servir de *complément* à un verbe et de *sujet* à un autre verbe qui suit.

Ex. : Wir lieben gern, **die** uns lieben, nous aimons volontiers ceux qui nous aiment.

286. Die Sache, wovon ich spreche.

Quand le pronom remplace un *nom de chose*, et qu'il est précédé d'une préposition, le pronom welcher se *contracte* ordinairement avec cette préposition, comme dans wovon, woran, wobei, wofür.

Ex. : Die Sache, **wovon** (au lieu de von welcher) ich spreche, la chose dont je parle.

Nota. — 1° On ne peut pas employer la contraction, quand le relatif se rapporte à un nom de *personne*.
Ex. : Der Mann, von welchem (et non wovon) ich spreche.

2° La même règle s'applique à wer interrogatif.
Ex. : Wovon sprechen Sie ? de quoi parlez-vous ?
Von wem sprechen Sie ? de qui parlez-vous ?

§ VI. — Des adjectifs et pronoms indéfinis.

287. Etwas Schönes.

Souvent, en français, les pronoms indéfinis sont *suivis* d'un *adjectif*, auquel ils sont unis par la préposition *de*. En allemand, cette préposition ne s'exprime généralement pas : l'adjectif qui suit se met au *neutre* et au *même cas* que le pronom indéfini.

Ex. : Etwas **Schönes**, quelque chose *de* beau.
Nichts **Besseres**, rien *de* meilleur.
Jemand **Großes**, quelqu'un *de* grand.
Mit was **Neuem**, avec quelque chose *de* nouveau.

288. Etwas aus der Schweiz.

Au contraire, *de*, avec les pronoms indéfinis, se traduit par une *préposition*, quand il sert à indiquer la *possession* ou la *provenance*.

Ex. : Etwas **aus** der Schweiz, quelque chose *de* la Suisse, c'est-à-dire qui *vient de* la Suisse.

Nota. — Il y a un moyen bien simple de savoir s'il faut traduire la préposition *de* ou ne pas la traduire. Chaque fois qu'on peut la remplacer par *qui est*, ou *qui s'appelle*, on ne la traduit pas. C'est la même règle que pour les appositions.

289. Einer der Soldaten, *ou* von, unter den Soldaten.

Les mots *partitifs*, qui ne sont que des pronoms indéfinis, et qui expriment une partie d'un nombre quelconque, comme Einer, Jemand, Niemand, wenig, viel, etc., veulent leur complément au génitif sans préposition, ou au *datif* avec von ou unter.

Ex. : Einer **der** Soldaten, *ou* **von**, **unter den** Soldaten, un des soldats.

290. Sie haben keinen Wein mehr.

On emploie généralement kein, non seulement pour traduire *aucun*, mais encore les expressions *ne pas de*, *ne plus de*, c'est-à-dire devant un substantif partitif accompagné d'une négation. *Plus* se rend par mehr, qui se met *après* le substantif.

Ex. : Sie haben **keinen** Wein **mehr**, ils n'ont *plus de* vin.

Wir erhalten **keine** Briefe, nous ne recevons *pas de* lettres.

Nota. — Au lieu de kein, on emploie nicht ein, dans le sens de *pas un seul*.

Ex. : Er hat nicht einen Heller, il n'a pas une obole.

291. Ich habe einige, ou welche, — keine.

On se sert souvent des pronoms indéfinis einige, welche, *quelques-uns*, pour traduire le pronom *en* : et de kein, quand il est accompagné d'une *négation*.

Ex. : Haben Sie Freunde ? — Ich habe **einige**, ou **welche**. Avez-vous des amis ? — J'en ai. — Ich habe **keine**. Je n'en ai pas.

Nota. — Cependant on pourrait dire aussi : Ich habe deren einige, welche, keine.

Chapitre IV.

DU PRONOM

292. — Nous avons vu la plupart des pronoms au chapitre précédent. Il reste à parler des pronoms *personnels* et *réfléchis*.

Pronoms personnels et Pronoms réfléchis.

En règle générale, les pronoms personnels se mettent au *même genre* et au *même nombre* que le nom dont ils tiennent la place. — Voici cependant quelques règles particulières.

293. Sehet doch das Mädchen, wie es ou sie weinet.

Lorsque le pronom de la 3e personne se rapporte à un nom *neutre* de personne, il *peut* se mettre au *neutre*, en suivant le genre grammatical ; ou bien il *peut* suivre le *genre naturel* de la personne.

>Ex. : Sehet doch das Mädchen, wie **es** weinet, ou mieux, wie **sie** weinet, voyez donc cette jeune fille, comme elle pleure.

>*Nota.* — Cela a lieu surtout pour Weib et les *diminutifs* qui sont du neutre, même quand elles se rapportent à une personne du sexe féminin. — Après Kind, on met *toujours* le *neutre*.

294. Ihr Matten lebt wohl, ihr sonnigen Weiden !

Devant les mots mis en *apostrophe*, on *peut répéter*, surtout dans le style élevé, le pronom personnel qui s'y rapporte et qui souvent ne se traduit pas en français.

>Ex. : **Ihr** Matten lebt wohl, **ihr** sonnigen Weiden ! adieu prairies, radieux pâturages !

295. *Nota.* — 1° Je dis *on peut*, car on trouve des exemples du contraire. Ex. : Sei mir gegrüßt, Vaterlands-Erde ! salut, sol de ma patrie !

2° On met aussi le pronom personnel devant des adjectifs pour traduire *que je suis*, *que vous êtes*, etc. Ich Unglücklicher, moi malheureux, malheureux que je suis ; wir armen Kinder, pauvres enfants que nous sommes : ich habe dich Elenden gefunden, je t'ai trouvé, misérable que tu es...

3° Les pronoms wir, ihr suivis d'un nom, se traduisent fréquemment par *nous autres*, *vous autres* : Wir Franzosen, nous autres Français ; ihr Preußen, vous autres Prussiens. — De plus, dans une proposition on n'est pas obligé de les répéter : **Wir** Franzosen **sind** das nicht gewohnt, *nous autres Français nous* ne sommes pas habitués à cela.

296.   Seid mir doch still.

Comme en français, le *datif* de certains pronoms personnels peut être employé d'une manière *explétive*.

>Ex. : Seid **mir** doch still, taisez-vous donc (gardez-*moi* le silence).
>
>Seid **mir** gegrüßt, je vous salue (soyez moi salué).
>
>Denke **dir** ! pense donc.

Régles pour adresser la parole à quelqu'un.

297. **Großer Gott, wir loben dich.**

On emploie la *seconde* personne du *singulier*, quand on s'adresse à *Dieu* ou aux *saints*, dans le langage *poétique* et *élevé*, — enfin dans le langage *familier*, quand on s'adresse aux enfants, frères, sœurs, parents, amis, etc...

Ex. : Großer Gott, wir loben **dich**, grand Dieu, nous vous louons.

O Tod, wie bitter bist **du** ! ô mort, que tu es amère !

Lieber Freund, wie befindest **du dich** ? cher ami, comment te portes-tu ?

Nota. — Le tutoiement est beaucoup plus usité en Allemagne qu'en France. Il s'emploie généralement pour un inférieur, les élèves..., et aussi pour les époques un peu éloignées.

298. **Seid artig, meine lieben Kinder.**

On emploie la *seconde* personne du *pluriel*, quand on s'adresse à *plusieurs* personnes réunies que l'on tutoie, à un inférieur, ou à un camarade qu'on *ne veut point tutoyer*.

Ex. : **Seid** artig, meine lieben Kinder, soyez sages, mes chers enfants.

Mein Freund, **kommet** mit mir, mon ami, venez avec moi.

Nota. — Ihr, Euer (avec des majuscules) s'emploient souvent aujourd'hui au lieu de Sie, Ihr, surtout dans les drames, les poèmes, etc.

Ihr seid an Eurem Platz, Lady ? (Schiller.)
Vous êtes à votre place, lady ?

299. **Hole Er mir die Stiefel.**

On emploie quelquefois *la 3e* personne du *singulier*, pour adresser la parole à un domestique. Cette forme est *rare* et devient facilement une injure.

Ex. : Hole Er mir die Stiefel ! cherchez mes bottes !

Nota. — Au XVIIIe siècle, cette forme, concurremment avec la 3e personne du pluriel, était employée comme forme de politesse.

300. Ich habe die Ehre, Sie zu begrüßen.

On emploie *la 3e personne du pluriel*, au lieu de la seconde, quand on veut être *poli*. Dans ce cas, le pronom commence par une *majuscule*. C'est la forme généralement adoptée aujourd'hui dans le style de la *conversation*, dans les *lettres*, etc.

Ex. : Ich habe die Ehre, **Sie** zu begrüßen, j'ai l'honneur de vous saluer.

301. *Nota*. — 1° Cette règle se fonde sur ceci, que, par politesse, on n'aime pas s'adresser directement à quelqu'un qu'on honore. On peut y comparer ces expressions : Votre Grandeur veut-*elle*, etc.

2° Il faut se rappeler cependant que cette forme est rare en poésie, même dans la poésie familière ; de plus, qu'elle n'a pris naissance qu'au siècle dernier. Il ne faudra donc pas l'employer dans les traductions et dans les imitations des auteurs de l'*antiquité* ou du *moyen âge*.

3° Il faut toujours employer dans la même proposition ou la même conversation l'adjectif possessif correspondant, Ihr, et continuer avec la même personne : Geben Sie mir Ihre Bücher, donnez-moi vos livres.

4° Les expressions françaises si souvent employées dans le langage familier : *Dis donc, dites donc*, se traduisent simplement par le pronom correspondant, suivi d'une virgule : Du, Kerl, sei doch ein wenig vernünftiger, dites donc, mon garçon, soyez donc un peu plus raisonnable.

5° *Vous* se traduit aussi par Einer, quand il est pris dans un sens général, indéterminé : Es kann Einer nichts dazu thun, vous ne pouvez (on ne peut) rien y faire ; das gefällt Einem, cela vous plaît (cela fait plaisir).

Emploi de certains pronoms.

302. Mein anderes Ich.

Le pronom de la *première* personne du singulier peut être pris *substantivement* ; dans ce cas, il reste *invariable*.

Ex. : Mein ander **Ich**, mon autre moi-même.
Das **Ich**, le *moi*, c'est-à-dire ma personnalité.

Pronom neutre Es, *il*.

303. Ce pronom est d'un *fréquent* usage en allemand. Il s'emploie non seulement pour remplacer les noms neutres, mais encore dans beaucoup de cas particuliers. — Ajoutons que es *s'élide* souvent, quelquefois même au commencement d'une phrase : Wir lassen's gut sein (nous laissons cela être bien), nous y consentons. — 's ist des Kaisers Will'..., c'est la volonté de l'empereur.

304. Es regnet. Es ist Nacht. Er klopft, etc.

Es s'emploie dans la plupart des verbes *impersonnels* (voir n° 113) :

1° Pour remplacer *il* du français.

Ex. : Es regnet, il pleut.
Es ist Nacht, il fait nuit.

305. — 2° Pour indiquer un sujet vague, mystérieux, indéterminé. Dans ce cas, il se traduit soit par *on*, soit par un sujet déterminé qu'on ajoute.

Ex. : Es klopft an der Thür, on frappe à la porte.
Es ruft aus den Tiefen, une voix se fait entendre du fond (des eaux).

306. — 3° Pour traduire *ce, cela*. Es peut alors se rapporter à des substantifs de tout genre et de tout nombre. — Cependant, pour appuyer davantage, on le remplace quelquefois par un pronom déterminatif, comme dieses ou dies, jenes, etc.

Ex. : Es ist meine Schwester, c'est ma sœur.
Es sind meine Eltern, ce sont mes parents.

307. — 4° Comme sujet *explétif* et pour faire *ressortir* le sujet réel, qui, dans ce cas, suit le verbe, pourvu que ce sujet réel ne soit pas un pronom.

Ex. : Es wanken die Regimenter, les régiments s'ébranlent.
Es lebe die Freiheit ! vive la liberté !
Es ist ein Gott, il est un Dieu.

Nota. — 1° Remarquez que, dans ce cas, c'est-à-dire quand le sujet réel est un *nom*, es ne peut pas se trouver après le verbe, et qu'il disparaîtrait dans une inversion :

Ex. : Immer lebe die Freiheit, vive toujours la liberté.

Für Alle ist ein Gott..., pour tous il y a un Dieu.

2° Quand le sujet réel est un *pronom*, celui-ci *précède* le verbe, et es le *suit*.

Ex. : Ich bin es, c'est moi ; du bist es, c'est toi.

Er ist es, c'est lui ; sie sind es, ce sont eux.

3° Souvent ces locutions, *c'est moi, c'est toi*, ne se traduisent pas, quand ils sont suivis d'un relatif. En effet, ces locutions ne servent alors qu'à appuyer sur tel ou tel mot ; or, en allemand, on peut y suppléer, en plaçant ce mot en tête de la phrase, et en le faisant ressortir dans la prononciation.

Ex. : Ihr seid schuld daran, *c'est* vous *qui* en êtes la cause.

Mich sucht Ihr ? *c'est* moi *que* vous cherchez ?

308. — 5° Pour traduire *le, la, les*, compléments dans les phrases qui répondent à une interrogation.

Ex. : Seid ihr jener Mann? Ich bin es. Etes-vous cet homme ? Je *le* suis.

Seid ihr fleißig ? Wir sind es. Etes-vous appliqué ? Nous *le* sommes.

Nota. — On pourrait remplacer es par un autre pronom et dire par exemple : Das bin ich, je le suis.

309. — 6° Comme complément *explétif*, après plusieurs verbes, tels que meinen, avoir une opinion, être disposé ; wagen, oser. Dans ce cas il sert souvent à annoncer la proposition qui suit.

Ex. : Er meint es gut, il est bien disposé.

Ich wagte es nicht, mit ihm zu sprechen, je n'osais lui parler.

Nota. — Comparez ce dernier cas aux pronoms explétifs daran, darauf, darein, darüber, etc.... qui souvent servent aussi à annoncer une proposition. (Voir n° 350.)

Pronom réfléchi de la 3e personne.

310. Dieser Mann spricht von sich.

On doit toujours employer le pronom *réfléchi* de la 3e personne, au lieu du pronom personnel qui est en français, quand ce pronom se rapporte au sujet même de la proposition.

>Ex. : Dieser Mann spricht von **sich** (et non von ihm), cet homme parle de lui. (Von ihm indiquerait qu'il parle d'un autre que de lui-même.)

311. *Nota.* — 1º Souvent on ajoute au pronom personnel ou réfléchi, le mot invariable selbst ou selber, *même*, soit pour donner plus de force, soit pour éviter l'équivoque.

>Ex. : Von sich **selbst**, de lui-même. — Er ist seiner **selbst** nicht Herr, il n'est pas maître de lui-même.

2º Au pronom réfléchi on ajoute einander, *l'un l'autre*, pour exprimer la réciprocité. Quelquefois même ce mot le remplace tout à fait.

>Ex. : Sie schaden (sich) **einander**, ils se nuisent. — Liebet einander, aimez-vous les uns les autres.

Ce mot est souvent nécessaire : Ainsi liebet euch, voudrait dire aussi bien : aimez-vous (vous-même), tandis que liebet einander exprime bien la réciprocité.

3º Pour éviter l'équivoque, on remplace einander par eines des (dem, den) andern. Les deux mots se déclinent et se mettent au cas voulu par le rôle qu'ils jouent dans la phrase.

>Ex. : Wir erinnern uns **einer des andern**, nous nous souvenons l'un de l'autre.

312. **Manière de rendre les pronoms *en* et *y*.**

Nous résumons ici les règles pour traduire ces deux pronoms. (Voir nᵒˢ 265, 267, 291.)

1º *En* et *y* se rendent par un *pronom démonstratif ou personnel* dans les phrases suivantes et autres semblables.

>Ex. : Haben Sie Brüder? Ich habe **deren**. Avez-vous des frères? J'en ai.
>
>Glauben Sie an Gott? Ich glaube an **ihn**. Croyez-vous en Dieu? J'y crois.

Nota. — Quand il s'agit d'une chose, *en* se rend par davon, ou par un mot semblable comme darum, darunter, darüber, dabei, darauf, selon la préposition que gouverne le verbe ou l'adjectif — *Y* se traduit d'une manière analogue (daran, dafür, darnach, etc.).

Ex. : Sprechen Sie nicht mehr davon, n'en parlez plus. — Wer bekümmert sich darum, qui s'en inquiète ? — Wir haben alle darunter gelitten und betrüben uns jetzt noch darüber, nous en avons tous souffert et nous nous en affligeons encore. — Ich bin stolz darauf, j'en suis fier.

Denket daran, pensez-y. — Ich interessire mich dafür, je m'y intéresse. — Er war darauf gefaßt, il s'y attendait. — Es liegt uns viel daran, nous y tenons beaucoup, etc...

313. — 2° *En* se rend quelquefois par un *pronom indéfini*, comme dans ces phrases :

Ex. : Habe Sie Freunde? Ich habe **einige** ou **welche**. Avez-vous des amis? J'en ai.
Hat er Geld? Er hat **etliches**... er hat **keines**. A-t-il de l'argent? Il en a... Il n'en a pas.

314. — 3° *En* peut se *sous-entendre* avec un adjectif *numéral*, ou *indéfini*, ou un adverbe de *quantité*.

Ex. : Wie viele Brüder hast du? Ich habe (deren) **zwei**. Combien avez-vous de frères? J'en ai deux.
Hat er viele Freunde? Er hat (deren) sehr **wenige**. A-t-il beaucoup d'amis? Il en a très peu.

315. — 4° *En*, remplaçant en français l'adjectif possessif *son, sa, ses, leur, leurs*, se rend en allemand par cet adjectif.

Ex. : Dieser Palast ist schön : **seine** Gemächer sind prächtig, ce palais est beau : les appartements *en* sont magnifiques (ses appartements sont...).

316. — 5° *En* et *y*, adverbes, se rendent par les adverbes correspondants : davon, daraus, daher, von da ou dort, *en (éloignement)* ; — da, dort, dabei, *y* (sans mouvement), darein, hin, dahin, dazu, *y* (avec mouvement).

Ex. : Sie gehen spazieren, und ich komme **davon**. Vous allez vous promener et moi, j'*en* viens...
Kommen Sie aus der Kirche? Ich komme **daraus**. Venez-vous de l'Eglise? j'*en* viens.
Er ist in Paris; wir kommen **daher**. Il est à Paris, **nous *en* venons**.

Da bin ich. M'y voilà.
War er **dort**? Y était-il?
Wir waren **dabei**. Nous y étions. Er ging **hin** ou **dahin**. Il y alla.
Ich gehe in die Schule: kommen Sie auch **darein**?
Je vais à l'école: venez-y aussi, etc.

Nota. — Remarquez encore les expressions suivantes :

Er ist dadurch nicht reicher geworden, il n'*en* est pas devenu plus riche.
Er ist nur desto strafbarer, il n'*en* est que plus coupable.
Er weiß nicht, wie er es anfangen soll, il ne sait comment *s'y* prendre.
Wie er sich dazu anstellt..., de la manière dont il *s'y* prend...
Ich werde mich nicht mehr anführen lassen, on ne m'y prendra plus.
Ich bin in die Schlinge gegangen, j'y suis pris.
Ich sehe gar nichts, je n'y vois goutte.
Ich kann nicht mehr aushalten, je n'y tiens plus.
Es liegt mir nicht viel daran, je n'y tiens pas, je ne m'en soucie guère.
Verstehen Sie? Y êtes-vous (comprenez-vous)?
Sind Sie bereit *ou* fertig? Y êtes-vous (êtes-vous prêt)?
Haben Sie die Seite? Y êtes-vous (avez-vous la page) (1)?

Chapitre V.
DU VERBE

17. — Nous aurons ici quatre choses à considérer :
 1° Accord du verbe et de l'attribut avec le sujet.
 2° Régimes des verbes.
 3° Emploi des temps et des modes.
 4° Emploi particulier de certains verbes.
  De là quatre articles.

---

(1) Voir : *La construction allemande*, par B. RAUGEL, 2ᵉ éd.. p. 91 et suiv.

§ Iᵉʳ. — Accord du verbe et de l'attribut avec le sujet.

I. Verbe et sujet.

Le sujet peut être, soit un *substantif* ou un mot pris substantivement, soit un *pronom*.

Substantif servant de sujet.

318.   Gott ist heilig.

Quand le sujet est un *substantif*, le verbe se met toujours à *la 3ᵉ* personne du *singulier* ou du *pluriel*, selon que le sujet est du singulier ou du pluriel.

Ex. : Gott **ist** heilig, Dieu est saint.
Die Rosen **sind** schön, les roses sont belles.

319.   Die Rose und die Lilie sind Blumen.

Quand le sujet est composé de *plusieurs* substantifs au *singulier*, unis par la conjonction und, *et*, le verbe se met généralement au *pluriel*.

Ex. : Die Rose und die Lilie **sind** Blumen, la rose et le lis sont des fleurs.

320.   Geld und Gut macht das Glück nicht.

Cependant le verbe peut se mettre au *singulier* dans les cas suivants :

1º Si les sujets unis par und sont *synonymes*.
2º S'ils sont placés *après* le verbe (inversion).
3º Si ce sont des *infinitifs*.
4º Dans les formules d'*arithmétique*.

Ex. : Geld und Gut **macht** das Glück nicht, l'argent et la fortune ne font pas le bonheur.
Mir **sagte** Vater und Mutter, le père et la mère me disaient.
Hoffen und Harren **macht** Manchen zum Narren, l'espérance et l'attente font bien des dupes.
Zweimal zwei **ist** vier, deux fois deux font quatre.

Nota. — Gœthe dit même : 𝔄n der einen Seite stand ein Tisch, ein Sessel, mehrere Stühle, d'un côté étaient une table, un fauteuil et plusieurs chaises (stand, au singulier, bien que dans l'énumération se trouve un pluriel).

321. Entweder mein Vater oder meine Mutter kommt.

On met encore le verbe au *singulier*, lorsque plusieurs sujets au singulier sont unis par une des conjonctions, entweder — oder, ou — ou ; so wohl — als, aussi bien — que, et — et ; weder — noch, ni — ni.

Ex. : Entweder mein Vater, oder meine Mutter **kommt**, ou mon père ou ma mère viendra.

322. Eine Menge Soldaten sind *ou* ist angekommen.

Quand le sujet est un nom *collectif* suivi d'un *pluriel*, on *peut* mettre le verbe au *singulier* ou au *pluriel*.

Ex. : Eine Menge Soldaten **sind** ou **ist** angekommen, une foule de soldats est arrivée.

323. Der Herr Graf haben dies befohlen.

Il est plus respectueux de mettre le verbe à la 3ᵉ personne du *pluriel*, quand on désigne un grand personnage par son nom de titre ou de dignité.

Ex. : Der Herr Graf **haben** dies befohlen, Monsieur le comte a ordonné cela?
Seine Eminenz der Kardinal **haben** gesprochen, Son Eminence le cardinal a parlé.
Wollen Ew. Majestät... erlauben? *(Kotzebue).* Votre Majesté veut-elle permettre ?

Pronoms servant de sujet.

324. Er spielt, wir schreiben.

Quand le sujet est un pronom, le verbe *s'accorde* avec ce pronom en nombre et en personne.

Ex. : Er **spielt**, wir **schreiben**, il joue, nous écrivons.

325. Du und ich, wir wissen es.

Lorsque les pronoms sont de *différentes personnes*, le verbe se met au *pluriel* et suit toujours la personne *la plus noble*. La première personne est considérée comme plus noble que la seconde, la seconde plus noble que la troisième.

> Ex. : Du und ich, **wir wissen** es, toi et moi, nous le savons.
>
> Du und er, **ihr wisset** nichts davon, toi et lui, vous n'en savez rien.

326. Entweder du oder ich muß sterben.

Lorsque les pronoms, à différentes personnes, sont unis par une des conjonctions *ou*, *ni* — *ni*, le verbe *peut* s'accorder avec le *dernier* sujet, ou bien se mettre au *pluriel* en suivant la personne *la plus noble*.

> Ex. : Entweder du oder ich **muß** sterben, ou toi ou moi nous mourrons.
>
> Ich weiß nicht, ob du oder ich **abreisen**, je ne sais si toi ou moi nous partirons.

Nota. — On pourrait dire aussi, et même mieux : Du mußt sterben, oder ich, — ob du abreisest, oder ich...

327. Du, der du so gut bist, *ou* der so gut ist.

Lorsque les pronoms des deux premières personnes, singuliers ou pluriels, sont *suivis* d'un pronom relatif (*moi qui, toi qui, nous qui, vous qui*), on peut mettre le verbe à la *même* personne que le pronom, en ayant soin de *répéter* ce dernier après le relatif ; ou bien on peut le mettre à la *troisième personne, sans répéter* le *pronom personnel*.

> Ex. : Du, **der du** so gut **bist**, ou **der** so gut **ist**, toi qui es si bon.

Nota. — 1º On ne répète *jamais* le pronom de la *3ᵉ personne*. On dira toujours : Er, der so gut ist, lui qui est si bon.

2º On ne répète pas non plus le pronom après ces expressions, ich bin es, du bist es, etc. Il faut donc dire : Ich bin es, der mit euch spricht. C'est moi qui vous parle.

328. Es sind meine Eltern.

Quand le verbe est précédé du pronom neutre es, comme sujet explétif, il s'accorde avec le sujet réel qui suit.

Ex. : Es **sind** meine Eltern, ce sont mes parents.
Es **kommen** Soldaten, il vient des soldats.

Nota. — Il ne faut pas confondre, avec ces verbes, le verbe impersonnel **es gibt**, il y a, où le pronom indéfini est considéré non comme sujet explétif, mais comme sujet réel, et le mot qui suit comme complément.

Ex. : Es gibt Leute, il y a (mot à mot, cela donne, on voit) des hommes.

329. Ich kam, sah und siegte.

Quand il y a plusieurs verbes qui se suivent dans la même phrase, et qui ont pour sujet le même pronom personnel, il suffit d'exprimer ce pronom devant le premier verbe.

Ex. : **Ich** kam, sah und siegte, je suis venu, j'ai vu et j'ai vaincu.

Nota. — On verra qu'il en est de même, quand le pronom est complément de plusieurs verbes. (N° 340.)

330. Lieb Knabe, bist mein.

Souvent, dans le langage familier ou naïf, on *supprime* le *pronom* qui sert de *sujet*, et on le sous-entend, quand d'ailleurs il n'y a lieu à aucune amphibologie.

Ex. : Lieb Knabe, **bist** mein (au lieu de du bist). Cher enfant, je te tiens (tu es à moi).
Bin auch dabei (au lieu de ich bin), j'en suis aussi.

331. Heute wird getanzt.

On *peut* toujours retrancher le pronom-sujet dans les verbes passifs employés impersonnellement, quand il y a *inversion*.

Ex. : Heute **wird** getanzt, on danse aujourd'hui.
Mich **hungert** sehr, j'ai bien faim.

II. Accord de l'attribut avec le sujet.

332. L'attribut est un terme qui exprime que telle ou telle qualité convient au sujet. Ce terme peut être soit un substantif, soit un adjectif, soit un participe ; il est uni au sujet principalement par les verbes *être* ou *devenir*, aussi par certains verbes marquant un état. (N° 337.)

333. Paris ist eine Stadt.

Quand l'attribut est un *substantif*, il s'accorde simplement en *cas* avec le sujet.

Ex. : Paris ist eine Stadt, Paris est une ville.
Der König ist die Hoffnung des Landes, le roi est l'espérance du pays.

334. Diese Frau ist eine Malerin.

Cependant lorsque l'attribut est un nom qui a deux formes, l'une pour le masculin, l'autre pour le féminin, il doit *aussi* s'accorder en *genre* avec le sujet.

Ex. : Diese Frau ist eine Maler**in**, cette femme est peintre.
Diese Frauen sind Freund**innen**, ces femmes sont amies.

335. Das Leben ist kurz.

Quand l'attribut est un adjectif, ou un participe, il reste *invariable*. (N° 237.)

Ex. : Das Leben ist **kurz**, la vie est courte.
Der Vater und die Mutter sind **gut**, le père et la mère sont bons.
Die Stadt ist schön **gebaut**, la ville est bien bâtie.

336. Ich finde das Leben so kurz.

Souvent l'adjectif attribut est séparé du sujet par un verbe sous-entendu. Il reste alors également *invariable*. — Cela a lieu après certains verbes actifs comme finden, trouver; machen, faire, rendre, quand on fait rapporter l'adjectif au verbe et non au complément.

> Ex. : Ich finde das Leben so kurz, je trouve la vie si courte (c'est-à-dire, que la vie *est* si courte).

337.   Sein Bruder heißt Karl.

Après les verbes werden, devenir ; heißen, se nommer ; bleiben, rester ; scheinen, paraître, le substantif qui suit peut être considéré comme *attribut* et reste, par conséquent, au *nominatif*.

> Ex. : Sein Bruder heißt **Karl**, son frère se nomme Charles.
>
> Er blieb mein Freund und schien mein Gegner, il resta mon ami en paraissant être mon adversaire.

Nota. — Cependant, après werden on met souvent zu et le datif. Cela a lieu quand on veut indiquer une transformation complète : Das Wasser wird zu Eis, l'eau devient (se change *en*) glace.

338.   Er starb als ein Held.

Le substantif est encore considéré comme attribut, quand il sert de terme de comparaison et qu'il est précédé de als ou wie, *comme, en*.

> Ex. : Er starb als **ein Held**, il mourut en héros.

§ II. — Régimes des Verbes.

339. — Le verbe est susceptible de prendre trois sortes de régimes ou compléments : le complément *direct*, le complément *indirect* et le complément *circonstantiel*.

Pour exprimer ces régimes, on se sert en allemand des cas des déclinaisons, soit du génitif, soit du datif, soit de l'accusatif, avec ou sans préposition.

Le nominatif ne sert jamais de complément, mais seulement de sujet ou d'attribut.

La nature du complément dépend surtout de la nature du verbe qui, on le sait, peut avoir ou un sens actif, ou un sens passif, ou un sens neutre.

340. — Quand *plusieurs* verbes ont le *même complément*, il suffit de l'exprimer *une fois* en allemand, même quand le contraire existe en français.

>Ex. : Mein Vater liebt und belohnt **mich**, mon père *m*'aime et *me* récompense.
>
>Er schmeichelt, aber trauet **diesem Kameraden** nicht, il flatte cet individu, mais il ne se fie pas a lui (schmeicheln et trauen gouvernent tous deux le datif).

Nous aurons donc ici trois paragraphes :
1º Complément direct ;
2º Complément indirect ;
3º Complément circonstantiel.

§ I. — COMPLÉMENT DIRECT

Ce sont les verbes actifs qui peuvent avoir un complément direct, et par exception les verbes neutres.

Ce complément est ou bien un substantif ou un pronom, ou bien un verbe à l'infinitif.

A. Substantifs ou pronoms servant de complément.

341.   Ich liebe meinen Vater.

Le substantif ou le pronom qui sert de complément direct à un verbe actif se met à l'*accusatif* sans préposition.

>Ex. : Ich liebe **meinen Vater**, j'aime mon père.
>
>Ich höre **Sie** wohl, je vous entends bien.

342.   Er lehrt mich die deutsche Sprache.

Plusieurs verbes actifs gouvernent *deux accusatifs*, l'un pour le nom de la personne, l'autre pour le nom de la chose.

Ces verbes sont : lehren, enseigner ; heißen (1), nommer ; fragen, demander ; taufen, baptiser ; nennen, appeler ; schelten, injurier ; schimpfen, insulter, traiter de.

---

(1) Heißen est aussi neutre dans le sens de *se nommer*, et veut le nom qui suit au nominatif. (Nº **337**.)

Ex. : Er lehrt **mich** die deutsche Sprache, il m'enseigne la langue allemande.

Ich nenne **dich** einen Ehrenmann, je vous appelle un homme d'honneur.

Er hat **mich** dieses und jenes gefragt, il m'a demandé ceci et cela.

Nota. — 1° Au *passif*, ces mêmes verbes se construisent avec *deux nominatifs* : Er wird ein Ehrenmann genannt, on l'appelle (il est appelé) un homme d'honneur.

2° Heißen, lehren, sont souvent employés avec le *datif* de la personne.

3° Fragen veut um (acc.) dans le sens de *demander pour obtenir* : Um Rath fragen, demander conseil ; — et nach (dat.) dans le sens de *s'informer, se soucier* : Er fragte nach Ihnen, il s'informa de vous...

343. Er spielt die Flöte.

Un certain nombre de verbes, *neutres* en français, sont *actifs* en allemand, et gouvernent par conséquent l'*accusatif*. Ce sont :

Spielen, jouer ; brauchen, avoir besoin de ; mißbrauchen, abuser de ; entbehren, se passer de ; überleben, survivre à, etc.

Ex. : Er spielt **die Flöte**, il joue *de* la flûte.

Mißbraucht eure Talente nicht, n'abusez pas *de* vos talents.

Nota. — 1° Il existe aussi la *réciproque*, c'est-à-dire des verbes, actifs en français, sont neutres en allemand. (N° 352.)

2° Brauchen, mißbrauchen, entbehren se rencontrent aussi avec le *génitif*.

3° Sprechen (dans le sens *d'entretenir*), gouverne aussi quelquefois l'*accusatif* : Ich wünsche den Minister zu sprechen, je désire parler *au* ministre. (Voir n° 353, 7°.)

344. Schlafet euren Schlaf, Ihr Großen der Erde.

Il y a en allemand des verbes qui, tout en restant *neutres*, prennent cependant un complément *direct* et semblent ainsi devenir actifs. Cela a lieu lorsque le complément et le verbe ont la même *racine* ou la même *signification*.

Ex. : Schlafet Euren Schlaf, Ihr Großen der Erde, dormez votre sommeil, grands de la terre.
Einen Kampf kämpfen, livrer un combat.
Thränen weinen, verser (pleurer) des larmes.

345.   **Er hat sich müde gelaufen.**

La plupart des verbes *neutres* exprimant *mouvement* peuvent devenir *actifs* en allemand, au moyen d'un adjectif qui sert à déterminer l'action et qui reste invariable.

Ex. : Er hat **sich** müde gelaufen, il s'est fatigué en marchant.
Er weinte sich **die Augen** roth, il s'est rougi les yeux en pleurant.
Ich habe **mich** halb todt gelacht, je suis à moitié mort de rire (je me suis ri à moitié mort).

Nota. — 1° Ces germanismes se rencontrent fréquemment. Il est facile de les traduire en français, en faisant de l'adjectif le verbe principal et en tournant le verbe par un participe ou par un infinitif.

Ainsi, au lieu de dire : il s'est marché fatigué, comme en allemand, on dira : il s'est fatigué en marchant, ou à force de marcher, etc.

2° On rencontre les mêmes germanismes pour certains verbes actifs. Ainsi on dit : Einen todt schlagen (frapper quelqu'un mort), tuer quelqu'un, etc. ; etwas nothwendig haben (avoir quelque chose nécessaire), avoir besoin de quelque chose, etc.

346.   **Es hagelte große Steine.**

Il y a aussi des verbes *impersonnels* qui sont pris dans un sens *actif* et ont un complément *direct*. Tels sont : es hagelt, *il grêle* ; es schneiet, *il neige* ; es regnet, *il pleut* ; es gibt, *il y a...*, auxquels il faut ajouter quelques verbes qui ont une construction *particulière*, comme : es hungert mich, j'ai faim. (N° 116.)

Ex. : Es hagelte **große Steine**, il a grêlé de grosses pierres.
Es gibt **einen Gott**, il y a un Dieu.

DU VERBE

347.   **B. Infinitif servant de complément.**

L'infinitif qui sert de complément direct à un autre verbe, lui est uni avec ou sans les prépositions *de* ou *à*, en allemand zu.

Disons de suite qu'entre les deux langues, la conformité n'est pas parfaite, c'est-à-dire il y a des verbes qui prennent la préposition en français et qui la rejettent en allemand, et réciproquement.

De là les règles suivantes :

348.   Ich lerne reiten.

Il n'y a que quatre verbes qui *rejettent* devant l'infinitif, qui leur sert de complément, la préposition qui existe en français. Ce sont :

heißen, ordonner ;   lehren, enseigner ;
helfen, aider ;   lernen, apprendre.

Ex. : Ich lerne **reiten**, j'apprends à monter à cheval.
Er hilft mir **arbeiten**, il m'aide à travailler.

Nota. — 1° Dans ce cas, le complément qui accompagne heißen, lehren, se met forcément à l'accusatif : Er hieß **mich** gehen, il m'ordonna, il *me* dit de partir ; er lehrt **mich** reiten, il m'apprend à monter à cheval.

2° Il faut en dire autant de lassen, laisser faire : Ich lasse die Schüler ihre Aufgabe machen, je laisse faire *aux* écoliers leur devoir.

349.   Er weiß zu leben.

Par contre, un assez grand nombre de verbes régissent l'*infinitif* avec zu, tandis qu'ils rejettent la préposition en français. Ce sont en particulier ceux qui expriment une opinion, un aveu ou une tendance. En voici les principaux :

Begehren, désirer ;   gehen, aller ;
behaupten, prétendre ;   geruhen, daigner ;
bekennen, avouer ;   gestehen, avouer ;
denken, penser ;   glauben, croire ;
erkennen, reconnaître ;   hoffen, espérer ;
erzählen, raconter ;   läugnen, nier ;
sich einbilden, **s'imaginer** ;   meinen, opiner, croire ;

scheinen, paraître ; versichern, assurer ;
schwören, jurer ;   vorziehen, préférer ;
thun, faire ;   wissen, savoir ;
vermögen, pouvoir ;   wünschen, désirer.

Ex. : Er weiß zu leben, il sait vivre.
Sie erzählte mir, dies gesehen zu haben, elle me raconta avoir vu cela.
Ich bildete mir ein, Ihnen Freude zu machen, je m'imaginais vous faire plaisir.
Er scheint zu schlafen, il paraît dormir.
Ich thue euch zu wissen, je vous fais savoir.

Nota. — 1º On peut y ajouter : Sich erkühnen, s'enhardir ; sich getrauen, avoir assez de confiance pour... ; sich unterstehen, avoir l'audace de ; wagen, se risquer à, qui se traduisent généralement tous les quatre par *oser*.

2º Remarquez que sein et haben eux-mêmes peuvent être suivis d'un infinitif, avec ou sans zu : Es ist zu sehen, on *peut* voir (il est à voir) ; hier ist gut sein, il *fait* bon (être) ici. — Ich hatte nichts zu antworten, je n'eus rien à répondre ; er hat gut reden, il a beau parler (cela est facile). — Souvent l'infinitif se prend substantivement avec zum : Es ist nicht zum Aushalten, c'est à n'y pas tenir (ce n'est pas à supporter) ; es ist nicht zum Lachen, aber zum Weinen, ce n'est pas à en rire, mais à en pleurer...

350.   Er wagte es, mir zu antworten.

Assez souvent, pour plus de clarté ou de force, l'infinitif est *annoncé* dans la proposition dont il dépend, par un pronom neutre soit à l'accusatif comme es, das..., soit à un autre cas, combiné avec une préposition, comme darauf, darnach, daran, etc..., selon la nature du verbe.

Ex. : Er wagte **es**, mir zu antworten, il osa (cela) me répondre (il eut *cette* audace de me répondre).
Ich verzichte **darauf**, diese Reise zu unternehmen, je renonce (à cela, à savoir) à faire ce voyage.

Nota. — 1º La même chose peut avoir lieu avec certains adjectifs : Ich bin stolz darauf, für einen rechten Christen gehalten zu werden, je suis fier (de cela) d'être considéré comme un bon chrétien.

2º Quand la proposition infinitive est remplacée par une proposition relative : Die That bewährt es, daß sie die Wahrheit spricht, l'avénement prouve (cela) qu'elle dit la vérité. — Wer zweifelt daran, daß Sie ein ehrlicher Mann sind? qui doute (de cela), que vous soyez un honnête homme ? — Ich bin stolz darauf, daß man mich für einen Christen halte, je suis fier (de cela) qu'on me prenne pour chrétien.

§ II. — COMPLÉMENT INDIRECT

La plupart des verbes, soit actifs, soit neutres, soit passifs, peuvent avoir un ou plusieurs compléments indirects.

On distingue deux sortes de compléments indirects : celui de *tendance*, qui indique le point où l'on va, où l'on tend, et celui d'*éloignement*, qui indique le point de départ.

A. Complément indirect de tendance.

Datif sans préposition.

351. Ich gebe dem Armen ein Almosen.

Le complément indirect des verbes tant actifs que neutres, exprimé en français par la préposition *à*, se met généralement au *datif* sans préposition.

Ex. : Ich gebe **dem Armen** ein Almosen, je donne une aumône au pauvre.
Die Musik gefällt **mir**, la musique me plaît.

352. Ich danke Ihnen.

Un certain nombre de verbes, *actifs* en français, sont *neutres* en allemand et gouvernent aussi le *datif*. Les uns sont simples, les autres composés ; tels sont :

Verbes simples :	*Verbes composés :*
Danken, remercier ;	Ausweichen, éviter ;
dienen, servir ;	begegnen, rencontrer ;
drohen, menacer ;	beistehen, assister ;
folgen, suivre ;	beistimmen, applaudir, approuver ;
fluchen, maudire ;	nachahmen, imiter ;
glauben, croire ;	nachjagen, poursuivre ;
helfen, aider ;	vorbeugen, prévenir (un danger...) ;
leuchten, éclairer (avec une lumière) ;	widersprechen, contredire ;
lohnen, payer, récompenser ;	zuhören, écouter ;
nahen, approcher ;	zusehen, regarder ;
schmeicheln, flatter ;	zuvorkommen, prévenir, aller au-devant.
trotzen, braver.	

Ex. : Ich danke **Ihnen**, je vous remercie.
Er trotzet seinem Herrn, il brave son maître.
Stehet **den Armen** bei, assistez les pauvres.

353. *Nota.* — 1° On voit que la plupart de ces verbes composés renferment une préposition gouvernant le datif. De là, la nature de ces verbes.

2° Begegnen intervertit quelquefois les rôles, le sujet français devient complément en allemand et réciproquement : Es ist mir Niemand begegnet, *je n'ai rencontré personne*. — D'autres fois il signifie *arriver* : Ein Unglück ist mir begegnet, il m'est arrivé malheur.

3° Glauben veut seulement au datif le nom de la personne ou de la chose qui doit faire foi, mais il veut à l'accusatif le nom de la chose qui est crue. Ex. : Ich glaube Ihnen, je vous crois. — On dit aussi : an etwas, an Jemand glauben, croire en quelque chose, en quelqu'un. Mais on dira : Ich glaube Ihnen das, je vous crois cela.

4° Drohen veut également le nom de la chose dont on est menacé à l'accusatif et plus souvent au datif avec mit : Sie drohen mir einen (*ou* mit einem) bittern Tod, ils me menacent *d'une* mort cruelle.

5° Lohnen veut aussi le nom de la chose à l'accusatif : Gott lohne dir deine Mühe, que Dieu vous récompense *de* votre travail. Quelquefois l'accusatif est précédé de für : Ich lohne dich für deine Mühe... **Souvent il est remplacé par** belohnen, actif.

6° Nachahmen veut quelquefois l'accusatif, quand il signifie *reproduire*, singer. Schiller dit : Böse Geister ahmen die Un=schuld siegreich nach, *les mauvais esprits imitent* (c'est-à-dire singent) *à s'y tromper l'innocence.* — Einen Schauspieler nachahmen signifie : *contrefaire un acteur*, reproduire ses gestes, et, einem Sch... (dat.)..., le prendre pour modèle.

Plusieurs autres verbes prêtent à des observations analogues. Ainsi :

7° Dünken (däuchten) sembler, est suivi du datif ou de l'accusatif (le datif est cependant mieux) : mir ou mich dünkt (däucht), *il me semble.*

Gelten, *valoir* ou *y aller*, veut l'accusatif : es gilt einen Franken, *cela vaut un franc ;* es gilt dein Leben, il y va de ta vie. — Dans le sens de *s'adresser*, il veut le datif : es gilt dir, cela s'adresse à toi.

Rufen, *appeler*, veut ordinairement l'accusatif ; mais on trouve aussi le datif, et même avec zu (invoquer, crier vers) : Den Arzt rufen, appeler (faire venir) le médecin ; du hast mir *ou* mich gerufen, tu m'as appelé ; — Gott, zu dem ich rief *(Schiller)*, Dieu que j'ai invoqué.

Steuern, *gouverner* (ramer), veut l'accusatif au propre, et le datif au figuré : Das Schiff steuern, diriger le vaisseau ; — dem Unrecht steuern, faire face à l'injustice.

Versichern, *assurer*, veut au datif le nom de la personne et à l'accusatif celui de la chose. C'est souvent le contraire du français : Er versicherte ihm die Wahrheit, il l'assura de la vérité.

Antworten, *répondre*, veut au datif le nom de la personne à laquelle on répond : Antworte mir, réponds-moi ; — et à l'accusatif avec auf, celui de la chose : Antworte auf meine Fragen, réponds à mes questions.

Sprechen, *parler*, veut ordinairement le datif avec mit — quelquefois l'accusatif dans le sens de entretenir : Mit Einem (ou Einen) sprechen. (N° 343, nota 3.)

Complément indirect exprimé au moyen d'une préposition.

354.   Die Tugend führt zum Glücke.

On emploie le *datif* avec la préposition zu, *vers*, après les verbes qui indiquent un but à atteindre ou une transformation, le passage d'un état à un autre à opérer Tels sont :

Führen, conduire ;	dienen, servir (à q. q. chose) ;
ermahnen, exhorter ;	nützen, taugen, être utile, bon à ;
erheben, élever (au rang) ;	bestimmen, déterminer, destiner ;
locken, attirer ;	
(er)wählen, choisir ;	sich entschließen, se décider ;
reizen, exciter ;	nöthigen, obliger ;
machen, faire ;	zwingen, forcer, contraindre.

Ex. : Die Tugend führt **zum** Glücke, la vertu conduit au bonheur.

Sie wollen ihn **zu** ihrem Hauptmann machen, ils veulent en faire leur capitaine.

Wozu (zu was) nützet das? A quoi cela sert-il ?

Er wurde **zum** Rückzug genöthigt, il fut obligé à la retraite.

Nota. — 1º Dans ce cas zu se *contracte* ordinairement avec l'article : zum, zur...

2º A ces verbes on peut rattacher werden qui (voir nº 337, nota) souvent prend aussi zu, pour indiquer le passage d'un état à un autre.

3º Après dienen, on remplace quelquefois zu par als. Er diente mir als Muster, il me servit de modèle.

355.   Er trachtet nach Glück.

Au contraire, on emploie la préposition **nach**, *vers, après*, suivie également du *datif*, après les verbes qui indiquent que le mouvement ne sort pas du sujet, c'est-à-dire après les verbes qui expriment un désir, une tendance, une inclination ou une direction. Tels sont :

Fragen, demander (après) ;
gehen, aller ;
sich erkundigen, s'informer de ;
sich sehnen, aspirer à ;
schmachten, désirer ardemment ;
schmecken, avoir un goût de ;
trachten, streben, tendre à.

Ex. : Er trachtet **nach** Glück, il tend au bonheur.
Er fragt **nach** seinem Vater, il demande après son père.
Es schmeckt **nach** Essig, cela a un goût de vinaigre.
Ich gehe **nach** Frankreich, **nach** Paris, je vais en France, à Paris.

Nota. — Cependant avec gehen on remplace nach par zu dans certaines locutions, surtout quand le but du mouvement est une personne, ou un lieu étroitement circonscrit : Ich gehe zum Vater, — zu Tische, zu Bette, zur Schule, zur Kirche, zur Schmiede, je vais chez mon père..., à table, au lit, à l'école, à l'église, à la forge...

356. Dort an die Wand hängte er sein Schwert.

Les verbes qui expriment l'idée de suspendre ou d'attacher, soit physiquement, soit moralement, gouvernent ordinairement l'*accusatif* avec **an**, *à*. Tels sont :

Binden, attacher ; hängen, suspendre ;
denken, penser ; sich gewöhnen, s'habituer ;
glauben, croire (en) ; sich kehren, se tourner vers, s'adresser à.

Ex. : Dort **an** die Wand hängte er sein Schwert, il suspendit son épée au mur.
Er glaube **an** Liebe und Treue, qu'il croie à l'amour et à la fidélité.

Nota. — Plusieurs de ces verbes gouvernent le *datif* avec la même préposition an, lorsqu'ils expriment *l'état* au lieu de l'action : An der Wand hangen, angebunden sein, être suspendu, être attaché au mur.

357. Ich zweifle an seiner Treue.

Un certain nombre de verbes, suivis surtout en français de *de* ou *en*, gouvernent de même **an**, mais avec le *datif*. Ce sont surtout :

Abnehmen, diminuer, décroître ; Lust haben, se plaire ;
sich ergötzen, se récréer ; leiden, souffrir ;
fehlen, manquer ; Theil nehmen, prendre part ;
gleichen, ressembler ; sich rächen, se venger ;

sich sättigen, se rassasier ;   wachsen, croître, grandir ;
übertreffen, surpasser ;   zunehmen, augmenter ;
verzweifeln, désespérer ;   zweifeln, douter.

> Ex. : Ich zweifle **an** seiner Treue, je doute de sa fidélité.
>
> Es fehlt ihm **an** Muth und (an) Kraft, il manque de courage et de force.

358. Es war mit ihm bis in den Tod vereinigt.

On met le *datif* avec **mit**, après les verbes qui indiquent une union plus parfaite. Ces verbes sont ordinairement suivis en français des prépositions *à* ou *de*, ayant le sens de *avec*. Tels sont :

Sich begnügen, se contenter de ;   füllen, remplir ;
sich behelfen, s'accommoder de ;   schmücken, orner ;
bekränzen, couronner ;   umgeben, entourer de ;
beladen, charger de ;   vereinigen, unir ;
bemalen, orner de ;   verbinden, lier ;
besetzen, charger de ;   vermählen, marier ;
sich beschäftigen, s'occuper de ;   vergleichen, comparer ;
beschenken, gratifier de ;   versehen, pourvoir de, etc.

> Ex. : Er war **mit ihm** bis in den Tod vereinigt, il lui était uni jusqu'à la mort.
>
> Wenn ich mich **mit ihm** vergleiche, si je me compare à lui.
>
> **Mit** edlen Steinen besetzen, garnir de pierres précieuses.

Nota. — On peut y ajouter : Anfangen, beginnen, commencer *par* ; groß thun, se vanter *de* ; es gut meinen, vouloir du bien à... ; prahlen, faire parade de : reden (souvent sprechen), parler ; Spott treiben, railler, se jouer de...

359. Ich flehe ihn um drei Tage Zeit.

On emploie **um**, *pour*, avec l'*accusatif*, après les verbes qui marquent le prix ou la mesure d'une chose, soit parce qu'on cherche à l'obtenir, soit parce qu'il s'agit de l'augmenter ou de la diminuer. Tels sont :

Sich bekümmern, se soucier ; beneiden, envier ; betrügen, tromper (de) ; bitten, prier, demander ; flehen, supplier ; kämpfen, combattre ;
spielen, jouer (pour) ; streiten, disputer, lutter ; vermehren, augmenter ; vermindern, diminuer ; weinen, pleurer ; werben, buhlen, briguer, etc.

Ex. : Ich flehe dich **um** drei Tage Zeit, je vous supplie de m'accorder trois jours.
Wir vermehren unser Vermögen **um einen** Theil, nous augmentons notre fortune d'une partie.
Sie spielen **um** Geld, ils jouent de l'argent.

Nota. — Um s'emploie souvent avec kommen et bringen, de même avec les impersonnels, es ist geschehen, gethan, *c'en est fait*, pour indiquer une perte, une privation : Um etwas kommen, perdre quelque chose ; Jemanden um etwas bringen, faire perdre quelque chose à quelqu'un ; — es ist um mich geschehen ou gethan, c'en est fait de moi.

360. **Wir müssen auf Gott hoffen.**

On emploie **auf**, *sur*, avec l'*accusatif*, après les verbes qui expriment quelque effort de l'esprit ou de la volonté. Tels sont :

Achten, faire attention ; dringen, insister ; bestehen, persister ; halten, tenir à ; harren, persévérer ; hoffen, espérer ;
lauern, guetter ; sehen, faire attention à ; sinnen, méditer ; vertrauen, avoir confiance ; warten, attendre ; zählen, compter sur.

Ex. : Wir müssen **auf** Gott hoffen, nous devons espérer en Dieu.
Er sinnt **auf** Verrath, il médite la trahison.

Nota. — On peut ajouter à ces verbes : Antworten, répondre (à quelque chose, n° 353, 7°) ; ankommen, dépendre ; verzichten, renoncer à ; sich vorbereiten, se préparer à... ; es kommt auf mich an, cela dépend de moi...

361. **Ich freue mich über diese Nachricht.**

On emploie **über**, *sur*, *au sujet de*, avec l'*accusatif*, après les verbes qui expriment la joie, l'étonnement, la douleur ou la supériorité. Tels sont :

Sich ärgern, se fâcher;
sich beklagen, se plaindre;
sich betrüben, s'attrister;
sich entrüsten, s'irriter;
erschrecken, s'effrayer;
erstaunen, s'étonner;
gebieten, commander;
herrschen, dominer;
klagen, se plaindre;
regieren, gouverner;
schalten, disposer;
sich schämen, rougir;
siegen, vaincre;
trauern, être en deuil, s'affliger;
wachen, veiller;
weinen, pleurer;
zürnen, être fâché...

Ex. : Ich freue mich **über** diese Nachricht, je me réjouis de cette nouvelle.

Er weinte **über** seine Sünden, il pleura (sur) ses péchés.

Gott herrscht **über** Alles, Dieu est le dominateur de toutes choses.

Nota. — 1º Quelques-uns de ces verbes se construisent aussi avec um et l'accusatif : trauern, weinen, zürnen; — ou même simplement l'accusatif : gebieten, regieren, schalten.

2º D'autres se construisent aussi avec vor, de, avec le datif, comme erschrecken, erstaunen, sich schämen (voir nº 371), ou avec le génitif sans préposition (nº 366), ou avec le datif, comme zürnen.

3º Quelquefois, surtout en poésie, um se remplace par ob, à cause de : Alle Redlichen beklagen sich ob dieses Landvogts Geiz, tous les honnêtes gens se plaignent de l'avarice de ce bailli *(Schiller)*.

362. Ich ergebe mich in den Willen Gottes.

Plusieurs verbes gouvernent l'*accusatif* avec **in**. Tels sont surtout :

Dringen, presser; *pénétrer*
sich ergeben, se soumettre à;
fallen, tomber, tirer sur;
sagen, dire à;
sich mengen, }
sich mischen, } se mêler;
schlagen, frapper, mettre;
sich schicken, se ranger à;
schneiden, couper à;
sich verwickeln, s'embrouiller;
(ein)willigen, consentir à.

Ex. : Ich ergebe mich **in** den Willen Gottes, je me soumets à la volonté de Dieu.

In einen bringen, presser quelqu'un; in die Augen fallen, sauter aux yeux; in's

Ohr sagen, dire à l'oreille; sich in etwas mischen, se mêler de quelque chose; in die Flucht schlagen, mettre en fuite; sich in den Finger schneiden, se couper au doigt; in etwas (ein)willigen, consentir à quelque chose.

Complément indirect exprimé par le génitif.

363. Die Erde ist des Herrn.

On se sert souvent du *génitif* sans préposition après le verbe sein, *être*, pour exprimer la possession.

Ex. : Die Erde ist **des Herrn**, la terre appartient au Seigneur.

Wessen ist das Haus? A qui est cette maison?

Nota. — Le génitif s'emploie encore avec sein, dans les locutions particulières, comme Guter Laune sein, être de bonne humeur; frohen Muthes sein, avoir bon courage. — On peut en dire autant de werden.

364. Man hat ihn eines Verbrechens angeklagt.

Un grand nombre de verbes actifs veulent au *génitif* le nom de la *chose*, et à l'*accusatif* le nom de la *personne*.

Ces verbes expriment ordinairement une accusation ou un délit, une attribution ou une privation. Tels sont :

anklagen, beschuldigen, } accuser;
berauben, priver;
entbinden, délier;
entkleiden, déshabiller;
entladen, décharger;
entlassen, dispenser;
entsetzen, destituer;
überzeugen, convaincre;
versichern, assurer;
verweisen, exiler;
würdigen, honorer.

Ex. : Man hat **ihn eines Verbrechens** angeklagt, on l'a accusé d'un crime.

Der Fürst würdigte **ihn seiner Gnade**, le prince l'a honoré de sa faveur.

Nota. — Quelques-uns de ces verbes prennent aussi le *datif* avec von, comme entſetzen, verweiſen, etc. Ce dernier est souvent suivi de aus.

365. Gedenke der Armen.

On emploie ordinairement le *génitif* après les verbes qui expriment la mémoire ou l'oubli, l'abondance ou le besoin, la pitié ou le mépris. Tels sont :

Bedürfen, avoir besoin ;	lachen, rire ;
ermangeln, manquer de ;	pflegen, prendre soin ;
erwähnen, faire mention ;	ſchonen, épargner ;
gedenken, se souvenir ;	ſpotten, se moquer ;
genießen, jouir ;	vergeſſen, oublier, etc.

Ex. : Gedenke **der Armen**, souviens-toi des pauvres.
Sie ſpotten mein**er**, vous vous moquez de moi.
Dieſer Mann bedarf der Hülfe, cet homme a besoin de secours.

Nota. — Quelques-uns de ces verbes gouvernent aussi l'*accusatif*, comme vergeſſen, genießen ; d'autres peuvent être aussi suivis d'une *préposition*, comme lachen, ſpotten (über). — Le génitif s'emploie surtout dans le langage élevé.

366. Der General bemächtigte ſich der Stadt.

On emploie encore le *génitif* après un grand nombre de verbes *réfléchis*, surtout après ceux qui expriment la possession ou la dépossession, la mémoire, la pitié, la surprise. Tels sont :

Sich annehmen, s'intéresser ;	ſich entſchlagen, se défaire ;
ſich bedienen, se servir ;	ſich erbarmen, avoir pitié ;
ſich begeben, se démettre ;	ſich erinnern, se souvenir ;
ſich befleißen, s'appliquer ;	ſich rühmen, se vanter ;
ſich bemächtigen, s'emparer ;	ſich ſchämen, avoir honte ;
ſich bemeiſtern, se rendre maître ;	ſich tröſten, se consoler ;
ſich enthalten, s'abstenir ;	ſich wundern, s'étonner.

Ex. : Der General bemächtigte ſich **der Stadt**, le général s'empara de la ville.
Erinnerſt du dich jener ſchönen Tage? te souviens-tu de ces beaux jours?
Er ſchämt ſich deiner nicht, il ne rougit pas de toi.

Nota. — Les verbes qui expriment la pitié ou la surprise sont quelquefois aussi suivis de la préposition über, plus rarement um (n° 361). D'autres veulent aussi le *datif* avec vor, comme sich schämen (n° 371).

367. Mich jammert dieses Elendes.

On met aussi le *génitif* après plusieurs verbes *impersonnels* ou employés impersonnellement. Tels sont :

Es jammert mich, je m'afflige ; es erbarmt mich, j'ai pitié ; es gelüstet mich, j'ai envie ; es reut mich, je me repens ; es lohnt sich, il vaut.

Ex. : Es jammert mich **dieses Elendes**, je m'afflige de cette misère.

Es lohnt sich der Mühe nicht, cela ne vaut pas la peine.

Nota. — La plupart de ces verbes se rencontrent aussi avec une *préposition* : Es jammert mich, es erbarmt mich, es reut mich, avec über ; — et es gelüstet mich, avec nach.

B. Complément indirect d'éloignement.

Le complément indirect d'éloignement est généralement précédé en français de la préposition *de*, et en allemand d'une des prépositions von, aus, plus rarement vor.

Ordinairement von indique qu'on s'éloigne d'un endroit, et aus qu'on en sort ; — ils ne s'emploient donc pas toujours indifféremment l'un pour l'autre.

368. Er entfernte sich aus seinem Vaterlande.

On emploie le *datif* avec **von** ou **aus**, après les verbes qui marquent éloignement, séparation, délivrance. Tels sont :

Abhalten, détourner ;   erretten, sauver ;
befreien, délivrer ;   loskaufen, racheter ;
entfernen, éloigner ;   trennen, séparer.

Ex. : Er entfernte sich **aus** seinem Vaterlande, il s'éloigna de sa patrie.

Errette uns **von** (ou aus) diesem Unglück, sauve-nous de ce malheur.

369. Er erhielt einen Brief von seinem Vater.

On emploie le *datif* avec **von**, après les verbes qui signifient *demander*, *recevoir*, etc. Tels sont :

Begehren, demander ;
erhalten, empfangen, recevoir ;
erwarten, attendre ;
kaufen, acheter ;
leihen, prêter ;
verlangen, désirer.

Ex. : Er erhielt einen Brief **von** seinem Vater, il reçut une lettre de son père.

Was verlangen Sie **von** mir? que *me* demandez-vous (c'est-à-dire *de moi ?*)

370. Sie schöpfte Wasser aus dem Brunnen.

Les verbes qui expriment une idée d'*extraction*, d'*origine*, de *choix*..., veulent leur complément indirect au *datif* avec **aus**. Tels sont :

Bestehen, consister *en* ;
(er)sehen, voir *par* ;
machen, faire... *avec* ;
schöpfen, puiser *dans* ;
trinken, boire *dans* ;
übersetzen, traduire *de* ;
vernehmen, apprendre *par* ;
werfen, jeter *par* ;
wählen, choisir *dans* ;
ziehen, tirer, retirer *de*.

Ex. : Sie schöpfte Wasser **aus** dem Brunnen, elle puisait de l'eau à la fontaine.

Aus Trauben macht man Wein, avec les raisins on fait du vin ; — aus Gold bestehen, consister en or ; — aus einem Glas trinken, boire dans un verre ; — aus dem Fenster werfen, jeter par la fenêtre, etc.

Nota. — Souvent aus s'emploie aussi après werden, **pour exprimer un changement d'état** : Was wird aus uns werden? qu'allons-nous devenir? (*qu'adviendra-t-il de nous?*)

371. Fliehet vor der Sünde.

On emploie ordinairement le *datif* avec **vor**, *de*, *devant* (latin *præ*), après les verbes qui renferment l'idée de crainte, d'horreur, de honte, de préservation. Tels sont :

Behüten, préserver de ;
beschützen, protéger ;
bewahren, garantir de ;
erschrecken, s'effrayer ;
fliehen, fuir ;
sich fürchten, s'épouvanter, craindre, avoir peur ;
sich schämen, rougir.

Ex. : **Fliehet vor** der Sünde, fuyez le péché.
Gott bewahre uns vor jedem Unglück, que Dieu nous protège de tout malheur.

Nota. — Fliehen s'emploie aussi avec l'accusatif, et erschrecken et sich schämen avec über et l'accusatif ; le dernier aussi avec le génitif.

Complément des verbes passifs.

372. Ich werde von meinem Vater geliebt.

Le régime propre des verbes passifs, marqué en français par *de* ou *par*, et indiquant par qui est faite ou soufferte l'action, se met ordinairement au *datif* avec **von**, — ou à l'*accusatif* avec **durch**, *par*, quand on veut indiquer le *moyen* ou l'*agent* par lequel est faite l'action.

Ex. : Ich werde **von** meinem Vater geliebt, je suis aimé de mon père.
Durch diesen Advokaten sind wir vertheidigt worden, c'est par cet avocat que nous avons été défendus.

Nota. — On a souvent recours aux verbes passifs et à leur régime, même quand la forme active est employée en français, afin d'éviter toute amphibologie.

Ex. : Die Kinder, welche von den Eltern geliebt werden, les enfants que les parents aiment.

Si on employait la forme active, il faudrait dire : Die Kinder, welche die Eltern lieben. On ne saurait si ce sont les enfants ou les parents qui aiment.

§ III. — COMPLÉMENT CIRCONSTANCIEL

373. — On peut ramener les compléments circonstanciels à quatre principaux : la cause ou l'origine, la manière, le temps et le lieu.

1º Cause ou origine.

374. Er starb vor Hunger.

Le nom qui exprime la cause se met ordinairement au *datif*, avec une des prépositions an, aus, von ou vor.

Ces prépositions ne s'emploient pas indifféremment :

1° **An** s'emploie surtout quand il s'agit d'une *maladie*.

Ex. : **An Fieber sterben**, mourir de fièvre.

2° **Aus** pour marquer le motif déterminant d'une action.

Ex. : **Er handelt aus Neid**, il agit par jalousie.
Aus tausend Gründen, pour mille raisons.

3° **Von**, et surtout **vor** (latin *præ*), pour indiquer une cause ou un sentiment plus forts que notre volonté.

Ex. : **Er starb vor Hunger**, il mourut de faim.
Er weinte vor Freude, il pleura de joie.

375. **Ich bin aus ou von Straßburg.**

Le nom qui marque l'*origine*, ou la *matière* dont une chose est faite, se met au *datif* avec **von** ou **aus**.

Ex. : **Ich bin aus** ou **von Straßburg**, je suis de Strasbourg.
Dieser Ring ist aus ou **von Gold**, cette bague est en or.

Nota. — 1° Le nom de matière se traduit souvent par un *adjectif*.

Ex. : **Ein goldener Ring**, une bague en or.

2° Il ne faut pas confondre le nom de matière avec celui qui indique la *destination* ou l'*usage* d'un objet. Dans le dernier cas, on emploie le plus souvent un nom composé.

Ex. : **Das Hausgeräth**, les ustensiles de ménage.
Der Musiklehrer, le maître de musique.

376. **Er tödtete ihn mit seinem Schwert.**

Le nom de la *cause instrumentale* ou du moyen par lequel une chose s'accomplit, se met au *génitif* avec **mittelst**, *au moyen de*, au *datif* avec **mit**, *avec*, ou à l'*accusatif* avec **durch**, *par*.

Durch s'emploie surtout si le nom de moyen désigne une *personne*.

Ex. : Er tödtete ihn **mit** seinem Schwert, il le tua de son épée.

Ich erfuhr es **durch** meinen Bruder, je l'appris par mon frère.

2º Manière.

377. Er log auf die unverschämteste Weise.

Le nom qui indique la manière dont une chose se fait ou se passe, se met le plus souvent à l'*accusatif* avec **auf**, ou au *datif* avec **mit**.

Ex. : Er log **auf** die unverschämteste Weise, il mentit de la manière la plus impudente.

Er spricht **mit** der größten Weisheit, il parle avec la plus grande sagesse.

378.

Nota. — 1º On sait déjà que le complément de manière s'exprime souvent par un *adjectif* employé *adverbialement*.

Ex. : Er spricht sehr weise, il parle avec beaucoup de sagesse.

2º On se sert aussi quelquefois d'un *génitif absolu*, comme dans ces locutions : glücklicher Weise, par bonheur, ehrlicher Weise, d'une façon honnête.

379. Er nahm mich bei der Hand.

Le nom qui désigne une partie par laquelle on tient une chose, se met le plus souvent au *datif* avec **bei**, et plus rarement avec an.

Ex. : Er nahm mich **bei** der Hand, il me prit par la main.

Er führte ihn **am** Arm, il le conduisit au bras.

380. Ich kaufte dieses Haus (für, um) zehntausend Franken.

Le nom qui marque le prix ou la valeur d'un objet se met à l'*accusatif* avec ou sans les prépositions **für** ou **um**, pour.

Ex. : Ich kaufte dieses Haus **für** ou **um** zehntausend Franken, ou simplement zehntausend Franken, j'ai acheté cette maison dix mille francs.

Nota. — Le verbe **koften**, *coûter*, et l'adjectif **werth**, *ayant une valeur de*, demandent toujours l'accusatif sans préposition.

> Ex. : Das Haus koftet zehntaufend Franken und ift es auch werth, cette maison coûte et vaut bien dix mille francs.

3º Le temps.

381. In drei Wochen.

Le nom qui marque l'époque où une chose se fait, se met au *datif* avec **in**, *dans*, si ce nom indique les minutes, heures, jours, années, etc.

> Ex. : In drei Wochen kommt er wieder, il reviendra en trois semaines.
> In einem Augenblick, en un instant.

382. Bei meiner Ankunft.

On emploie le *datif* avec **bei** ou **an**, devant les noms qui indiquent le moment où une chose se passe, mais sans préciser le jour, le mois, l'année, etc.

> Ex. : Bei meiner Ankunft, à mon arrivée.
> Bei hellem Tag, en plein jour.
> Am Morgen, au matin.

383. Gegen den Frühling. — Zu Oftern.

On emploie **gegen**, *vers*, avec l'*accusatif*, pour indiquer une *époque* d'une manière approximative, et **zu** avec le *datif* sans article, quand on veut être plus précis.

> Ex. : Gegen den Frühling, vers le printemps.
> Zu Oftern, à Pâques.

384. Morgens und Abends.

On emploie le *génitif* pour marquer ou opposer les différentes parties dont se compose le jour, sans vouloir préciser l'heure, comme le matin et le soir, l'après-midi, etc. Il en est de même pour les noms de temps *indéterminé*. Dans ce cas, le génitif est toujours terminé en **s**, même pour les noms féminins.

Ex. : **Morgens** und **Abends**, matin et soir.
Nachts, la nuit ; **Mittags**, après midi.
Eines Tages, un jour ; (**des**) **Sonntags**, le dimanche.

Nota. — On emploie de même le génitif devant les noms de jour, semaine, année, quand il s'agit de marquer la répétition d'une action durant ce temps. Cependant, on peut aussi mettre le datif avec im.

Ex : **Einmal des Monats**, ou **im Monat**, une fois le mois.

385. **Den zehnten März.**

On met à *l'accusatif*, sans préposition, les noms qui marquent la *date* ou qui indiquent un temps avec *précision*.

Ex. : **Den zehnten März**, le dix mars.
Diesen Sonntag, *ce* dimanche.

Nota. — 1º Il est évident que ce nom pourrait être *sujet* et au *nominatif* : **Der zehnte März ist ein schöner Tag.**

2º Pour marquer le temps avec plus de précision encore, principalement pour les dates historiques, on met aussi le datif avec **am** : **Am zweiten Dezember siegten wir bei Austerlitz.**

386. **Während meines ganzen Lebens.**

Le nom qui marque la durée d'une chose se met au *génitif* avec **während**, ou bien à *l'accusatif* avec ou sans **lang** ou **durch**, *durant, à travers*, qui, dans ce cas, suivent toujours leur complément.

Ex. : **Während** meines ganzen Lebens, pendant toute ma vie.
Ich habe den ganzen Tag (**lang**), **die** ganze Nacht (**durch**) gearbeitet, j'ai travaillé tout le jour, toute la nuit.
Der Krieg dauerte dreißig Jahre, la guerre dura trente ans.

387. **Seit dem Anfang der Welt.**

Le nom qui marque l'époque depuis laquelle une chose se fait, se met au *datif* avec **seit**, quelquefois avec **von** — **an**, *dès*.

Ex. : **Seit** dem Anfang der Welt, depuis le commencement du monde.

Von meiner Kindheit **an**, dès mon enfance.

Nota. — 1° On met toujours le complément entre von et an.

2° On remplace souvent la préposition seit par les locutions es ist, es sind, *il y a*, ou bien par la préposition vor, *avant, deçà*, suivie du datif.

Ex. : Es sind schon vier Jahre, daß er gestorben ist, ou : vor vier Jahren ist er gestorben, il est mort depuis quatre ans.

388. **In sechs Tagen hat Gott Himmel und Erde erschaffen.**

Le nom qui marque en combien de temps une chose se fait, se met au *datif* avec **in**, quelquefois avec binnen, *dans l'espace de, d'ici à*.

Ex. : **In sechs Tagen** hat Gott Himmel und Erde erschaffen, Dieu a créé le ciel et la terre en six jours.

Binnen acht Tagen, d'ici huit jours.

4° Le lieu.

Question wo ?

389.   Er wohnt in der Stadt.

Le nom du lieu où l'on est, où une chose se passe, se met au *datif* avec une des prépositions in, an, auf, bei, zu.

Ex. : Er wohnt **in** der Stadt, il demeure en ville.

Ich bin **an** meiner Stelle, je suis à ma place.

Er lebt **bei** Hofe, il vit à la cour ; **auf** dem Lande, à la campagne ; **in** ou **zu** Paris, à Paris.

Nota. — Il est difficile de donner une règle générale pour l'emploi de chacune de ces prépositions : il faut ordinairement considérer le sens littéral. Ainsi on dit : in der Stadt, parce qu'on est *dans* la ville ; bei dem Hofe, parce qu'on est *auprès* de la cour ; auf dem Lande, parce qu'on est *sur* la campagne, etc.

Question wohin?

390. Ich gehe in die Schule.

Le nom du lieu où l'on va, se met à *l'accusatif* avec l'une des prépositions in, an, auf, ou au *datif* avec nach ou zu.

Ex. : Ich gehe **in** die Schule, je vais à l'école.
Sie gehen auf's Land, ils vont à la campagne.
Er stieß ihn an die Wand, il le poussa au mur.
Wir reisen nach Paris, nous allons à Paris.
Ich gehe zu meinem Vater, je vais chez mon père.

391.

Nota. — 1° Pour l'emploi de chacune de ces prépositions, il faut encore bien considérer le sens littéral (n° 389, nota).

2° Nach s'exprime surtout devant les noms géographiques. On ajoute quelquefois zu après le complément, pour indiquer une simple *direction*.

Ex. : Nach Paris zu, dans la direction de Paris.

3° Zu s'emploie surtout devant les noms de *personnes* chez qui l'on se rend, et dans certaines locutions particulières comme zu Bette, zu Tische gehen, aller au lit (se coucher), à table ; zum Himmel, zur Hölle fahren, monter au ciel, descendre aux enfers, etc.

Question woher, woraus?

392. Mein Vater kommt vom Lande.

Le nom du lieu d'où l'on *vient* se met au *datif* avec von, et celui d'où l'on *sort* avec aus.

Ex. : Mein Vater kommt **vom** Lande, mon père vient de la campagne.
Ich komme **aus** der Stadt, aus der Kirche, je viens de la ville, de l'église.

393.

Nota. — 1° Von et aus s'emploient quelquefois indifféremment l'un pour l'autre, surtout devant les noms de pays, de villes, etc.

Ex. : Er kommt **von** ou **aus** Frankreich, il vient de la France.

2° Pour indiquer une simple *direction*, on emploie von — her, avec le complément au milieu.

Ex. : Von Paris her, en partant de Paris.

3° On emploie toujours von devant les infinitifs pris substantivement, pour indiquer le résultat d'une action ou d'un mouvement.

Ex. : Er kommt vom Spazierengehen zurück, il rentre de la promenade.

Question wodurch?

394. Er ist durch die Bresche gedrungen.

Le nom du lieu par où l'on passe se met généralement à l'*accusatif* avec **durch**, *par, à travers*.

Ex. : Er ist **durch** die Bresche gedrungen, il a passé par la brèche.

Durch Berg und Thal, par monts et par vaux.

395.

Nota. — 1° On emploie über au lieu de durch, devant les noms de pays où l'on passe pour se diriger plus loin.

Ex. : Ueber Turin nach Mailand reisen, aller à Milan par Turin.

2° On emploie vorbei, quand on ne fait que passer devant ou près d'un endroit ou d'une personne.

Ex. : Sie müssen jetzt vorbei sein, ils doivent avoir passé à présent.

§ III. — Emploi des Temps et des Modes.

I. Emploi des Temps.

Les temps s'emploient généralement en allemand comme en français. Voici cependant quelques particularités.

396.   PRÉSENT

On se sert du présent :

1° *Au lieu du futur*, quand on veut présenter comme certaine une action qui doit avoir lieu, ou bien quand l'idée du futur est suffisamment exprimée par le reste de la phrase. — Cela est très fréquent en allemand, surtout après 𝔴𝔞𝔫𝔫, *quand*, et 𝔧𝔬 𝔩𝔞𝔫𝔤𝔢 (𝔞𝔩𝔰), *tant que*.

Ex. : Dieſer Krieg **verſchlingt** uns alle, cette guerre nous dévorera tous.

Morgen **müſſen** wir verreiſen, il nous faudra partir demain.

Wann der Kukuk **ruft**, quand le coucou se fera entendre. — So lange (als) Sie wollen, tant que vous voudrez.

Morgen, *demain*, et 𝔴𝔞𝔫𝔫, conjonction qui s'emploie surtout devant le futur, indiquent assez le futur.

2º *Au lieu du parfait*, dans la narration, pour donner plus de vivacité au récit.

Ex. : Die Sonne **geht** unter, da **ſteht** er am Thor, und **ſieht** das Kreuz ſchon erhöhet *(Schiller)*, le soleil se coucha, en ce moment il se tint aux portes de la ville, et vit la croix déjà dressée.

3º *Au lieu de l'impératif*, pour exprimer un ordre qui n'admet pas de réplique.

Ex. : **Ihr ſchweigt**, bis man euch ruft, taisez-vous jusqu'à ce qu'on vous appelle.

397. IMPARFAIT

L'imparfait allemand correspond à la fois à l'imparfait et au passé défini du français.

On l'emploie de préférence au *parfait*, surtout dans les cas suivants :

1º Dans le style simple, comme dans les descriptions, dans la narration.

Ex. : Der Friede **wurde** dann geſchloſſen, la paix fut alors conclue.

2º Pour éviter l'emploi des auxiliaires et l'accumulation des verbes.

Ex. : Ich **wurde** genöthigt zu reden, au lieu de : Ich bin genöthigt worden..., *j'ai été* forcé de parler.

398. PARFAIT

Le parfait s'emploie au lieu du *futur antérieur*, quand celui-ci est suffisamment indiqué par le sens, pour donner à la phrase plus de rapidité et de précision, ou bien pour éviter l'accumulation des verbes.

> Ex. : Wir **haben** unsere Zeit und Arbeit **verloren**, wenn es uns nicht gelingt, nous *aurons perdu* notre temps et notre peine si nous ne réussissons pas.
>
> Sobald du den Brief **gelesen hast**..., dès que tu *auras lu* la lettre...

399. FUTUR

1° Le futur s'emploie souvent pour le *présent*, pour exprimer une probabilité.

> Ex. : Ich höre Jemand, es **wird** der Wirth **sein**, j'entends quelqu'un, *c'est* probablement l'aubergiste.

2° Pour exprimer le *futur*, au lieu de l'auxiliaire werden, on se sert souvent des verbes sollen, müssen, *devoir*, et wollen, *vouloir*, appelés pour cette raison auxiliaires de modes.

> Ex. : Was **will** aus dem Allem werden? Que sortira-t-il de tout ceci ?
>
> Was **soll** ich thun? Que ferai-je?

400. *Remarques sur les temps composés.*

1° En allemand, on évite autant que possible l'emploi des temps composés, à cause de l'accumulation des auxiliaires. — De plus, entre deux composés, on choisit ordinairement le plus petit.

2° Dans une même phrase où plusieurs verbes se suivent, on *peut* n'exprimer l'auxiliaire qu'*une fois*, lorsque ces verbes se construisent avec le même auxiliaire et se trouvent au même temps, au même nombre et à la même personne.

Ex. : Sie **werden** ihn morgen besuchen, mit ihm sprechen, und dann wieder kommen, vous irez le voir demain, vous lui parlerez, et puis vous reviendrez.

3° Très souvent on *supprime* tout à fait l'auxiliaire haben et sein, pour donner plus de vivacité au récit. Cependant cette suppression n'a lieu que dans les propositions *subordonnées*.

Ex. : Alles was ich gehört und gesehen (**habe**), tout ce que j'ai entendu et vu.

Ich liebe ihn, weil er mir getreu geblieben (**ist**), je l'aime, parce qu'il m'est resté fidèle.

II. Emploi des Modes (Syntaxe de subordination).

1° INDICATIF

L'indicatif est le mode de la réalité et de la certitude.

401. Er ist der Erste, der gekommen ist.

On emploie ordinairement l'*indicatif* en allemand, au lieu du subjonctif qui existe en français, après les pronoms *relatifs*.

Ex. : Er ist der Erste, **der** gekommen **ist**, il est le premier qui *soit* venu.

Ich kenne Niemand, **der** mir das sagen **kann**, je ne connais personne qui *puisse* me dire cela.

Es ist das Beste, **was** du thun **kannst**, c'est le meilleur parti que tu *puisses* prendre.

Nota. — Cependant, dans certains cas, le subjonctif est employé comme en français, principalement dans les phrases qui expriment un doute, un désir, un moyen.

Ex. : Suche Einen, der dir helfe, cherche quelqu'un qui t'aide.

402. Es thut mir leid, daß du krank bist.

On emploie encore l'*indicatif*, après la conjonction **daß**, *que*, chaque fois qu'on peut la tourner par *de ce que*.

Ex. : Es thut mir leid, **daß** du krank **bist**, je regrette que vous *soyez* malade.

403. Man glaubt, daß er gestorben ist.

En général, on emploie l'*indicatif* après **daß**, chaque fois que le sens de la phrase est *affirmatif* et *certain*, c'est-à-dire qu'il exclut le doute.

Ex. : Man glaubt, daß er gestorben ist, on croit qu'il est mort.

404. Bevor du sprichst, (so) denke nach.

On emploie de même l'*indicatif* après les conjonctions de certitude, telles que bevor, *avant que*, obschon, obgleich, *quoique*, bis, *jusqu'à ce que*, ohne daß, *sans que*, ehe, *avant que*. Il en est de même de wenn et de ses composés, wenn auch, wenn nur..., quand ils sont suivis du *présent*.

Ex. : Bevor du **sprichst**, (so) denke nach, avant que tu *parles*, réfléchis.

Obschon du größer **bist**, bien que tu *sois* plus grand.

Ohne daß ich es **wußte**, sans que je le *susse*.

Wenn du auch reich **bist**, bien que tu *sois* riche.

Nota. — Cependant, s'il y avait incertitude, on mettrait le subjonctif : Ehe er (vielleicht) komme, avant qu'il vienne (peut-être)...

405. Mache, daß du fortkommst.

On emploie encore l'*indicatif*, de préférence au subjonctif, après les verbes qui expriment un ordre, une volonté, etc., lorsqu'on ne doute nullement du résultat. Dans le cas contraire, on emploie le *subjonctif* comme en français.

Ex. : Mache, daß du fort**kommst**, fais que tu t'en *ailles*.

2° SUBJONCTIF

Le subjonctif est le mode de la possibilité et du doute (1).

(1) Beaucoup de conjonctions et de verbes régissent le subjonctif en allemand comme en français.

Ex. : Damit er es wisse, pour qu'il le sache.

Ich will, daß er komme, je veux qu'il vienne.

Nous ne parlons ici que des cas qui présentent quelque difficulté.

406. Man sagt mir, daß er gestorben sei.

On emploie le subjonctif après la conjonction daß, chaque fois que le sens de la phrase exprime quelque chose de vague, de douteux.

Ex. : Man sagt mir, daß er gestorben sei, on me dit qu'il est mort (celui qui parle en doute).

407.

Nota. — 1° Très souvent on retranche la conjonction daß, à moins que le premier verbe ne soit accompagné d'une négation.

Ex. : Man sagt, er sei gestorben.

Il en est de même quand daß gouverne l'indicatif. Man glaubt, er ist gestorben.

2° Quand le premier verbe est accompagné d'une *négation*, il faut employer daß.

Ex. : Ich wußte nicht, daß er gestorben ist, je ne savais pas qu'il était mort.

408. Man sagte mir, daß du ein Träumer seiest.

Le plus souvent on emploie le *subjonctif présent*, au lieu de l'imparfait de l'indicatif qui est en français, quand on rapporte les paroles de quelqu'un, sans les citer textuellement.

Ex. : Man sagte mir, daß du ein Träumer seiest, on m'a dit que tu étais un rêveur.

Nota. — On conserve généralement l'imparfait, lorsque le présent du subjonctif ressemble à celui de l'indicatif.

409. Wenn ich das wüßte.

On emploie le _subjonctif_ après les conjonctions **wenn** et **ob**, *si*, quand le verbe qui suit est à l'*imparfait* ou au *plus-que-parfait*.

Ex. : Wenn ich das wüßte oder gewußt hätte, si je savais ou si j'avais su cela.

Er fragte mich, ob ich es wüßte, il me demanda si je le savais.

Nota. — 1° Wenn se supprime souvent dans ce sens. Le verbe garde alors le même mode et le même temps, seulement il y a inversion (n° 191, 7°).

Ex. : Wüßte ich das, si je savais cela.

2° Quand le verbe est au *présent* ou au *parfait*, on met l'*indicatif* : Wenn du willst, si tu veux ; — ich weiß nicht, ob er gewollt hat, je ne sais pas s'il a voulu.

410. Ich wäre glücklicher.

On emploie souvent l'*imparfait* et le *plus-que-parfait du subjonctif*, au lieu du présent et passé du conditionnel, surtout quand on veut exprimer un désir ou une crainte et dans les interrogations.

Ex. : Ich wäre glücklicher, je serais plus heureux.
Ich wünschte, du kämest, je désirerais que tu vinsses.
Was hätten Sie gethan? Qu'auraient-ils fait?

Nota. — 1° Cependant, après un verbe à l'imparfait ou au plus-que-parfait, on emploie de préférence le conditionnel, comme en français.

Ex. : Er sagte, er würde kommen, il disait qu'il viendrait.

2° Il en est de même pour les verbes faibles, pour le besoin de la clarté, puisque dans ces verbes l'imparfait du subjonctif ressemble à celui de l'indicatif.

3° INFINITIF

411. — L'infinitif peut jouer divers rôles. Il peut servir :

1° De *sujet* à une proposition. Dans ce cas il s'emploie *ordinairement* sans la préposition zu.

Ex. : Viel trinken ist ungesund, boire beaucoup nuit à la santé.

Nota. — Quelquefois on le fait précéder de zu, surtout s'il est accompagné d'un complément : Die Armen (zu) unterstützen, ist eine heilige Pflicht, secourir les pauvres est un devoir sacré.

2° De *complément* à un autre verbe auquel il peut être uni ou sans préposition ou par zu, quelquefois par um zu quand on veut préciser un but.

Ex. : Ich darf hoffen, je puis espérer.

Ich wünschte mit Ihnen zu sprechen, je voudrais vous parler.

Ich komme, um mit Ihnen zu sprechen, je viens pour vous parler.

Nota. — *Sans* devant un infinitif se traduit toujours par ohne... zu.

Ex. : Ohne mit ihm zu sprechen, sans lui parler.

3° Enfin tout infinitif peut être employé *substantivement*, être précédé de l'article et se décliner.

Ex. : Das Sprechen, la parole ; das Trinken, le boire.

412. **Ehe man redet, muß man denken.**

On remplace par un temps à *mode personnel* l'infinitif précédé, en français, par *avant de, après, pour* dans le sens de *parce que*.

Ex. : Ehe man redet, muß man denken, avant de parler, il faut penser.

Nachdem er gesprochen hatte, après avoir parlé.

Er ist gestraft, weil er zu viel gesprochen, il est puni pour avoir trop parlé.

Nota. — Dans certains cas, on remplace l'infinitif français par une proposition entière : *Que faire ?* Was soll ich thun ? — A vous voir, wenn man Sie sieht...

413. **Er hat sehen wollen.**

Certains verbes, au *participe* en français, se mettent à l'*infinitif* en allemand, quand ils sont suivis d'un *autre* infinitif.

Ces verbes sont :

1° Les sept auxiliaires de mode suivants : dürfen, können, mögen, müssen, sollen, wollen et aussi lassen.

2° La plupart des verbes qui *rejettent* la préposition zu devant l'infinitif qui les suit, comme :

Fühlen, sentir ; heißen, ordonner ; helfen, aider ; hören, entendre ; lehren, enseigner ; lernen, apprendre ; machen, faire ; sehen, voir.

Ex. : Er hat sehen wollen, il a *voulu* voir.
   Ich habe ihn gehen lassen, je l'ai *laissé* partir.
   Ich habe ihn singen hören, je l'ai *entendu* chanter.
   Sie hat ihn arbeiten machen, elle l'a *fait* travailler.

Nota. — 1º Si l'infinitif était sous-entendu, on emploierait le participe : Ich habe gewollt, aber nicht gekonnt, j'ai voulu, mais je n'ai pas pu (sortir).

2º Cette règle est moins rigoureuse pour les verbes du 2º, surtout pour lehren, lernen et fühlen. Ainsi on dit aussi : Ich habe lesen gelernt, j'ai appris à lire, etc...

414.   Karl blieb sitzen.

On emploie de même l'*infinitif* au lieu du participe passé pour les verbes liegen, être couché ; sitzen, être assis ; stehen, être debout ; stecken, être enfoncé ; hangen, pendre, et autres verbes neutres semblables ;
Quand ils suivent les verbes bleiben, rester ; finden, trouver ; sehen, voir.

Ex. : Karl blieb sitzen, Charles resta *assis*.
   Er fand mich liegen, il me trouva *couché*.

415.

Nota. — 1º La même règle s'applique au participe présent qui suit finden.

Ex. : Ich fand ihn lesen, je le trouvai *lisant* (1).

2º Et au participe passé de certains verbes qui suivent le verbe haben.

Ex. : Sie hatte ein Kreuz am Halse hangen, elle avait une croix suspendue à son cou.
   Er hatte eine ganze Armee auf dem Boden liegen, il avait toute une armée couchée sur le sol.

3º Il ne faut pas confondre les verbes passifs avec les verbes neutres. Le participe des verbes passifs qui suit les verbes cités plus haut se traduit également par le participe en allemand.

Ex. : Er blieb genommen, il resta pris.

---

(1) Remarquez que la réciproque existe dans cette expression (la seule d'ailleurs), geltend machen, faire valoir (valant).

4° PARTICIPE

a) *Participe présent.*

416. Dieses bei mir denkend, schlief ich ein.

L'emploi du participe présent, comme *verbe*, est plus rare en allemand qu'en français. Cependant, on le rencontre aussi, surtout en poésie, dans le langage élevé, ou comme équivalent *d'adverbe de manière*.

    Ex. : Dieses bei mir denkend, schlief ich ein, en pensant à ces choses, je m'endormis.
         Er starb fechtend, il mourut en combattant.
         Sie singt reizend, elle chante à ravir.

417. Er sagte, indem er aufstand.

Dans le style ordinaire, on emploie le plus souvent une périphrase, au moyen d'une conjonction, comme indem, weil, als, etc., ou d'un pronom relatif, der, welcher, ou de la conjonction und, ou d'un infinitif, ou d'un nom précédé d'une préposition. — Quelquefois même on remplace le participe présent par le participe passé *(voir n° 420).*

    Ex. : Er sagte, indem er aufstand, il dit en se levant.
         Unser Freund, der nicht mehr reden konnte..., notre ami, ne pouvant plus parler.
         Er entschuldigte sich und sagte..., il s'excusa en disant...
         Im Schreiben, en écrivant.
         Im Kampf für's Vaterland, en combattant pour la patrie.
         Er kam gesprungen, il vint en courant.

Nota. — Cette règle s'applique toujours pour le verbe sein, dont le participe présent est *à peu près* inusité : étant savant, da er gelehrt ist ; étant enfant, als Kind ; cela étant, wenn dem so ist...

b) *Participe passé.*

418. Getrunken, gearbeitet.

On emploie souvent le *participe passé*, au lieu de l'impératif, dans les formules d'exhortation ou de commandement, pour donner plus d'énergie et de vivacité à la phrase.

  Ex. : Getrunken, buvons, buvez.
    Gearbeitet, travaillons, travaillez.

Nota. — 1° On sous-entend tout simplement es sei, *ou* es werde.

2° Au lieu du participe, on emploie quelquefois l'infinitif, dans le langage familier : Nicht böse sein! ne vous fâchez pas... Einsteigen, en voiture !

419.   Das heißt gearbeitet.

Le participe passé remplace quelquefois l'infinitif, comme dans la phrase suivante et autres semblables :

  Ex. : Das heißt gearbeitet, cela s'appelle travailler.

Nota. — La même chose a lieu quelquefois pour donner aux proverbes une forme plus nette et plus concise : Jung gewöhnt, alt gethan, *apprendre* dans la jeunesse, *retenir* dans la vieillesse. — Frisch gewagt ist halb gewonnen ! *oser* c'est *avoir* presque gagné.

420.   Er kam gesprungen.

On emploie le participe *passé* au lieu du participe *présent* dans les verbes de mouvement qui accompagnent le verbe kommen, venir (n° 417).

  Ex. : Er kam gesprungen, il vint en courant.
    Er kommt geritten, il vient à cheval.

Nota. — Comparez geben avec verloren et autres *participes passés* semblables : Er ging verloren, il se perdit (il alla se perdant)...

421.   Die Augen gen Himmel gerichtet, bat er inständig.

Le participe passé peut être employé d'une manière *absolue*, et être précédé d'un *accusatif*.

  Ex. : Die Augen gen Himmel gerichtet, bat er
    inständig, les yeux tournés vers le ciel, il
    pria avec ferveur.

c) *Participe futur*.

422. Ein zu belohnender Soldat.

On sait que les verbes passifs ont seuls un participe futur. Ce participe ne s'emploie que comme *épithète*.

Ex. : Ein zu belohnender Soldat, un soldat à récompenser.

Nota. — Comme attribut, on mettrait tout simplement l'infinitif avec zu : Er ist zu belohnen, il doit être récompensé.

§ IV. — Emploi particulier de certains verbes.

Auxiliaires de modes.

Il y a en allemand certains verbes actifs qui remplacent souvent l'auxiliaire ordinaire.

Ils sont au nombre de sept et expriment l'idée de *possibilité*, de *nécessité* ou d'*obligation*. Ce sont können, mögen, dürfen; müssen, sollen; wollen, lassen.

I. Können, mögen, dürfen, *pouvoir*.

423. — 1° Können peut avoir plusieurs sens.

a) Il sert à exprimer tantôt une possibilité matérielle, une capacité physique.

Ex. : Der Vogel kann fliegen, l'oiseau peut voler.

b) Tantôt une possibilité morale qui repose soit sur un savoir acquis, soit sur une opinion. Dans le premier cas, il traduit souvent *savoir*, dans le second l'expression *il se peut*.

Ex. : Ich kann gut lesen, je *sais* bien lire.
Es kann wahr sein, cela *peut* être vrai.

c) Remarquez aussi que l'indicatif présent de ce verbe sert quelquefois à traduire le conditionnel présent du français.

Ex. : Ich kann das nicht billigen, je ne *saurais* (il ne m'est pas possible d') approuver cela.

424. — 2° Mögen exprime surtout une possibilité morale, qui repose :

a) Tantôt sur les dispositions du sujet.

Ex. : Ich **mag** nicht lesen, je ne puis (je ne suis pas *disposé* à) lire.

b) Tantôt sur la permission ou la concession de celui qui parle.

Ex. : Du **magst** den Brief lesen, tu peux lire la lettre.
Er **mag** gelehrt sein, il peut être savant (je l'*accorde*).

Nota. — Le verbe **mögen** s'emploie comme *auxiliaire*, surtout pour remplacer würde, dans les conditionnels ayant un sens futur. — Souvent il se traduit par *vouloir*, surtout à l'imparfait et au plus-que-parfait du subjonctif.

Ex. : Ich **möchte** gern, je *voudrais* bien.
Er bat mich, ich **möchte** öfter kommen, il me pria de venir plus souvent (que je *vinsse*).

425. — 3° Dürfen exprime une possibilité qui repose surtout :

a) Sur un droit.

Ex. : Ich **darf** so sprechen, je puis parler ainsi.

b) Sur une loi.

Ex. : Jedermann **darf** kaufen und verkaufen, chacun peut acheter et vendre.

Nota. — Le verbe dürfen s'emploie comme *auxiliaire*, surtout à l'imparfait du subjonctif, au lieu de würde, quand il s'agit d'une chose probable.

Ex. : Es **dürfte** schwer sein, ce *serait* (peut-être) difficile.

II. **Müssen, sollen,** *devoir.*

426. — 1° Müssen *(devoir, falloir)* exprime surtout une nécessité qui repose :

a) Soit sur une loi naturelle, absolue.

Ex. : Alle Menschen **müssen** sterben, tous les hommes doivent mourir *(il faut que...).*

b) Soit sur une loi morale, mais générale.

Ex. : Man **muß** die Wahrheit reden, on doit (il *faut*) dire la vérité.

c) Soit sur une certitude, ou du moins sur une conviction intime.

Ex. : Das **muß** wahr sein, cela doit être vrai.

Nota. — 1° On dit quelquefois : es muß, impersonnel, *il le faut.*

2° Comme *substantif* : Es ist ein Muß, c'est une nécessité.

427. — 2° Sollen (1) *(devoir)* exprime surtout une nécessité morale, qui repose :

a) Soit sur une prescription, une loi, une volonté. Dans ce cas il se traduit souvent par le *futur* en français.

Ex. : Du **sollst** nicht stehlen, tu ne déroberas pas.
Er **soll** sterben, il mourra.

b) Soit sur une opinion, ou sur un ouï-dire. Dans ce cas on le traduit souvent par *on dit, on prétend, on veut.*

Ex. : Er **soll** jetzt gestorben sein, il doit être mort à présent *(on dit qu'il est...).*
Es **soll** ihm etwas begegnet sein, *on dit qu'il lui est arrivé quelque chose.*

Nota. — Müssen et sollen servent à traduire bon nombre de locutions, comme : *Que faut-il que je fasse (que dois-je faire?)* Was muß ich thun? — Que *voulez-vous que nous* fassions, où nous allions? Was sollen wir thun? Wohin sollen wir (gehen) ?— Si *j'allais* mourir, wenn ich sterben sollte.

III. **Wollen,** *vouloir ;* **lassen,** *laisser, faire.*

428. — 1° Wollen peut exprimer trois choses :

a) Une volonté directe.

Ex. : Ich **will** schweigen, je veux me taire.

b) Une simple prétention.

Ex. : Sie **will** immer noch jung sein, elle veut (elle prétend) toujours être jeune.
Sie **wollen** dies gehört haben, ils prétendent l'avoir entendu dire.

---

(1) Il ne faut pas confondre sollen avec schuldig sein, devoir (être redevable) : Ich bin hundert Franken schuldig, je *dois* 100 francs.

c) Un commencement d'action. Dans ce cas il sert à traduire le verbe français *aller*.

Ex. : Es **will** regnen, il *va* pleuvoir.
Die Blume **will** sich öffnen, la fleur *va* s'ouvrir.

Nota. — Ce verbe est souvent, dans le style familier, suivi de haben, qui alors ne sert qu'à donner plus d'énergie. Ich will es haben, je le veux.

429. — 2° Lassen. Ce verbe, employé comme auxiliaire, c'est-à-dire suivi d'un infinitif, exprime :

a) Tantôt une concession. Il se traduit dans ce cas par *laisser*.

Ex. : Ich **ließ** ihn gehen, je le laissai partir.

b) Tantôt un ordre, et se traduit par *faire*.

Ex. : Ich **ließ** ihn holen, je le fis chercher.

Nota. — 1° Cependant *faire* suivi d'un infinitif se traduit aussi par machen, dans le sens de *faire en sorte que*, être *cause que* :

Sie machen mich zu lachen, vous me *faites* rire.
Macht uns nicht zittern, ne nous *faites* pas trembler.

2° On sait que lassen sert souvent d'*auxiliaire* à l'impératif, surtout à la 1ʳᵉ personne du pluriel :

Laßt uns loben, louons.
Lassen Sie uns gehen, allons, partons.

3° Après le verbe lassen, comme après tous les auxiliaires de mode, on *sous-entend* souvent l'*infinitif*. Quand cet infinitif est composé d'un adverbe, on se contente d'exprimer l'*adverbe*.

Ex. : Lassen Sie mich herein (treten), laissez-moi entrer.
Ich will fort (gehen), je veux partir.
Was soll das (bedeuten) ? Qu'est-ce que cela signifie ?
Was wolltest du mit dem Dolch? Que voulais-tu *faire* (que me voulais-tu) avec ce poignard ?

Chapitre VI.
DE L'ADVERBE
Emploi de certains adverbes.

I. Jetzt, nun, *maintenant*.

430. — Jetzt désigne un temps présent, par opposition à une autre époque.

Nun renferme l'idée d'une conséquence. C'est pourquoi il se traduit souvent par *or* ou *eh bien*.

   Ex. : Wie geht's **jetzt**? comment allez-vous maintenant?

      Ich habe Sie gesehen, **nun** bin ich zufrieden, je vous ai vu, maintenant je suis content.

Nota. — Ces mots traduisent quelquefois *aujourd'hui*, c'est-à-dire l'époque où nous vivons, de nos jours. Dans ce cas on peut dire aussi : Heut zu Tage.

II. *Combien*.

431. — 1° *Combien* se rend par wie viel(e), quand il se rapporte à un *substantif*.

   Ex. : **Wie viele** Bücher? combien de livres?

2° Par wie, quand il se rapporte à un *adjectif* ou à un *adverbe*. Il peut se traduire par *que*.

   Ex. : **Wie** gut seid ihr! *que* vous êtes bon!
      Wie gehen sie so langsam! comme vous marchez lentement!

Nota. — Par le dernier exemple, on voit qu'on *sépare* quelquefois wie de l'adjectif et de l'adverbe. Dans ce cas, on peut faire précéder ces derniers par so.

3° Par **Wie sehr**, quand il se rapporte à un verbe.

   Ex. : **Wie sehr** liebe ich meinen Vater! combien j'aime mon père!

On trouve des exemples où sehr, même avec un *verbe*, est *omis*.

4° Par **wie theuer** *(combien cher)*, quand il s'agit du *prix* ou de la *valeur* d'un objet.

Ex. : **Wie theuer** verkaufen Sie dieses Haus? combien vendez-vous cette maison ?

5° Par **wie weit** *(combien loin)*, quand il s'agit de la *distance*.

Ex. : **Wie weit** ist es von Straßburg nach Paris ? combien y a-t-il de Strasbourg à Paris ?

6° Par **wie lange** *(combien longtemps)*, quand il s'agit du *temps*.

Ex. : **Wie lange** sind Sie in Paris ? combien de temps y a-t-il que vous êtes à Paris ?

III. **Genug, ziemlich**, *assez*.

432. — 1° **Genug** a le sens de *suffisamment* ; on le met indistinctement *avant ou après* les substantifs et toujours *après* les adjectifs ou les adverbes.

Ex. : Ich habe **genug** Geld ou Geld **genug**, j'ai assez d'argent.

Er ist reich **genug**, il est assez riche.

433. — 2° Ziemlich a le sens de *passablement, pas mal*. Il se met toujours *avant* le mot qu'il détermine. De plus, on le fait suivre de **viel**, quand il détermine un substantif.

Ex. : Mein Bruder ist **ziemlich** groß, mon frère est assez grand (c'est-à-dire *passablement*).

Er hat **ziemlich viel** Geld, il a assez d'argent (c'est-à-dire *pas mal* d'argent).

Nota. — 1° Genug, dans le sens de *suffisamment*, se traduit souvent aussi par **hinlänglich** ou **hinreichend**.

2° Avec genug on rencontre aussi le *génitif* : Genug **des Blutes**, assez de sang *(comme cela)*.

IV. **Nur erst**, *seulement, ne — que*.

434. — 1° **Nur** s'emploie quand *seulement* a le sens de *uniquement, en tout, pour tout*.

Ex. : Es giebt **nur** einen Gott, il n'y a qu'un Dieu.
Er hat mich **nur** einmal gesehen, il ne m'a vu qu'une fois (en tout).

2° Erst s'emploie quand on peut ajouter au sens : *jusqu'ici, jusqu'alors, en ce moment.*

Ex. : Ich war **erst** ein Kind, je n'étais qu'un enfant *(alors).*
Er hat mich **erst** einmal gesehen, il ne m'a vu qu'une fois *(jusqu'ici).*

435. V. **Noch, wieder,** *encore.*

Noch indique ou une augmentation, ou un temps qui se continue.

Wieder marque répétition, quelquefois retour.

Ex. : Er ist **noch** größer, il est plus grand *encore*.
Es regnet **noch**, il pleut encore (c'est-à-dire la pluie n'a pas encore cessé). *On pourrait, dans ce cas, ajouter* **immer**, *toujours*. —
Es regnet **wieder**, il pleut encore (c'est-à-dire de nouveau, *la pluie avait cessé*).
Wir kommen schon **wieder**, nous voilà déjà de retour.
Wer dich liebt, den liebe **wieder**, celui qui t'aime, aime-le à ton tour.
Da bin ich **wieder**, me voilà encore. — On peut, dans ce cas, le faire précéder de schon, déjà.

Nota. — Remarquez ces expressions : Noch mehr !? encore ! ? nur noch, ne plus que ; er hat nur noch ein Kind, il n'a plus qu'un enfant... : noch so groß, deux fois aussi grand... Jeder noch so reiche Mann, chaque homme, *quelque riche qu'il* soit.

VI. *Affirmation et négation.*

436. Haben Sie meinen Vater gesehen?
Ja ou **ja wohl.**

Pour répondre affirmativement à une question, on se sert de ja, ja wohl ; et très souvent aussi d'un des adverbes gewiß, *assurément* ; richtig, *en effet, comme de juste* ; allerdings, *certainement* ; freilich, *si*, etc.

Ces adverbes, comme on voit, ne s'emploient pas toujours indifféremment l'un pour l'autre.

Ex. : Haben Sie meinen Vater gesehen? **Ja** ou **ja wohl**. Avez-vous vu mon père? Oui.
Glauben Sie an Gott? **Gewiß, ja gewiß**. Croyez-vous en Dieu? (Oui) certainement.
Sie haben Ihre Uhr vergessen? **Richtig**. Vous avez oublié votre montre? En effet.

Nota. — 1° **Ja** est souvent *explétif* et sert à donner plus de force à une assertion. Dans ce cas, il peut se traduire par *bien, vraiment, mais, même* ou *bien plus*, souvent il ne se traduit pas : Sei ja fleißig, sois (bien) appliqué ; ich bin ja fleißig gewesen, mais, j'ai été appliqué ; Gott ist allmächtig, ja er ist allein mächtig, Dieu est puissant, *je dirai même* qu'il est seul puissant ; Sie wissens ja, vous le savez bien *ou* mais, vous le savez.

2° **Ja**, et surtout **ja doch**, servent à répondre affirmativement à une question posée sous la forme négative, comme *si* en français : Haben Sie mich nicht verstanden? Ja (doch), ne m'avez-vous pas compris? Si (fait).

3° **Ja** remplace aussi quelquefois nicht wahr? n'est-ce pas (pas vrai)? Du gehst mit, ja? tu nous accompagneras, n'est-ce pas?

437. Sind Sie **nicht krank**? **Nein, keineswegs**.

Il ne faut pas confondre nicht avec nein.

Nicht s'emploie pour rendre une phrase négative, et se rend par *ne pas, ne point*.

Nein sert dans les réponses négatives, ou au commencement des phrases exclamatives. Il se traduit par *non*.

Nein peut être remplacé par d'autres mots équivalents ou plus énergiques, comme **nicht doch**, *non pas*, **keineswegs**, *nullement*.

Ex. : Sind Sie **nicht krank**? **Nein, keineswegs**. N'êtes-vous pas malade? Non, nullement.
Nein, ich werde Sie nie vergessen! Non, je ne vous oublierai jamais!

Nota. — *Non* se traduit par nicht et non par nein, dans la phrase suivante et autres semblables : Dich, nicht deinen Bruder suche ich, c'est toi, *non* ton frère que je cherche.

438. Ich fürchte, daß mein Bruder komme.

En allemand, on n'emploie la négation que lorsque le sens de la phrase l'exige. Il n'en est pas toujours de même en français.

    Ex. : Ich fürchte, daß mein Bruder komme, je crains que mon frère *ne* vienne.

    Er spricht noch besser, als er schreibt, il parle encore mieux qu'il *n*'écrit.

    Aus Furcht, daß er sterbe, de peur qu'il *ne* meure.

Nota. — 1º Cependant, dans certaines phrases exclamatives, **nicht** peut s'employer par *pléonasme*.

    Ex. : Wie oft habe ich **nicht** gezittert ! Que de fois n'ai-je pas tremblé !

2º On emploie quelquefois **nicht** avec hoffen, au lieu de l'employer dans la proposition qui suit, comme en français : Ich hoffe **nicht**, daß Er noch von gestern her böse ist (Lessing). j'espère que vous *n*'êtes plus fâché comme hier. Ich will **nicht** hoffen, daß er kommt, j'espère qu'il *ne* viendra pas.

439. Kein Mensch ist besser.

Il y a des mots, en allemand, qui renferment en eux-mêmes l'idée de négation, et qui ne veulent jamais être accompagnés de nicht, ou d'une autre négation, bien que le contraire existe en français.

Tels sont kein, *aucun ;* nie, niemals, *jamais ;* Niemand, *personne ;* Nichts, *rien ;* nirgends, *nulle part*, etc.

    Ex. : Kein Mensch ist besser, aucun homme n'est meilleur.

    Ich habe ihn **nirgends** gesehen, je ne l'ai vu nulle part.

VII. *Locutions adverbiales.*

440. — Il y a des locutions adverbiales servant à unir les propositions entre elles. Elles se rendent comme il suit :

Es hat **so viele** Freunde **als** Feinde.

Tant — que, autant — que, si — que, aussi — que se rendent :

1º Par so viel(e), eben so viel(e), devant un substantif.

2º Par so, eben so, devant un adjectif ou un adverbe.

3º Par so sehr, eben so sehr, devant un verbe.

4º Par so oft *(si souvent)*, quand il s'agit du temps ou pour exprimer répétition, etc., *que* se rend par als, rarement par wie.

 Ex. : Er hat (eben) **so viele** Freunde **als** Feinde, il a autant d'amis que d'ennemis.

 Ihr Vater ist (**eben**) **so** reich **als** (*ou* wie) der meinige, votre père est aussi riche que le mien.

 Ich liebe meinen Vater **so sehr als** du den deinigen, j'aime mon père autant que tu (aimes) le tien.

Nota. — 1º Le mot **eben**, *précisément*, *tout*, se retranche le plus souvent dans les phrases négatives.

2º *Autant* se traduit quelquefois par **so viel**, même avec un *verbe*, surtout au commencement d'une proposition.

 Ex. : Ich weiß so viel als (*ou* wie) du, j'en sais autant que toi. — So viel ich weiß, autant que je sache.

3º *Que* se traduit par **daß**, quand il n'y a pas comparaison, mais dépendance entre les deux propositions.

 Ex. : Er hat so sehr (*ou* so oft) geweint, **daß** er gestorben ist, il a tant pleuré, qu'il en est mort.

441. **So viele** Soldaten, **so viele** Helden.

Autant... autant, se traduisent littéralement par so viel(e)..., so viel(e), ou par so... so.

 Ex. : **So viele** Soldaten, **so viele** Helden, autant de soldats, autant de héros.

 So reich er ist, **so** hülfreich ist er, autant il est riche, autant il est charitable.

442. Ich weiß die Sache **um so besser, als** ich dabei war.

On exprime les locutions suivantes :

1º *D'autant mieux* par um so besser.

2° *D'autant plus* par um fo mehr (ou un *comparatif*).

3° *D'autant moins* par um jo weniger, et le *que* suivant par als (quelquefois par da).

    Ex. : Ich weiß die Sache **um so besser, als** ich dabei war, je sais d'autant mieux la chose que j'y étais.

        Ich bin **um so glücklicher, als** (ou da) du hier bist, je suis d'autant plus heureux, que tu es ici.

Nota. — Le *que* se traduit aussi par je ou même par um jo, surtout quand il est suivi d'un adjectif... : Man ist desto glück= licher, **je** tugendhafter man ist, on est d'autant plus heureux, qu'on est plus vertueux.

443. **Je mehr** Weisheit, **desto** mehr Tugend.

Plus, moins, répétés, s'expriment par je — desto, ou par je — je, suivis de mehr, weniger, ou bien d'un autre *comparatif*.

    Ex. : **Je mehr** Weisheit, **desto** mehr Tugend, plus il y a de sagesse, plus il y a de vertu.

        Je schöner, **je** lieber, plus une chose est belle, plus elle plaît.

        Je weniger gelehrt, **desto** weniger bescheiden, moins on est savant, moins on est modeste.

Nota. — On voit que, dans ces sortes de phrases, on peut souvent *sous-entendre* le verbe et le sujet, quand il n'y a d'ailleurs lieu à aucune amphibologie.

444. Er ist **zu** furchtsam, **um** mir zu folgen.

Trop, suivi de *pour,* s'exprime ordinairement :

1° Par zu viel(e), devant un *substantif*.

2° Par zu devant un *adjectif* ou un *adverbe*.

3° Par zu sehr (1), devant un *verbe*.

---

(1) Quelquefois aussi par zu weit, trop loin ; zu lang, trop long- temps, etc., selon le sens du verbe : Die Sache ist zu weit voran= gerückt, la chose est **trop avancée** ; ich habe zu lang gewartet, j'ai trop attendu...

Et *pour* se rend soit par **um zu** suivi de l'infinitif, soit par **als daß** suivi du subjonctif.

> Ex. : Er ist **zu** furchtsam, **um** mir zu folgen, il est trop craintif pour me suivre.
>
> Ich liebe Sie **zu sehr**, **als daß** ich Ihnen die Wahrheit verhehlen sollte, je vous aime trop pour vous cacher la vérité.

445. **Kaum war das Wort gesagt, so war der Esel zerrissen.**

A peine suivi de *que*, se rend par **kaum** et *que* par **so**.

> Ex. : **Kaum** war das Wort gesagt, **so** war der Esel zerrissen (Lessing), ce mot fut *à peine* prononcé, *que* l'âne était mis en pièces.

Chapitre VII.

DE LA CONJONCTION

Emploi de certaines conjonctions.

I. **Aber, allein, sondern**, *mais*.

446. — 1° **Aber** et **allein** peuvent s'employer l'un pour l'autre après les phrases *affirmatives*. — Cependant **allein** marque une opposition plus *forte* que **aber**.

> Ex. : Er ist klein, **aber** stark, il est petit, mais il est fort.
>
> Er ist stark, **allein** Gott ist stärker, il est fort, mais (cependant) Dieu est plus fort.

447. — 2° **Sondern** *(au contraire)* indique une opposition encore plus marquée que **allein**, et s'emploie surtout après les propositions *négatives*.

> Ex. : Nicht die Sonne bewegt sich um die Erde, **sondern** die Erde um die Sonne, ce n'est pas le soleil qui tourne autour de la terre, mais la terre qui tourne autour du soleil.

Nota. — Aber peut s'employer dans tous les sens, il n'en est pas de même des deux autres. — On sait qu'il peut se mettre après un ou plusieurs mots, et sert surtout à traduire *quant à* : Ich aber, *quant à moi*.

II. Als, da, wie, wenn, wann, *lorsque, quand.*

448. — 1° Als se rapporte à un temps passé et indique une action qui coïncide avec une autre action.

>Ex. : Als ich ankam, (so) gieng er fort, lorsque j'arrivai, il partit.

449. — 2° Da s'emploie quelquefois dans le même sens que als ; d'autres fois il marque une cause et se traduit par *comme, puisque.* Dans ce dernier sens, il s'emploie aussi devant un *présent*.

>Ex. : Da ich krank bin, so muß ich zu Hause bleiben, comme je suis malade, il faut que je reste chez moi.

450. — 3° Wie s'emploie souvent comme als ; mais aussi dans le sens de *dès que*, soit devant un *présent*, soit devant un *imparfait*.

>Ex. : Wie ich Ihren Brief erhielt, reiste ich ab, dès que je reçus votre lettre, je partis.

451. — Wenn, dans le sens de *quand*, se rapporte à un temps *présent* pour un fait qui se répète habituellement, ou bien à un temps *futur*.

>Ex. : Wenn du kommst, quand (chaque fois que) tu viens.
>Wenn der Kukuk schreit, quand le coucou se fera entendre.

452. — 5° Wann se rapporte à un temps *futur* et s'emploie surtout devant les *interrogations* et dans certaines phrases *relatives*.

>Ex. : Wann kommen Sie ? quand viendrez-vous ?
>Ich weiß nicht, **wann** ich zurückkomme, je ne sais pas quand je reviendrai.

III. **Wenn**, et **ob**, *si* ; **als ob**, *comme si*.

453. — 1° **Wenn**, si *conditionnel* qu'il ne faut pas confondre avec wenn, *si*, quand... (n° 459), s'emploie pour exprimer une condition. — On sait que l'*imparfait* ou le *plus-que-parfait* qui suit se met au *subjonctif* et non à l'indicatif comme en français.

De plus, wenn conditionnel peut se sous-entendre quelquefois au moyen de l'inversion.

> Ex. : Wenn ich reich **wäre**, gewesen **wäre**; *ou* **wäre ich** reich, si j'étais, si j'avais été riche.

454. — 2° **Ob** a un sens *dubitatif*, et sert à unir deux verbes exprimés ou sous-entendus. Il est facile de tourner la phrase où il doit se trouver, par une interrogation.

> Ex. : Urtheile, **ob** es recht ist, jugez si cela est juste (cela est-il juste ? jugez-en).
>
> Er fragte, **ob** ich reich sei *ou* wäre, il demandait si j'étais riche.

Nota. — On sait que **ob** gouverne l'indicatif ou le subjonctif, selon que la réponse doit être affirmative ou négative.

455. — 3° **Als ob**, quelquefois als wenn, *comme si*. Le premier est toujours suivi du présent ou de l'imparfait du subjonctif ; le second toujours de l'imparfait du même mode.

> Ex. : **Als ob** er krank **sei**, comme s'il était malade.
>
> **Als ob** *ou* **als wenn** ich es **könnte**, comme si je le pouvais.

Nota. — On peut supprimer ob ou wenn, au moyen de l'inversion, pour donner à la phrase un tour plus vif.

> Ex. : Als sei **er** krank... Als könnte **ich** es.

IV. Que, *remplaçant d'autres conjonctions*.

456. — *Que*, remplaçant une autre conjonction, se traduit par le mot dont il tient la place.

1° Par damit, quand il signifie *afin que*.

> Ex. : Kommen Sie her, **damit** ich mit Ihnen spreche, venez ici, *que* je vous parle.

457. — 2° Par warum, quand il signifie *pourquoi*.
  Ex. : Warum rufen Sie mich? *Que* m'appelez-vous?

458. — 3° Par da, als ou wo, quand il signifie *quand, où*, etc.
  Ex. : In dem Winter, **da** *ou* **als** es so kalt war, dans l'hiver *qu'*il fit si froid.
  Am Tage, **wo** das geschieht, le jour *que* cela arrivera.

459. — 4° Par wenn, quand il signifie *si*, avec l'indicatif.
  Ex. : Wenn ich das geringste **sage**, so bin ich verloren, *que* je dise la moindre des choses, et je suis perdu.

460. — 5° Par damit nicht, quand il signifie *de peur que*.
  Ex. : Geht weg, **damit** er euch **nicht** mißhandle, éloignez-vous *qu'*il ne vous maltraite.

461. — 6° Par bis, quand il signifie *jusqu'à ce que*.
  Ex. : Warten Sie, **bis** ich zurückkomme, attendez *que* je revienne.

462. — 7° Par bevor, quand il signifie *avant que*.
  Ex. : Ich reise nicht ab, **bevor** alles fertig ist, je ne partirai pas, *que* tout ne soit fini.

463. — 8° Par er (sie, es) sei denn, quand il signifie *à moins que*.
  Ex. : Unternehmet kein Geschäft, **es sei denn** gerecht, n'entreprenez aucune affaire *qu'*elle ne soit juste.

464. — 9° Par ohne daß, quand il signifie *sans que*.
  Ex. : Man muß nichts behaupten, **ohne daß** man sicher ist, il ne faut rien affirmer *qu'*on n'en soit sûr.

465. — 10° Par ob, quand il signifie *si*, devant certaines phrases dubitatives.
  Ex. : **Ob** er will oder **ob** er nicht will, qu'il veuille ou qu'il ne veuille pas.

466. — 11° Enfin *que*, le plus ordinairement, *ne se traduit pas*, quand il est mis pour éviter la répétition d'une conjonction.
  Ex. : Wenn er kommt und mit mir sprechen will, s'il vient et *qu'*il veuille me parler.

Chapitre VIII.

DE L'INTERJECTION

O, der Elende.

467. — Le plus souvent, l'interjection *n'a pas d'influence* sur le mot qui la suit, et celui-ci se met presque toujours au nominatif.

    Ex. : O, der Elende! ô, le misérable !
        Ach! ich wußte es wohl, ah ! je le savais bien.
        Ei, du mein Gott ! ah, mon Dieu !
        Hurrah! die Todten reiten schnell, hourrah ! les morts vont vite *(Bürger)*.

Nota. — O se met souvent devant les adverbes d'affirmation ou de négation, pour leur donner plus de force. O ja! oui ! oui ! — O nein ! non ! non !

468.   O des Thoren, den Thoren.

Cependant, par exception, on peut le faire suivre d'un *autre* cas que le nominatif, du *génitif*, du *datif* ou de l'*accusatif*, quelquefois même d'une *préposition*. On sous-entend alors presque toujours un autre mot.

    Ex. : O **des** Thoren! ô le fou! (c'est-à-dire l'action de ce fou).
        O **den** Thoren! ô le fou! (c'est-à-dire voyez ce fou).
        Weh **mir**! malheur à moi !
        Pfui **über** das Laster ! fi du vice !

Nota. — Les interjections suivies du datif sont ordinairement des mots employés accidentellement comme tels. Dans ce cas, le *datif* peut devenir absolument *nécessaire*, comme dans ces exemples :

    Weh **mir**! malheur à moi ! — Heil **dir**! salut à toi ! — Wohl **euch**! bonheur à vous, vous êtes heureux!

NOTES

I. Sur l'orthographe allemande.

A. PRINCIPES GÉNÉRAUX

Le premier, nous l'avons déjà fait entendre dans les préliminaires, c'est de *conformer l'écriture à la bonne prononciation*. L'allemand est à peu près la seule langue moderne où l'on écrit les mots comme on les prononce. — Cependant, il peut se présenter quelques difficultés, de là les remarques suivantes :

1º On met ordinairement une consonne *simple* après une voyelle *longue*, et à plus forte raison après une voyelle double ou une diphtongue : Schaf (non Schaff), fiel (non fiell), schreiten (non schreitten).

Au contraire, on *redouble* la consonne après une voyelle *brève* : schaffen, fallen, Schritt, etc.

Nota. — 1º Ces exemples montrent comment le même mot, dans ses transformations, peut perdre ou ajouter une consonne : schreiten, schritt, etc.

2º Les muettes *faibles* ne sont presque jamais redoublées ; elles se changeraient plutôt en fortes : leiden, litt ; sieden, sett.

2º La lettre ſ doit s'écrire s à la fin d'un mot. Dans les mots composés, il faut donc bien savoir décomposer chaque mot : Haus-vater, Gläs-chen, Häus-lein, das-selbe, des-selben, aus-tilgen, rast (de rasen, être en fureur). — Tandis qu'on écrit auf-stehen (de auf et stehen) rasten (de Rast, repos).

3º Le v devient de plus en plus rare. On le rencontre au commencement des mots Vater, Vetter, Volk, Veilchen, Vieh, Vogt — voll, von, viel, vier, ver et le préfixe ver — et leurs dérivés ; — dans Frevel et dans quelques mots étrangers comme Pulver (de pulvis), Nerv(e), (de nervus), etc...

Partout ailleurs on écrit f.

4º Les mots *étrangers* s'écrivent généralement en caractères allemands, mais ils conservent leur orthographe propre : Genie, Voltaire, Shatespeare.

5º *Séparation de syllabes*. On ne suit pas l'étymologie, mais la prononciation : ſter=ben, gü=tig, Schü=ler, ſin=gen, Bü=cher, Men=ſchen, Tro=pfen.

Nota. — 1º Cependant, les lettres d'une *particule* ne se séparent pas : ver=achten, ent=ehren...

2º Dans un mot à double consonne, on sépare la dernière : Män=ner, fal=len.

B. ORTHOGRAPHE NOUVELLE

Voici en résumé les principaux changements qu'on tend à introduire, depuis 1880, dans l'orthographe allemande.

a. Voyelles.

1º On écrit Ä, Ö, Ü au lieu de Ae, Oe, Ue : Äcker, Öl, Übung.

2º i au lieu de y dans Gips, Silbe, Sirup, Vampir, etc...
Nota. — On a conservé Myrte, Bayern...

3º On écrit ie au lieu de i dans marſchieren, gratulieren, etc. De même gieb au lieu de gib.

4º ou au lieu de u dans Fourage, Fourier, Fournier, etc.

b. Consonnes.

1º Dans beaucoup de mots, on a définitivement retranché une consonne là où souvent il y en avait deux ou trois : ſamt au lieu de ſammt, Geſpinſt au lieu de Geſpinnſt, Zierat au lieu de Zierrath ; — Brenneſſel, au lieu de Brennneſſel, Schiffahrt au lieu de Schifffahrt.

Nota. — On a conservé Branntwein, Kenntniß, Litteratur, Kabinett, etc...

2º On écrit f au lieu de ph dans Adolf, Rudolf, Westfalen, etc.

3º Le h *disparaît* dans beaucoup de mots :

a) Dans th devant une double voyelle ou diphtongue : Teil, Tier, verteidigen, Urteil, Tau au lieu de Theil, etc...

b) Dans les désinences **thum** et **thüm**, at, et, ut : Reich=
tum, Ungetüm, Rat, Not, Mut, etc... De même dans Turm,
Wirt, Wert, etc... et généralement après une syllabe *brève*.

Nota. — Le h *est conservé* : *a)* dans les noms propres ou
étrangers : Martha, Athen, Theater, etc. ; *b)* dans Kuh, froh, gehen et
autres semblables; *c)* devant une voyelle simple : That, Thor, thun;
d) quand il est entre une voyelle longue et une liquide (l, m,
n, r) : Jahr, Ähre, mehr, Sohn, Hohle, Uhr, rühmen. — De même
dans Fehde, Draht, Naht.

4° C devient K ou Z (selon la prononciation), dans
les mots étrangers : Kabinett, Kollege, Lokomotive ; — De=
zember, Konzert, Prinzip.

5° niß devient nis : Bildnis, Kenntnis.

6° dt perd tantôt le **t**, tantôt le **d** : der Tod, tödlich,
Todsünde, etc., au lieu de Todt, etc... — tot (adj.) totschla=
gen... Brot, gescheit... au lieu de todt... Brodt, etc...

II. Sur la Ponctuation.

Elle est la même en allemand qu'en français, sauf pour
l'emploi de la virgule.

1° La *virgule* doit s'employer *avant* et *après* chaque
proposition *incidente* ou *subordonnée*, pour donner à la
phrase plus de clarté. — La même chose a lieu très souvent devant les propositions *infinitives* reliées à une autre
proposition par zu.

  Ex. : Der Mann, den ich gesehen habe, ist angekommen.
  L'homme que j'ai vu, est arrivé.
 Ich glaube, daß er Recht hat.
 Je crois qu'il a raison.
 Ich erlaubte ihm, diese Reise zu unternehmen.
  Je lui ai permis d'entreprendre ce voyage.

Nota.— On écrit cependant *sans virgule* les phrases suivantes
et autres semblables, de peu d'étendue : Er weiß zu leben ; es ist Zeit
zu arbeiten ; das Glück ist leicht zu verlieren, etc...

2° On emploie souvent la *virgule* à la place de la
conjonction **und**, pour unir deux adjectifs.

  Ex. : Die gute, verständige Mutter.
  La bonne et intelligente mère.

Nota. — 1º Au lieu des points de suspens (...), les Allemands se servent d'un ou de plusieurs *tirets* (Gedankenstrich, *trait de réflexion*). Ce signe remplace quelquefois aussi la *parenthèse* :

    Gib mir dein Geld, oder —
    Donne-moi ton argent, ou bien...
    Ich wünsche — finden Sie den Wunsch nicht sehr natürlich ? —
    Ihr Zutrauen zu erwerben.
    Je souhaite (et ne trouvez-vous pas ce désir bien naturel ?)
    je *souhaite* gagner votre confiance.

2º *L'apostrophe* est très commune en allemand. Elle sert non seulement à *remplacer* l'e ('s ist pour es ist...) ou à indiquer certains *génitifs* (Cicero's, Voß' Werke...) ; mais encore le i dans certains adjectifs, surtout en poésie, et quelquefois des syllabes entières : Ein schatt'ger Wald (pour schattiger); 'nen Apfel (pour einen...) ; an's, vor'm... (pour an das, vor dem).

III. Sur l'Abréviation.

Voici celles qui se rencontrent le plus souvent :

d. h. ou d. i.	= das heißt, das ist,	*c'est-à-dire.*
u. s. w.	= und so weiter,	
u. s. f.	= und so ferner,	*et cætera.*
u. dergl. m.	= und dergleichen mehr	
u. a. m.	= und andere mehr,	
z. B.	= zum Beispiel	*par exemple.*
z. E.	= zum Exempel,	
Ew.	= Ewere, pour euere, *votre.*	
Hr.	= Herr, *Monsieur.*	
HHr.	= Herren, *Messieurs.*	
Fr.	= Frau, *Madame.*	
geb.	= geboren, *né.*	
gest.	= gestorben, *mort.*	
Kr.	= Kreuzer, *kreuzer.*	
Pf., Pfd.	= Pfund, *(la) livre.*	
Pfg.	= Pfennig, *pfennig.*	
Thlr.	= Thaler, *thaler.*	
vgl.	= vergleiche, *comparez, voyez.*	
Kap.	= Kapitel, *chapitre.*	

GERMANISMES

L'allemand, comme toute autre langue, a certaines locutions particulières. Nous n'en donnons ici que les principales. L'usage devra apprendre le reste.

Aux abois, à la mort. Dieser Mann liegt in den letzten Zügen. — Dieser Mann ringt mit dem Tode.

Age. Wie alt bist du? (combien âgé es-tu?) quel âge avez-vous?

Comble. Er steht auf dem Gipfel seines Ruhms, il est au comble de sa gloire.

Au fond de. Tief im Gebirge (profondément dans la montagne), au fond de la montagne.

A la longue. Mit der Zeit, avec le temps.

Question. Wovon ist die Rede? (de quoi est le discours?) de quoi est-il question?

Tenir tête. Einem die Spitze bieten (offrir la pointe), tenir tête à quelqu'un.

Tête. Sich den Kopf zerbrechen (se casser la tête), se tourmenter, se torturer l'esprit.

Nature. Nach dem Leben mahlen, peindre d'après nature (d'après la vie).

Châteaux. Schlösser in die Luft bauen (bâtir des châteaux en l'air), faire des châteaux en Espagne.

Riens. Für nichts und wieder nichts (pour rien et encore rien), pour des riens.

Couvert. Den Tisch decken (couvrir la table), mettre le couvert, la table.

Bonne chère. Gut essen und trinken (bien manger et boire), faire bonne chère.

Gorge. Aus vollem Halse lachen, rire (de plein cou) à gorge déployée.

Messe. Die Messe lesen (lire la messe), dire la messe.

Etoile. Unter freiem Himmel, à la belle étoile.

Prendre. Ich trinke keinen Kaffee (je ne bois pas), je ne prends pas de café.

Avoir. Was fehlt Ihnen? Wo fehlt es Ihnen? (qu'est-ce qui vous manque?) Qu'avez-vous? Où souffrez-vous?

Avoir mal. Ich habe einen bösen Finger (un mauvais doigt), j'ai mal au doigt. — Ich habe Kopfweh ou Kopfschmerzen, j'ai mal à la tête.

Avoir fini. Ich bin fertig (je suis fini, au bout), j'ai fini.

Avoir beau. Er schreit vergebens (il crie en vain), il a beau crier.

Aimer. Er trinkt gern Wein (il boit volontiers du vin), il aime le vin.

Aller. Es handelt sich um sein Leben (il s'agit de), il y va de sa vie.

Être plein. Er bildet sich viel ein (il se figure beaucoup), il est plein de son mérite.
Boire dans. Aus einem Glas trinken (boire d'un), boire dans le même verre.
Être près de. Im Begriffe sein (être sur le point, en train).
Être redevable. Er hat es mir zu verdanken (il a à m'en remercier). Il m'en est redevable.
Railler. Einen zum Besten haben (tenir quelqu'un pour le meilleur, c'est-à-dire pour un bonasse), railler quelqu'un.
Toucher. Den rechten Fleck treffen (toucher le point juste), toucher la chose du doigt.
Être de taille. Einem gewachsen sein (être grandi pour quelqu'un), être de taille, être capable de tenir tête à quelqu'un.
Accroire. Einem etwas weiß machen (rendre blanc), faire accroire quelque chose à quelqu'un.
Faillir. Ich bin fast gefallen (je suis presque tombé), j'ai failli tomber.
Falloir. Man muß (on doit), il faut. Du mußt, wir müssen, etc., il me faut, il nous faut. D'autres fois on traduit *il faut* par brauchen, *avoir besoin*. Ich brauche Geld, il me faut de l'argent, etc.
S'en falloir. Es fehlt viel dazu, il s'en faut de beaucoup. — Er ist bei weitem nicht so reich (de loin), il s'en faut de beaucoup qu'il soit aussi riche.
Penser. Ich war nahe am Sterben (j'étais près), ou ich bin fast gestorben, j'ai pensé mourir.
S'en prendre à. Man gab mir die Schuld davon (on mit la faute sur moi), on s'en prit à moi.
Sonner. Es schlägt vier Uhr (il frappe quatre heures), quatre heures sonnent.
Venir de. Ich habe soeben geschrieben (j'ai écrit tout aussitôt), je viens d'écrire.
Le premier venu. Wählen Sie den ersten besten (le premier meilleur), choisissez le premier venu.
Vivre au jour le jour. Von der Hand in den Mund leben (vivre de la main à la bouche).

PROVERBES ALLEMANDS

Affen feil haben (vendre des singes), regarder la pluie et le beau temps.

Kurz angebunden sein (être attaché court), avoir la tête près du bonnet.

Der Apfel fällt nicht weit vom Stamme (la pomme ne tombe pas loin du tronc), un loup n'engendre pas de brebis.

In einen sauren Apfel beißen (mordre dans une pomme acide), faire quelque chose malgré soi.

Einem einen Bären anbinden (attacher un ours à), en faire accroire à quelqu'un.

Kein Blatt vor's Maul *(ou Mund, qui est plus noble)*, nehmen (ne pas mettre de feuille devant sa bouche), avoir son franc parler.

Sich nach der Decke strecken (s'étendre selon la couverture), régler sa bouche d'après sa bourse.

Mit einem Deutsch reden (parler allemand à quelqu'un), lui parler franchement.

Das Ei will klüger sein als die Henne (l'œuf veut être plus sage que la poule), Gros Jean en remontre à son curé.

Sich um ungelegte Eier bekümmern (se préoccuper d'œufs non encore pondus), prendre des soins inutiles.

Fersengeld geben (donner de la monnaie de talon), montrer les talons.

Krumme Gänge gehen (suivre des allées tortueuses), user de finesse ; chercher des détours.

Fünf gerade sein lassen (laisser cinq pairs), laisser le monde aller comme il va.

Wie gewonnen, so zerronnen (ainsi gagné, ainsi perdu). Ce qui vient par la flûte, s'en retourne par le tambour.

Gift und Galle speien (cracher venin et bile), jeter feu et flamme.

Goldene Berge versprechen (promettre des montagnes d'or), promettre monts et merveilles.

Es ist kein gutes Haar an ihm (il n'a pas un seul bon cheveu sur sa tête), c'est un franc vaurien.

Mit einem in ein Horn blasen (souffler avec quelqu'un dans le même cor), s'entendre comme larrons en foire.

Viele Hunde sind des Hasen Tod (beaucoup de chiens sont la mort du lièvre) être accablé par le nombre.

Hunger ist der beste Koch (la faim est le meilleur cuisinier), il n'est telle sauce que d'appétit.

Einen hinter das Licht führen (mener quelqu'un derrière la lumière), abuser ou tromper quelqu'un.

Einem über das Maul (*ou* den Mund) fahren (marcher sur la bouche à quelqu'un), brusquer quelqu'un.

Einem das Maul (*ou* den Mund) stopfen (fermer la bouche à quelqu'un), rabattre le caquet à quelqu'un.

Morgenstund hat Gold im Mund (l'heure du matin a de l'or dans sa bouche), l'aurore est l'amie des muses.

In Saus und Braus leben, mener joyeuse vie, faire gogaille.

Ueber die Schnur hauen (frapper au delà du cordon), passer les bornes.

Mit dem Schwerte drein schlagen (frapper avec l'épée), user de force, d'autorité absolue.

Wer zuerst kommt, der mahlt zuerst (qui arrive le premier, moudra le premier), le premier passe devant.

LISTE DES NOMS IRRÉGULIERS
ou pouvant présenter quelque difficulté.

A

				G. s.	Pl.	2⁼ Pl. (1)
Aal	...	m.	anguille	(e)s	—e	
Aar	...	»	aigle *(poét.)*	(e)s	—e	
Aas	...	n.	charogne	es	Äſer	
Abend	...	m.	soir	(e)s	—e	
Achat	...	»	agate	(e)s	—e	
Accord	...	»	accord	(e)s	—e	
Acker	...	»	champ	s	″er	
Ahn	...	»	aïeul	(e)s	—en	
Alp	...	»	incube / cauchemar	(e)s	—e	
Altar	...	»	autel	s	″e	
Amboß	...	»	enclume	es	—e	
Angſt	...	f.	angoisse	—	″e	
Anlaß	...	m.	occasion	ſſes	—ſſe	
Antlitz	...	n.	visage *(poét.)*	es	—e	
Anwalt	...	m.	avocat	(e)s	—e	
Apfel	...	»	pomme	s	″	
Arm	...	»	bras	(e)s	—e	
Aß	...	n.	as	(e)s	—ſe	*inv.*
Art	...	f.	hache	—	″e	

B

Baier	...	m.	Bavarois	s	—n	
Ball	...	»	bal(le)	(es)	″e	
Band	...	n.	lien	(e)s	—e	
		»	ruban	″	″er	
		m.	volume	″	″e	
Bank	...	f.	banque	—	—n	
		»	banc	—	″e	
Barbar	...	m.	barbare	—en	—en	
Barſch	...	»	perche (poisson)	(e)s	—e	

(1) Cela veut dire que certains noms ont *deux pluriels*. Le *premier* est généralement le *plus usité*.

				G. s.	Pl.	2ᵉ Pl.
Bastard	. .	»	bâtard	s	—e	
Bau.	. . .	»	bâtisse	(e)s	—e	ten
Bauer.	. .	»	paysan	s(*ou* n)	—n	
Bett.	. . .	n.	plate-bande	es	—e	
Berber.	. .	m.	Berbère	s	—n	
Beruf.	. .	m.	vocation	(e)s	—e	
Besteck.	. .	n.	étui; couvert	(e)s	—e	
Besuch.	. .	m.	visite	(e)s	—e	
Bett.	. . .	n.	lit	(e)s	—en	
Bischof.	. .	m.	évêque	s	″e	
Boden.	. .	»	sol, fond; grenier	s	″	
Boot	. . .	n.	bateau	(e)s	Böte	
Bord	. . .	m.	bord	(e)s	—e	
Born	. . .	»	puits; source	(e)s	—e	
Borst	. . .	»	crevasse	es	—e	
Böfewicht.	. .	»	méchant	(e)s	—er	—e
Braut.	. .	f.	fiancée	—	″e	
Brod	. . .	n.	pain	(e)s	″e	
Bruder.	. .	»	frère	s	″	
Brunst.	. .	f.	ardeur	—	″e	
Brust	. . .	»	poitrine	—	″e	
Bund	. . .	{ n.	assemblage	(e)s	—e	
		{ m.	alliance, pacte	″	″e	
Bursch(e).	. .	m.	jeune homme, garçon	en	—en	

C

				G. s.	Pl.	2ᵉ Pl.
Camisol	. .	n.	camisole	(e)s	″er	
Capellan	. .	m.	chapelain	—s	″e	
Capital	. .	n.	chapiteau	(e)s	″er	
Cardinal	. .	m.	cardinal	(e)s	″e	
Charakter.	. .	»	caractère	s	—	ere
Chor	. . .	m.(n.)	chœur	(e)s	″e	
Christ	. . .	m.	chrétien	—en	—en	
Cimber.	. .	»	Cimbre	—s	—n	
Compaß	. .	»	compas, boussole	sses	″sse	
Concept	. .	n.	brouillon, minute	(e)s	—e	
Concert	. .	»	concert	(e)s	—e	
Corsar.	. .	m.	Corsaire	es	—e	
Contrakt	. .	»	contrat	es	—e	
Cruzifir	. .	n.	crucifix	es	—e	

LISTE DES NOMS IRRÉGULIERS

D

			G. s.	Pl.	2ᵉ Pl.
Dachs...	m.	blaireau	—es	—e	˝_e
Deck...	n.	pont *(vaisseau)*	(e)s	—e	
Dialog...	m.	dialogue	(e)s	—e	
Ding...	n.	chose	(e)s	—e	
		petit être	˝	—er	
Docht...	m.	mèche	es	—e	
Dolch...	m.	poignard	es	—e	
Dolmetsch(1)	»	interprète	—en	—en	
Dom...	»	dôme, cathédrale	s	—e	
Dorn...	»	épine	(e)s	—en	˝_er
Druck...	»	pression, imprimé	(e)s	˝_e	
Duett...	n.	duo	(e)s	—e	—en
Dutzend..	»	douzaine	(e)s	—e	

E

Eck...	n.	angle	(e)s	—e	
Ende...	»	fin	es	—en	
Erfolg...	m.	succès	es	—e	
Erz...	n.	airain	es	—e	
Excerpt..	»	extrait	(e)s	—e	
Extrakt...	m.	extrait	(e)s	—e	

F

Faden...	m.	fil	s	˝	—
Falz...	»	pli, onglet	es	—e	
Fant...	»	jeune homme *(léger)*	es	—e	˝_e
Faust...	f.	poing	—	˝_e	
Fest...	n.	fête	es	—e	
Finke(e)..	m.	pinson	en	—en	
Flausch(ch)..	»	castorine	es	—e	
Fließ...	n.	toison	es	—e	
Floß...	»	radeau	es	˝_e	
Flötz...	»	couche *(géologie)*	es	—e	
Flucht...	f.	fuite	—	˝_e	
Forst...	m.	forêt	es	—e	˝_e
Frack...	»	habit	(e)s	—e	

(1) Plus souvent Dolmetsch er, *rég.*

LISTE DES NOMS IRRÉGULIERS

			G. s.	Pl.	2° Pl.
Fratz ...	»	frimousse, fat	en	—en	
Fuß ...	»	pied	es	″ е	
		mesure	″	— е	
Fürst ...	»	prince	en	—en	

G

Garten ...	m.	jardin	s	″	
Gas ...	n.	gaz	es	—e	
Gau ...	m.	district, région	es	—en	—e
Geck ...	»	fat	en	—en	
Gehalt ...	n.	salaire	es	—e	
Geist ...	m.	esprit	es	—er	
Gemahl ...	»	époux	(e)s	—e	
Genoß ...	m.	camarade	ssen	—ssen	
Geselle(e) ...	»	compagnon	en	—en	
Gesicht ...	n.	visage	es	—er	
		vision	″	—e	
Gesuch ...	»	pétition	es	—e	
Gevatter ...	m.	compère	s	—n	
Gift ...	n.	poison	es	—e	
Golf ...	m.	golfe	es	—e	
Gott ...	»	Dieu	es	″er	
Graben ...	»	fossé	s	″	
Grad ...	»	degré	es	—e	
Graf ...	»	comte	en	—en	
Grand ...	»	gravier	es	—e	
Grat ...	»	pointe, bord	es	—e	
Groll ...	»	rancune	s	—e	
Gurt ...	»	ceinture	es	—e	

H

Hafen ...	m.	port	s	″	
Hag ...	»	haie	es	—e	
Hagestolz ...	»	célibataire	en	—en	
Hall ...	»	son	(e)s	—e	
Halm ...	»	tige	es	—e	
Halt ...	»	arrêt	es	—e	
Hammel ...	»	mouton	s	″	
Hammer ...	»	marteau	s	″	
Hand ...	f.	main	—	″e	

				G. s.	Pl.	2ᵉ Pl.
Handel...	m.	affaire *(commerce)*		s	"	
Harz...	n.	résine		es	—e	
Haß...	m.	haine		sses	—e	
Hau...	»	coupe		es	—e	
Hauch...	»	souffle		es	—e	
Haut...	f.	peau		—	¨e	
Heft...	n.	cahier, le manche		es	—e	
Heiland...	m.	sauveur		(e)s	—e	
Held...	»	héros		en	—en	
Hemd...	n.	chemise		es	—en	
Herold...	m.	héraut		(e)s	—e	
Herr...	»	seigneur, maître		n	—en	
Herz...	n.	cœur		e(n)s	—en	—e
Herzog...	m.	duc		(e)s	—e	¨e
Hirt...	»	pâtre		en	—en	
Hohn...	»	sarcasme		(e)s	—e	
Hops...	»	saut		es	—e	
Horst...	m.	buisson, aire		es	—e	
Hort...	»	trésor; asile; appui		es	—e	
Hospital...	n.	hôpital		(e)s	¨ er	
Huf...	m.	sabot *(cheval)*		(e)s	—e	
Hund...	»	chien		es	—e	
Husar...	»	hussard		en	—en	

I

Interesse...	n.	intérêt		s	—n	
Institut...	»	institut		(e)s	—e	

J

Janitschar.	m.	janissaire		en	—en	
Joch...	n.	joug		(e)s	—e	

K

Kaffer...	m.	Caffre		s	—	
Kalk...	»	chaux		(e)s	—e	
Kanal...	»	canal		s	¨e	
Karst...	»	pioche		es	—e	¨e
Katalog...	»	catalogue		(e)s	—e	
Käse...	»	fromage		s	—	

LISTE DES NOMS IRRÉGULIERS

			G. s.	Pl.	2e Pl.
Klima	n.	climat	s	—s	ta *ou* te
Kloſter	»	couvent	s	¨	
Kluft	f.	gouffre	—	¨e	
Knall	m.	bruit, éclat	s	—e	
Knie	n.	genou	(e)s	—e	
Kobold	m.	farfadet	(e)s	—e	
Konſul	»	consul	s	—n	
Kork	»	liége	es	—e	
Koſak	»	cosaque	en	—en	
Krach	»	craquement	es	—e	
Krahn	»	grue	(e)s	—e	en
Kreuz	n.	croix	es	—e	
Kuckuck	m.	coucou	s	—e	
Kuh	f.	vache	—	¨e	
Kummet	n.	collier *(cheval)*	s	—e	
Kunft (1)	f.	réunion	—	¨e	
Kunſt	»	art	—	¨e	
Kurs	m.	cours	es	—e	
Küraß	»	cuirasse	ſes	—ſe	
Kux	»	portion *(mine)*	es	—e	

L

Labyrinth	n.	labyrinthe	es	—e	
Lachs	m.	saumon	es	—e	
Laden	»	boutique, magasin	s	¨	
		volet	¨	—	
Lahn	»	lame (d'or)	(e)s	—e	
Laib	»	miche	(e)s	—e	
Land	n.	pays	es	—e	
		endroit	¨	¨er	
Laus	f.	pou	—	¨e	
Laut	m.	son	es	—e	
Lazareth	n.	hôpital	(e)s	—e	
Leib	m.	corps	es	—er	
Leid	n.	souffrance	(e)s	—en	
Leopard	m.	léopard	(e)s	—e	en

(1) Kunſt existe surtout dans les composés, comme Zuſammen=
kunft, rendez-vous.

LISTE DES NOMS IRRÉGULIERS

			G. s.	Pl.	2ᵉ Pl.
Leu	»	lion *(poét.)*	en	—en	
Licht . . .	*n.*	lumière	(es)	—er	
		chandelle	″	—e	
Loos . . .	»	lot, sort	ſes	—e	
Lorbeer . .	*m.*	laurier	s	—n	
Loth . . .	*n.*	demi-once	(e)s	—e	
Luchs . . .	*m.*	lynx	es	—e	
Luft . . .	*f.*	air	—	″e	
Lump . . .	*m.*	gueux	en	—en	
Lust . . .	*f.*	plaisir ; désir	—	″e	

M

Macht . . .	*f.*	puissance	—	″e	
Magd . . .	»	servante	—	″e	
Ma(m)meluck	*m.*	mameluk	(e)s	—en	
Mangel . .	»	défaut	s	″	
Mann . . .	»	homme (vir)	(e)s	″er	
		vassal	″	—en	
		soldat	″	—	
		dˢ lˢ composés, souvent	″	leute	
Mantel . .	»	manteau	s	″	
Marschall . .	»	maréchal	s	″e	
Mast . . .	»	mât	es	—en	
Maß . . .	*n.*	mesure	es	—e	
Matsch . . .	*m.*	marmelade ; jeu	es	—e	
Matz . . .	»	nigaud	es	—e	
Maus . . .	*f.*	souris	—	″e	
Mensch . . .	*m.*	homme *(homo)*	en	—en	
Mohr . . .	*m.*	Maure, nègre	en	—en	
Molch . . .	»	salamandre	es	—e	
Monat . . .	»	mois	(e)s	—e	
Mond . . .	»	lune	(e)s	—e	
		mois *(poét.)*	″	—en	
Moos . . .	*n.*	mousse	es	—e	
Morast . . .	*m.*	marais	es	″e	
Mord . . .	»	meurtre	es	—e	
Most . . .	»	moût	es	—e	
Mund . . .	»	bouche	(e)s	″e	″er
Muskel . .	»	muscle	s	—n	
Muß . . .	*n.*	marmelade	es	—e	
Muth . . .	*m.*	courage	(e)s	—e(?)	

N

			G. s.	Pl.	2ᵉ Pl.
Nachbar	m.	voisin	s	—n	
Nacht	f.	nuit	—	¨e	
Nagel	m.	clou	s	¨	
Naht	f.	couture	—	¨e	
Narr	m.	fou	—en	—en	
Netz	n.	filet	es	—e	
Nord	m.	nord	(e)s	—e (e)	
Noth	f.	nécessité, besoin	—	¨e	
Nuß	»	noix	—	¨sse	

O

			G. s.	Pl.	2ᵉ Pl.
Oberst	m.	colonel	en	—en	
Ochs	»	bœuf	en	—en	
Ofen	»	poêle, four	s	¨	
Ohm	»	oncle	—s	—e	
Ohr	n.	oreille	s	—en	
Ort	m.	lieu *(en général)*	(e)s	—e	
		lieu précis, endroit	¨	¨r	
Ost	»	Est, levant	es	—e (?)	
Orhost	n.	barrique	(e)s	—e	¨e

P

			G. s.	Pl.	2ᵉ Pl.
Pack	m.(n.)	paquet	(e)s	—e	¨e
Packt	m.	pacte	(e)s	—e	
Palast	»	palais	es	¨e	
Pallasch	»	longue épée	es	—e	
Pantoffel	»	pantoufle	s	—n	
Park	»	parc	(e)s	—e	
Part	m.(n)	part	(e,s	—e	
Pasch	m.	dé	es	—e	
Petschaft	n.	cachet	(e)s	—e	
Pfad	m.	sentier	(e)s	—e	
Pfau	»	paon	{ (e)s / en	—en	
Pferd	n.	cheval	(e)s	—e	
Pfund	»	la livre	(e)s	—e	
Pol	m.	pôle	(e)s	—e	

LISTE DES NOMS IRRÉGULIERS 285

			G. s.	Pl.	2e Pl.
Pommer	»	Poméranien	s	—n	
Popanz	»	épouvantail	es	—e	
Port	»	port	es	—e	
Prahm	»	prame	(e)s	—e	⸗e
Prall	»	choc, bond	(e)s	—e	
Prinz	»	prince	en	—en	
Procent	n.	pour-cent	(e)s	—e	
Produkt	»	produit	(e)s	—e	
Profoß	m.	prévôt	es	—e	
Prunk	»	pompe, faste	(e)s	—e	
Psalm	»	psaume	(e)s	—en	
Puls	»	pouls	es	—e	
Pult	n.(m)	pupitre	(e)s	—e	
Punkt	m.	point	(e)s	—e	

Q

Qualm	m.	fumée, bouffée	(e)s	—e	
Quarz	»	quartz	es	—e	
Quotient	»	quotient	en	—en	

R

Rahm	m.	crème	(e)s	—e	
Rand	»	bord	(e)s	—er	
Rath	»	conseil	(e)s	⸗e	...schlüsse
Raufbold	»	bretteur	(e)s	—e	
Recept	n.	ordonnance *(méd.)*	(e)s	—e	
Recht	»	droit	(e)s	—e	
Reck	»	trapèze *(gym.)*	(e)s	—e	
Reff	»	voile, ris	(e)s	—e	
Regiment	»	régiment	(e)s	—er	
Reh	»	chevreuil	(e)s	—e	
Reich	»	empire	(e)s	—e	
Rescript	»	rescrit	(e)s	—e	
Riff	»	récif	(e)s	—e	
Roß	n.	cheval, coursier	sses	—e	
Rotz	m.	morve	es	—e	
Ruf	»	cri	(e)s	—e	
Ruck	»	secousse	(e)s	—e	
Rund	»	rond	(e)s	—e	

S

			G. s.	Pl.	2ᵉ Pl.
Saal . . .	m.	salle	(e)s	⸗ e	
Salat . . .	»	salade	(e)s	—e	
Salm . . .	»	saumon	(e)s / en	—e / —en	
Salz . . .	n.	sel	es	—e	
Samm(e)t .	m.	velours	(e)s	—e	
Sarraß . .	»	cimeterre	sses	—sse	
Saß . . .	»	habitant	—ssen	—ssen	
Sattel . . .	»	selle	s	⸗	
Sau . . .	f.	porc	—	⸗ e	
		truie	—	—en	
Schach . . .	m.	schah	(e)s	—e	s
	n.	jeu d'échecs	⸗	—e	⸗
Schaden . .	m.	dommage	s	⸗	
Schaf . . .	n.	brebis	(e)s	—e	
Scheit . . .	»	débris, éclat	(e)s	—er	
		bûche	⸗	—e	
Schenk . . .	m.	échanson	(e)s	—e	
Schiff . . .	n.	vaisseau	(e)s	—e	
Schlot(t) . .	m.	tuyau *(de cheminée)*	(e)s	—e	
Schluck . .	»	gorgée	(e)s	—e	
Schmant . .	»	matière grasse	(e)s	—e	
Schmerz . .	»	douleur	e(n)s	—en	—e
Schmuck . .	»	parure	(e)s	—e	
Schnabel . .	»	bec	s	⸗	
Schnack . .	»	conte	(e)s	—e	
Schnur . .	f.	cordon	—	⸗ e	
		bru	—	—en	
Schock . . .	n.	soixantaine, tas	(e)s	—e	
Scholar . .	m.	écolier	en	—en	
Schoß . . .	»	rejeton	sses	—e	
Schrot . . .	»	grain de plomb	(e)s	—e	
Schuft . . .	»	coquin	(e)s	—e	
Schuh . . .	»	soulier	(e)s	—e	
Schultheiß .	»	maire (de village)	en	—en	
Schulz(e) . .	»	maire (de village)	en	—en	
Schund . .	»	égratignure	(e)s	—e	
Schurz . . .	m.⁽¹⁾	tablier	es	—e	

(1) Plus souvent : die Schürze, *rég.* f.

LISTE DES NOMS IRRÉGULIERS

			G. s.	Pl.	2⁰ Pl.
Schwager...	»	beau-frère	s	"	
Schwalch..	»	ouverture d'un four	(e)s	—e	
Schwall...	»	masse *(flots...)*	(e)s	—e	
See....	*f.*	mer	—	—en	
	m.	lac	es	—en	
Sieb....	*n.*	tamis	(e)s	—e	
Smaragd...	*m.*	émeraude	(e)s	—e	
Spalt...	»	fente	(e)s	—e	
Span...	»	copeau	(e)s	—e	
Spatz...	»	moineau	es	—en	
Spital...	*n.*	hôpital	(e)s	"er	
Sporn...	*m.*	éperon	(e)s	—ne	—oren
Staar...	»	étourneau	(e)s	—e	
Staat...	»	Etat	es	—en	
Stadt...	*f.*	ville	—	"e	
Statut...	*n.*	statut	(e)s	—en	
Staub...	*m.*	poussière	(e)s	—e(?)	
Stauch...	»	coup	(e)s	—e	
Stock...	»	canne	(e)s	"e	
		étage	"	—e	
Stoff...	»	étoffe	(e)s	—e	
Strahl...	»	rayon	(e)s	—en	
Strand...	»	bord	(e)s	—e	
Strauß...	»	autruche *(aussi* lutte*)*	es	—e	
		bouquet	es	"e	er
Strolch...	»	coquin	(e)s	—e	
Stück...	*n.*	morceau, pièce	(e)s	—e	
Stulp...	*m.*	rebord	(e)s	—e	
Sund...	»	détroit	(e)s	—e	

T

Takt....	*m.*	mesure *(mus...)*	(e)s	—e
Tag....	»	jour	(e)s	—e
Talg...	»	suif	(e)s	—e
Talk...	»	talc	(e)s	—e
Tand...	»	fadaise	(e)s	—e
Tang...	»	varech	(e)s	—e
Tap(s)...	»	lourdaud	es	—e
Tartar...	»	Tartare	s	—en

			G. s.	Pl.	2e Pl.
Tau. . . .	n.	câble	(e)s	—e	
Tausch. . .	m.	échange	es	—e	
Thema. . .	n.	thème	s	—ta	s
Thor . . .	m.	l'insensé	en	—en	
	n.	porte (cochère)	(e)s	—e	
Thran. . .	m.	huile (de poisson)	(e)s	—e	
Thron. . .	»	trône	(e)s	—e	
Toast . . .	»	toast	es	—e	
Tod. . . .	»	mort	(e)s	—e	
Topas. . .	»	topaze	es	—e	
Torf . . .	»	tourbe	(e)s	—e	
Trab . . .	»	trot	(e)s	—e	
Traktat . .	n.	traité	(e)s	—e	
Trapp. . .	m.	pas lourd	(e)s	—e	
Triumph. .	»	triomphe	(e)s	—e	
Trost . . .	»	consolation	es	—e	
Troß . . .	»	train (équipage)	sses	—e	
Truchseß . .	»	écuyer.	ssen	—ssen	
			sses	—sse	
Trunkenbold.	»	ivrogne	(e)s	—e	
Trupp. . .	»	troupe	(e)s	—e	
Tuf(f). . .	»	tuf	(e)s	—e	
Tumult . .	»	tumulte	(e)s	—e	
Tusch . . .	»	fanfare	es	—e	
Tyrann . .	»	tyran	en	—en	— s

U

Ungar . . .	m.	Hongrois	s	—en
Unhold. . .	»	monstre	(e)s	—e
Unterthan. .	»	sujet	s	—en

V

Vater . . .	m.	père	s	″
Vagabund .	»	vagabond	en	—en
Verdienst. .	»	gain	es	—e
	n.	mérite		
Verhack. . .	m.	abattis (d'arbres)	(e)s	—e
Verhau. . .	»	— —	(e)s	—e
Verlust. . .	»	perte	es	—e
Versuch . .	»	essai	(e)s	—e

LISTE DES NOMS IRRÉGULIERS

			G. s.	Pl.	2e Pl.
Veteran . . .	»	vétéran	en	—en	
Vetter . . .	»	cousin	s	—n	
Vikar . . .	»	vicaire	s	—e	
Vielfraß . .	»	glouton	es	—e	
Vogel . . .	»	oiseau	s	”	
Vorfahr . .	»	ancêtre	en	—en	
Vormund . .	»	tuteur	(e)s	” er	

W

Wahn . . .	m.	illusion, folie	(e)s	—e (?)	
Wald . . .	»	forêt	(e)s	” er	
Wall . . .	»	rempart	(e)s	” e	
		bouillon(nement)	”	—e	
Wand . . .	f.	mur, cloison	—	” e	
Werft . . .	n	chantier *(marine)*	(e)s	—e	
Werk . . .	»	œuvre	es	—e	
Wiedehopf . .	m.	huppe *(oiseau)*	(e)s	—e	
Witthum . .	n.	douaire	(e)s	—e	
Wort . . .	»	mot	(e)s	” er	
		parole	”	—e	
Wurm . . .	m.	ver	(e)s	” er	

Z

Zelt . . .	n.	tente	(e)s	—e	
Zeug . . .	»	étoffe	(e)s	—e	
Zickzack . .	m.	zig-zag	(e)s	—e	
Zins . . .	»	impôt	es	—e	
		intérêt(s)	”	—en	
Zoll . . .	»	pouce *(mesure)*	(e)s	—e	
		impôt *(douane)*	”	” e	
Zucht . . .	f.	élevage ; discipline ; race	—	” e (?)	
Zuck . . .	m.	mouvement brusque	(e)s	—e	
Zunft . . .	f.	corporation	—	” e	
Zwieback . .	m.	biscuit	(e)s	—e	

Liste complète des verbes forts et irréguliers

PAR ORDRE ALPHABÉTIQUE

Nota. — 1° Les verbes ou temps marqués d'un astérisque (*) sont aussi faibles.

2° Le signe —, placé à la 2e ou à la 3e personne du présent de l'indicatif ou de l'impératif, indique que le verbe conserve à ces temps la voyelle de l'infinitif.

3° La lettre *(s)* signifie que le verbe se conjugue avec fein; *(s et h)* avec fein et haben.

INFINITIF	INDICATIF présent. 2e et 3e pers.	IMPÉRA-TIF	IMPARFAIT Indicatif	IMPARFAIT Subjonctif	PARTICIPE passé
Backen, cuire (au four).	bäckst, bäckt	—	buck	bücke	gebacken
*befehlen, ordonner.	befiehlst, befiehlt	befiehl	befahl	befähle, beföhle	befohlen
sich befleißen, s'appliquer.	—	—	befliß	beflisse	beflissen
beginnen, commencer.	—	—	begann	begänne, begönne	begonnen
beißen, mordre.	—	—	biß	bisse	gebissen
bellen*, aboyer.	—	—	boll	bölle	gebollen (1)
bergen, cacher.	birgst, birgt	birg	barg	bärge, börge	geborgen
bersten, crever.	birstest, birstet	birst	barst	bärste, börste	geborsten (s)
bewegen, déterminer.	—	—	bewog	bewöge	bewogen
biegen, courber.	—	—	bog	böge	gebogen
bieten, offrir.	—	—	bot	böte	geboten
binden, lier.	—	—	band	bände	gebunden
bitten (2), prier, supplier.	—	—	bat	bäte	gebeten

(1) Bellen n'est plus guère employé comme verbe fort.
(2) Ne pas confondre avec beten *(faible)*, prier, faire une prière à Dieu.

LISTE COMPLÈTE DES VERBES FORTS

INFINITIF	INDICATIF présent. 2ᵉ et 3ᵉ pers.	IMPÉRATIF	IMPARFAIT Indicatif	IMPARFAIT Subjonctif	PARTICIPE passé
blasen, souffler.	bläsest, bläst	—	blies	bliese	geblasen
bleiben, rester.	—	—	blieb	bliebe	geblieben
bleichen (1), pâlir.	—	—	blich	bliche	geblichen (s)
braten, rôtir.	brätst, brät	—	briet	briete	gebraten (s et h)
brechen, casser.	brichst, bricht	brich	brach	bräche	gebrochen (s et h)
brennen, brûler.	—	—	brannte	brennete	gebrannt (s et h)
bringen, apporter	—	—	brachte	brächte	gebracht
denken, penser.	—	—	dachte	dächte	gedacht
dingen, louer (salaire).	—	—	dung	dünge, dänge	gedungen
dreschen, battre (en grange).	drischest, drischt	drisch	drasch, dresch	drä́sche, drösche	gedroschen
dringen, presser, pénétrer.	—	—	drang	dränge	gedrungen (s et h)
dürfen, pouvoir.	ich darf	—	durfte	dürfte	gedurft
essen, manger.	issest, ißt	iß	aß	äße	gegessen
fahren, aller (en voiture...)	fährst, fährt	—	fuhr	führe	gefahren (s)
fallen, tomber.	fällst, fällt	—	fiel	fiele	gefallen (s)
falten, plier.	—	—	—	—	gefalten
fangen, prendre.	fängst, fängt	—	fing	finge	gefangen
fechten, lutter.	fichtest, ficht	ficht	focht	föchte	gefochten
finden, trouver.	—	—	fand	fände	gefunden
flechten, tresser.	flichst, flicht	flicht	flocht	flöchte	geflochten
fliegen, voler.	—	—	flog	flöge	geflogen (s)
fliehen, fuir.	—	—	floh	flöhe	geflohen (s)
fließen, couler.	—	—	floß	flösse	geflossen (s)
fragen, interroger.	frägst, frägt *	—	frug *	früge	gefragt *
fressen, manger, dévorer.	frissest, frißt	friß	fraß	fräße	gefressen
frieren, geler.	—	—	fror	fröre	gefroren (s et h)

(1) Toujours faible dans le sens actif : blanchir. Au neutre, on dira plutôt erbleichen, verbleichen.

LISTE COMPLÈTE DES VERBES FORTS

INFINITIF	INDICATIF présent. 2ᵉ et 3ᵉ pers.	IMPÉRA- TIF	IMPARFAIT Indicatif	IMPARFAIT Subjonctif	PARTICIPE passé
gähren, fermenter.	—	—	gohr	göhre	gegohren
gebären, enfanter.	gebierst, gebiert*	gebier	gebar	gebäre	geboren
geben, donner.	gibst, gibt	gib	gab	gäbe	gegeben
gedeihen, prospérer.	—	—	gedieh	gediehe	gediehen (s)
gehen, aller.	—	—	ging	ginge	gegangen (s)
gelingen, réussir. (*impers.*)	—	—	gelang	gelänge	gelungen (s)
gelten, valoir.	giltst, gilt	gilt	galt	gälte, gölte	gegolten
genesen, guérir.	—	—	genas	genäse	genesen (s)
genießen, jouir.	—	—	genoß	genösse	genossen
geschehen, arriver. (*impers.*)	geschieht	—	geschah	geschähe	geschehen (s)
gewinnen, gagner.	—	—	gewann	gewänne, gewönne	gewonnen
gießen, verser, fondre.	—	—	goß	gösse	gegossen
gleichen, ressembler.	—	—	glich	gliche	geglichen
gleißen*, dissimuler.	—	—	gliß	glisse	geglissen
gleiten, glisser.	—	—	glitt	glitte	geglitten (s)
glimmen, brûler (sans flamme).	—	—	glomm	glömme	geglommen
graben, creuser.	gräbst, gräbt	—	grub	grübe	gegraben
greifen, saisir.	—	—	griff	griffe	gegriffen
halten, tenir.	hältst, hält	—	hielt	hielte	gehalten
hangen, pendre.	hängst, hängt	—	hieng	hienge	gehangen
hauen, frapper.	—	—	hieb	hiebe	gehauen
heben, lever.	—	—	hob (hub)	höbe, hübe	gehoben
heißen, nommer.	—	—	hieß	hieße	geheißen
helfen, aider.	hilfst, hilft	hilf	half	hälfe, hülfe	geholfen
keifen, criailler.	—	—	kiff	kiffe	gekiffen
klimmen, grimper.	—	—	klomm*	klömme*	geklommen (s et h)
klingen, sonner.	—	—	klang	klänge	geklungen

LISTE COMPLÈTE DES VERBES FORTS 293

INFINITIF	INDICATIF présent. 2ᵉ et 3ᵉ pers.	IMPÉRA- TIF	IMPARFAIT Indicatif	IMPARFAIT Subjonctif	PARTICIPE passé
kneifen, pincer.	—	—	kniff	kniffe	gekniffen
kneipen, pincer.	—	—	knipp	knippe	geknippen
kommen, venir.	kömmst*, kömmt*	—	kam	käme	gekommen (s)
können, pouvoir.	ich kann	—	konnte	könnte	gekonnt
kreischen, grincer.	—	—	krisch	krische	gekrischen
kriechen, ramper.	kreuchst*, —	kreuch*	kroch	kröche	gekrochen (s et h)
küren, élire.	—	—	kor	köre	gekoren
laden, charger.	lädest*, lädet*	—	lud	lübe	geladen
lassen, laisser.	lässest, lässt	—	liess	liesse	gelassen
laufen, courir.	läufst, läuft	—	lief	liefe	gelaufen (s et h)
leiden, souffrir.	—	—	litt	litte	gelitten
leihen, prêter.	—	—	lieh	liehe	geliehen
lesen, lire.	liesest, liest	lies	las	läse	gelesen
liegen, être couché, situé.	—	—	lag	läge	gelegen (s)
löschen, s'éteindre.	lischest, lischt	lisch	losch	lösche	geloschen
lügen, mentir.	—	—	log	löge	gelogen
mahlen, moudre.	—	—	—	—	gemahlen
meiden, éviter.	—	—	mied	miede	gemieden
melken, traire.	milkst, milkt	milk	molk	mölke	gemolken
messen, mesurer.	missest, misst	miss	mass	mässe	gemessen
mögen, pouvoir.	ich mag	—	mochte	möchte	gemocht
müssen, devoir.	ich muss	—	musste	müsste	gemusst
nehmen, prendre.	nimmst, nimmt	nimm	nahm	nähme	genommen
nennen, nommer.	—	—	nannte	nennete	genannt
pfeifen, siffler.	—	—	pfiff	pfiffe	gepfiffen
pflegen, entretenir (relations).	—	—	pflog	pflöge	gepflogen
preisen, louer, priser.	—	—	pries	priese	gepriesen
quellen, sourdre.	quillst, quillt	quill	quoll	quölle	gequollen (s)
rächen*, venger.	—	—	roch	röche	gerochen
rathen, conseiller.	räthst, räht	—	rieth	riethe	gerathen
reiben, frotter.	—	—	rieb	riebe	gerieben

INFINITIF	INDICATIF présent. 2ᵉ et 3ᵉ pers.	IMPÉRA-TIF	IMPARFAIT Indicatif	IMPARFAIT Subjonctif	PARTICIPE passé
reißen, tirer.	—	—	riß	risse	gerissen
reiten, aller à cheval.	—	—	ritt	ritte	geritten (s et h)
rennen, courir. ✗	—	—	rannte	rennete	gerannt
riechen, sentir.	—	—	roch	röche	gerochen
ringen, lutter.	—	—	rang	ränge	gerungen
rinnen, couler.	—	—	rann	ränne	geronnen (s)
rufen, appeler.	—	—	rief	riefe	gerufen
salzen, saler.	—	—	—	—	gesalzen
saufen, boire (*animaux*).	säufst, säuft	—	soff	söffe	gesoffen
saugen, sucer.	—	—	sog	söge	gesogen
schaffen, créer (1).	—	—	schuf	schüfe	geschaffen
schallen, retentir.	—	—	scholl	schölle	geschallen
scheiden, séparer, se séparer.	—	—	schied	schiede	geschieden (s et h)
scheinen, paraître.	—	—	schien	schiene	geschienen
schelten, injurier, gronder.	schiltst, schilt	schilt	schalt	schälte, schölte	gescholten
scheren, tondre.	schierst,* schiert *	—	schor	schöre	geschoren
schieben, pousser.	—	—	schob	schöbe	geschoben
schießen, tirer.	—	—	schoß	schösse	geschossen
schinden, écorcher.	—	—	schund	schünde	geschunden
schlafen, dormir.	schläfst, schläft	—	schlief	schliefe	geschlafen
schlagen, frapper.	schlägst, schlägt	—	schlug	schlüge	geschlagen
schleichen, se glisser.	—	—	schlich	schliche	geschlichen (s)
schleifen, aiguiser, polir.	—	—	schliff	schliffe	geschliffen
schleißen, fendre.	—	—	schliß	schlisse	geschliffen
schließen, fermer.	—	—	schloß	schlösse	geschlossen
schlingen, enlacer.	—	—	schlang	schlänge	geschlungen
schmalzen, graisser.	—	—	—	—	geschmalzen

(1) Faible dans le sens de *travailler*.

LISTE COMPLÈTE DES VERBES FORTS

INFINITIF	INDICATIF présent. 2ᵉ et 3ᵉ pers.	IMPÉRATIF	IMPARFAIT Indicatif	IMPARFAIT Subjonctif	PARTICIPE passé
ſchmeißen, lancer.	—	—	ſchmiß	ſchmiſſe	geſchmiſſen
ſchmelzen (n.), (se) fondre.	—	—	ſchmolz	ſchmölze	geſchmolzen (s)
ſchnauben, respirer bruyamment.	—	—	ſchnob	ſchnöbe	geſchnoben
ſchneiden, couper, tailler.	—	—	ſchnitt	ſchnitte	geſchnitten
ſchnieben, souffler avec bruit.	—	—	ſchnob	ſchnöbe	geſchnoben
ſchrauben, visser.	—	—	ſchrob	ſchröbe	geſchroben
ſchrecken, s'effrayer (1).	—	—	ſchrack	ſchräcke	geſchrocken
ſchreiben, écrire.	—	—	ſchrieb	ſchriebe	geſchrieben
ſchreien, crier.	—	—	ſchrie	ſchriee	geſchrieen
ſchreiten, marcher.	—	—	ſchritt	ſchritte	geſchritten (s)
ſchrinden, gercer.	—	—	ſchrund	ſchründe	geſchrunden
ſchroten, couper, ébarber, etc.	—	—	—	—	geſchroten
ſchwären, suppurer.	—	—	ſchwor	ſchwöre	geſchworen
ſchweigen, se taire.	—	—	ſchwieg	ſchwiege	geſchwiegen
ſchwellen, s'enfler.	ſchwillſt, ſchwillt	ſchwill	ſchwoll	ſchwölle	geſchwollen (s)
ſchwimmen, nager.	—	—	ſchwamm	ſchwämme, ſchwömme	geſchwommen (s et h)
ſchwinden, disparaître.	—	—	ſchwand	ſchwände	geſchwunden (s)
ſchwingen, brandir.	—	—	ſchwang	ſchwänge	geſchwungen
ſchwören, jurer.	—	—	ſchwor, ſchwur	ſchwöre, ſchwüre	geſchworen
ſehen, voir.	ſiehſt, ſieht	ſieh	ſah	ſähe	geſehen
ſieden, bouillir.	—	—	ſott	ſötte	geſotten
ſingen, chanter.	—	—	ſang	ſänge	geſungen
ſinken, s'enfoncer, tomber.	—	—	ſank	ſänke	geſunken (s)

(1) Toujours faible dans le sens actif : *effrayer quelqu'un*. Au sens neutre, on dira plutôt er ſchrecken.

INFINITIF	INDICATIF présent. 2ᵉ et 3ᵉ pers.	IMPÉRATIF	IMPARFAIT Indicatif	IMPARFAIT Subjonctif	PARTICIPE passé
sinnen, réfléchir.	—	—	sann	sänne	gesonnen
sitzen, être assis.	—	—	saß	säße	gesessen (s)
sollen, devoir.	ich soll	—	sollte	sollte	gesollt
spalten, fendre.	—	—	—	—	gespalten
speien, cracher.	—	—	spie	spie	gespieen
spinnen, filer.	—	—	spann	spänne, spönne	gesponnen
spleißen, fendre.	—	—	spliß	splisse	gesplissen
sprechen, parler.	sprichst, spricht	sprich	sprach	spräche	gesprochen
sprießen, bourgeonner, pousser	—	—	sproß	sprösse	gesprossen
springen, sauter.	—	—	sprang	spränge	gesprungen (s)
stechen, piquer.	stichst, sticht	stich	stach	stäche	gestochen
stecken, être fiché, enfoncé.	—	—	stack*	stäcke*	(faible)
stehen, se tenir, être debout.	—	—	stand	stände, stünde	gestanden (s et h)
stehlen, voler, dérober.	stiehlst, stiehlt	stiehl	stahl	stähle	gestohlen
steigen, monter.	—	—	stieg	stiege	gestiegen (s)
sterben, mourir.	stirbst, stirbt	stirb	starb	stärbe, stürbe	gestorben (s)
stieben, jaillir en poussière.	—	—	stob	stöbe	gestoben (s)
stinken, puer.	—	—	stank	stänke	gestunken
stoßen, pousser, heurter.	stößest, stößt	—	stieß	stieße	gestoßen
streichen, frotter.	—	—	strich	striche	gestrichen
streiten, disputer, combattre.	—	—	stritt	stritte	gestritten
thun, faire.	—	—	that	thäte	gethan
tragen, porter.	trägst, trägt	—	trug	trüge	getragen
treffen, atteindre, toucher.	triffst, trifft	triff	traf	träfe	getroffen
treiben, pousser, entraîner.	—	—	trieb	triebe	getrieben
treten, marcher.	trittst, tritt	tritt	trat	träte	getreten (s et h)

LISTE COMPLÈTE DES VERBES FORTS

INFINITIF	INDICATIF présent. 2e et 3e pers.	IMPÉRA- TIF	IMPARFAIT Indicatif	IMPARFAIT Subjonctif	PARTICIPE passé
triefen*, dégoutter	—	—	troff	tröffe	getroffen
trinken, boire.	—	—	trank	tränke	getrunken
trügen, tromper. triegen, —	—	—	trog	tröge	getrogen
verderben, se gâter.	verdirbst, verdirbt	verdirb	verdarb	verdärbe	verdorben (s)
verdrießen, irriter.	—	—	verdroß	verdrösse	verdrossen
vergessen, oublier.	vergissest, vergißt	vergiß	vergaß	vergäße	vergessen
verlieren, perdre.	—	—	verlor	verlöre	verloren
verwirren*, embrouiller.	—	—	verworr	verwörre	verworren
wachsen, croître.	wächsest, wächst	—	wuchs	wüchse	gewachsen (s)
wägen, peser.	—	—	wog	wöge	gewogen
waschen, laver.	—	—	wusch	wüsche	gewaschen
weben, tisser.	—	—	wob	wöbe	gewoben
weichen, céder.	—	—	wich	wiche	gewichen (s)
weisen, montrer.	—	—	wies	wiese	gewiesen
wenden*, tourner.	—	—	wandte	wendete	gewandt
werben, enrôler, briguer.	wirbst, wirbt	wirb	warb	wärbe	geworben
werden, devenir.	wirst, wird	werde	wurde, ward	würde	geworden
werfen, jeter.	wirfst, wirft	wirf	warf	wärfe	geworfen
wiegen, peser.	—	—	wog	wöge	gewogen
winden, tordre.	—	—	wand	wände	gewunden
wissen, savoir.	ich weiß	—	wußte	wüßte	gewußt
wollen, vouloir.	ich will	—	wollte	wollte	gewollt
zeihen, accuser.	—	—	zieh	ziehe	geziehen
ziehen, tirer.	—	—	zog	zöge	gezogen
zwingen, forcer.	—	—	zwang	zwänge	gezwungen

TABLE DES MATIÈRES

	Pag.
Préface de la 3ᵉ Édition	v
Préface de la 2ᵉ Édition	vi
Préface de la 1ʳᵉ Edition	viii
Lettres. — Alphabet	1
Division des lettres	4
Prononciation	6
Accentuation	10
Division de la grammaire	11

PREMIÈRE PARTIE

DES DIFFÉRENTES ESPÈCES DE MOTS

CHAP. Iᵉʳ. — *De l'article*	15
Déclinaison de l'article défini	15
Déclinaison de l'article indéfini	16
Remarques sur les articles	16
CHAP. II. — *Du nom ou substantif*	17
1° *Noms communs*	17
Déclinaison forte (génitif (e)s, pluriel ″ e, ou ″ er)	17
1ʳᵉ classe, en en, el, er, etc.	18
Exceptions : 1° noms sing. e ou en	19
2° adoucissement	19
3° noms propres en er	20
4° 𝔈𝔥𝔞𝔯𝔞𝔠𝔱𝔢𝔯	20

	Pag.
2° classe, autres terminaisons	20
Exemples	20
Noms masculins	20
Noms neutres.	21
Exceptions au pluriel	23
1° par rapport à l'adoucissement	23
2° par rapport à la terminaison	23
Noms masculins pluriel *" er*	24
Noms neutres pluriel e	24
Déclinaison faible (n ou en)	25
1ʳᵉ classe (quelques masculins)	26
1° Noms étrangers	26
2° Noms d'origine allemande	27
2ᵉ classe (presque tous les féminins)	28
Déclinaison mixte	29
1ʳᵉ classe (quelques masculins et neutres)	29
2ᵉ classe (quelques féminins)	31
Tableau synoptique	34
Tableau des déclinaisons des substantifs d'après leur genre	35
2° *Noms propres*	36
Noms propres de personnes	36
Leur déclinaison :	36
au singulier, avec ou sans article	36
Remarques	37
au pluriel, noms masculins	38
noms féminins	38
Noms propres géographiques	39
Tableau synoptique	41
Chap. III. — *De l'adjectif*	42
1° Adjectifs qualificatifs	42
Notions générales	42
Déclinaison forte des adjectifs	43
Déclinaison faible des adjectifs	44
Déclinaison mixte des adjectifs	45
Remarques générales	46
Tableau synoptique	48
Degrés de signification	49
Comparatif de supériorité	49
Comparatif d'égalité	50
Comparatif d'infériorité	50
Superlatif relatif	50
Superlatif absolu	51

	Pag.
Remarques sur les comparatifs et les superlatifs	51
1° Adoucissement	51
2° Comparatifs et superlatifs irreguliers	52
3° Déclinaison des comparatifs et des superlatifs	53
4° Leur emploi	53
5° Adjectifs en el, en, er	54
2° Adjectifs ou pronoms déterminatifs	54
numéraux cardinaux	55
Remarques : 1° Règles de formation	55
2° Origine propre	56
3° Déclinaison	56
numéraux ordinaux	58
Remarques : 1° Règles de formation	59
2° Déclinaison	59
démonstratifs	60
possessifs	62
manières de former les pronoms possessifs	64
relatifs	65
interrogatifs	66
indéfinis	67
CHAP. IV. — *Des pronoms*	72
1° Pronoms personnels	72
Leurs déclinaisons	72
Remarques	73
2° Pronoms réfléchis	74
CHAP. V. — *Du verbe*	75
Notions générales	75
Modes	75
Temps. — Différentes sortes de verbes	75
Différentes conjugaisons	76
I. Verbes auxiliaires	76
Sein, être	77
Haben, avoir	79
Werden, devenir	81
II. Différentes conjugaisons	83
1° Conjugaison faible	83
Tableau : loben, louer	84
Remarques sur la formation des temps	86
2° Conjugaison forte	88
Tableau : sprechen, parler	89
Remarques sur les verbes forts	91

		Pag.
Classification des verbes forts.		92
1re classe, radical a.		92
2e classe, radical e (quelquefois i, ie, ä)		92
3e classe, radical e ou ie.		93
4e classe, radical i.		94
5e classe, radical ei.		94
6e classe, radical divers (irréguliers).		95
Remarques.		95
3º Conjugaison mixte.		96
Liste et temps primitifs des verbes mixtes.		96
Remarques sur les verbes mixtes.		97
III. Différentes espèces de verbes.		98
1º Verbes actifs et neutres.		98
2º Verbes passifs.		98
Tableau : gelobt werben, être loué.		99
Remarques sur les verbes passifs.		100
3º Verbes réfléchis.		101
Tableau : sich freuen, se réjouir.		102
Remarques sur les verbes réfléchis.		103
4º Verbes impersonnels.		105
1º essentiellement.		105
Tableau : es regnet, il pleut.		105
2º accidentellement.		106
3º construction particulière.		106
Tableau : es hungert mich, j'ai faim.		107
Tableau : es träumt mir, je rêve.		108
Remarques sur les verbes passifs impersonnels.		109
IV. Nature et composition des verbes.		109
1º Verbes simples ou primitifs.		109
2º Verbes dérivés.		110
Principes de formation.		110
Changement intérieur.		110
Préfixes.		110
Suffixes.		112
Remarques sur la conjugaison des verbes dérivés.		113
3º Verbes composés.		114
Particules séparables.		115
Particules inséparables.		116
Particules tantôt séparables, tantôt inséparables.		117
Remarques sur les verbes composés en général.		117
Tableau : aufmachen, ouvrir.		118

	Pag.
Chap. VI. — *Du participe*.	120
I. Participe adjectif	120
Son emploi.	120
Participe verbe. Son emploi	121
Chap. VII. — *De l'adverbe*	122
Adverbes de manière	122
Adverbes de temps	123
Adverbes de lieu	124
1º repos	124
2º mouvement	125
3º tantôt mouvement, tantôt repos	126
Adverbes de quantité	126
Adverbes d'interrogation	127
Adverbes d'affirmation, de négation, de doute	127
Degrés de signification dans les adverbes	128
Comparatifs et superlatifs	128
Comparatifs et superlatifs irréguliers	129
Locutions adverbiales	129
Chap. VIII. — *De la préposition*	130
Prépositions qui gouvernent le génitif.	130
Prépositions qui gouvernent le datif	131
Prépositions qui gouvernent l'accusatif	132
Prépositions qui gouvernent tantôt le datif, tantôt l'accusatif.	133
Contraction de certaines prépositions	133
Locutions prépositives.	134
Chap. IX. — *De la conjonction*.	134
Conjonctions de coordination.	135
Conjonctions de subordination	135
Conjonctions de corrélation.	138
Chap. X. — *De l'interjection*	139
Liste des principales interjections.	139
Locutions servant d'interjections	140

SUPPLÉMENT A LA PREMIÈRE PARTIE

§ Iᵉʳ. — *Supplément au nom.*

	Pag.
I. Nature et composition.	141
1º Formation des noms dérivés: changement intérieur, extérieur, préfixes, suffixes.	141
2º Formation des noms composés.	142
II. Genre des noms.	143
1º Noms d'êtres animés	143
2º Noms d'êtres inanimés : 1) masculins, 2) féminins, 3) neutres	143
3º Noms composés	145
4º Noms étrangers	145
Remarques sur quelques particularités :	
a) Noms ayant deux genres	145
b) Noms ayant deux formes, mais un seul genre.	145
c) Noms ayant deux genres, avec une signification différente.	145
III. Pluriel de certains noms.	146
1º Noms ayant plusieurs formes au pluriel.	146
2º Pluriel de Mann et de ses composés	147
3º Noms qui ne s'emploient pas au pluriel.	148
4º Noms qui ne s'emploient qu'au pluriel	149
5º Noms pluriels français ayant un singulier en allemand	149
IV. Déclinaison de certains noms.	149
1º Noms ayant une double déclinaison.	149
2º Déclinaison des noms composés	149
3º Déclinaison des noms étrangers (a, um, al, il, us, etc.)	150

§ II. — *Supplément à l'adjectif.*

I. Nature et formation.	151
1º Adjectifs simples ou primitifs	151
2º Adjectifs dérivés : préfixes, suffixes	152
3º Adjectifs composés.	152
II. Attributs et épithètes	153
1º Adjectifs qui sont seulement attributs	153
2º Adjectifs qui sont seulement épithètes	153

	Pag.
III. Comparatifs et superlatifs	153
Adjectifs qui n'ont pas de positif	153
IV. Adjectifs numéraux	154
1º Noms collectifs	154
2º Noms fractionnaires	154

§ III. — *Supplément au verbe.*

Auxiliaires des verbes neutres	154
1º Verbes neutres s'employant avec haben	154
2º Verbes neutres s'employant avec sein	155
3º Verbes neutres s'employant tantôt avec haben, tantôt avec sein	155

Règles de construction. 157

I. Règles générales	157
Place du mot déterminant	157
Place de l'épithète	157
Place du complément de l'adjectif	158
Place du participe passé et de l'infinitif	159
Place du complément du nom	159
Place des différents compléments	159
Place de la négation	160
II. Règles particulières au verbe	161
1º Construction directe	161
2º Construction inverse ou inversion	162
Propositions interrogatives	162
Propositions exclamatives, impératives, de souhait	162
Propositions intercalées	162
Propositions où la pensée est affirmée ou confirmée avec vivacité	163
Propositions commençant par une conjonction corrélative	163
Propositions principales précédées d'un attribut ou complément, etc.	163
Proposition subordonnée où wenn et ob sont sous-entendus	163
Proposition principale précédée d'une subordonnée	164
Remarques :	
1º sur certaines phrases interrogatives et exclamatives	164
2º sur certaines conjonctions qui n'exigent pas l'inversion	165
3º sur les mots qui précèdent le verbe	165

	Pag.
3º Rejet du verbe à la fin de la proposition.	167
1º Dans les propositions incidentes	168
2º Dans les propositions subordonnées.	168
Exemples	168
Remarques :	
1º daß, sous-entendu	169
2º deux infinitifs ou temps composé.	169
3º proposition explicative, commençant par un relatif ou consistant en un infinitif précédé de zu.	169

DEUXIÈME PARTIE

SYNTAXE

CHAP. Iᵉʳ. — *De l'article*	171
1º Défini. Emploi	172
— Suppression	174
2º Indéfini. Emploi	177
— Suppression	179
CHAP. II. — *Du substantif*.	179
Apposition	179
Complément du substantif. Cas à employer	181
CHAP. III. — *De l'adjectif*	183
1º Adjectif qualificatif.	183
Accord des adjectifs qualificatifs.	184
Accord de l'adjectif épithète.	184
Accord de l'adjectif pris substantivement	185
Accord de l'adjectif attribut.	185
Compléments des adjectifs qualificatifs.	186
Adjectifs gouvernant le génitif.	186
Adjectifs gouvernant le datif.	187
Adjectifs gouvernant l'accusatif	187
Adjectifs suivis d'une préposition	188
Adjectifs suivis d'un infinitif	188
Compléments des comparatifs	189
Compléments des superlatifs	190
Comparatif employé au lieu du superlatif.	191
2º Adjectifs numéraux.	191
Adjectifs numéraux cardinaux,	191

	Pag.
Pour exprimer l'heure	191
Pour exprimer les fractions de l'heure	192
Compléments des adjectifs numéraux cardinaux	193
Adjectifs numéraux ordinaux	193
Pour exprimer l'ordre de succession, etc.	194
Pour exprimer la date	194
3° Adjectifs (ou pronoms) démonstratifs.	194
4° Adjectifs possessifs.	196
5° Adjectifs relatifs, interrogatifs.	199
6° Adjectifs indéfinis	202

Chap. IV. — *Du pronom* 203

Pronom personnel et pronom réfléchi.	203
Genre du pronom personnel dans des cas particuliers	203
Règles pour les mots mis en apostrophe	204
Règles pour adresser la parole à quelqu'un	205
Pronom pris substantivement	206
Emploi du pronom es.	207
Emploi du pronom réfléchi de la 3ᵉ personne	208
Règles pour traduire *en* et *y*	209

Chap. V. — *Du verbe.* 211

1° Accord du verbe avec son sujet :	212
Quand le sujet est un ou plusieurs substantifs	212
Quand le sujet est un ou plusieurs pronoms.	213
Accord de l'*attribut* avec le sujet.	216
2° Régimes des verbes	217
1° Complément direct.	218
Verbes actifs	218
Verbes actifs gouvernant l'accusatif	218
Quelques verbes neutres	219
Quelques verbes impersonnels.	220
Infinitif servant de complément	221
2° Complément indirect.	223
De tendance, exprimé par le datif sans préposition	223
A l'aide d'une des prépositions zu, nach, an, mit, um, auf, über, in	225
Par le génitif sans préposition.	231
D'éloignement, exprimé par le datif, à l'aide d'une des prépositions von ou aus, von, vor	233
Complément des verbes passifs	235
3° Compléments circonstanciels	235
Cause ou origine.	235
Manière.	237
Temps	238

		Pag
Lieu,	question, Wo?	24
	question, Wohin?	24
	question, Woher?	24
	question, Wodurch?	24

3º Emploi des temps et des modes 24⁵

  1º Emploi des temps 24

    Présent : pour le futur, le parfait, l'impératif . . . . 24.

    Imparfait 24

    Parfait 24

    Futur (Auxiliaires : sollen, müssen, wollen) 24

    Temps composés : Remarques 24

  2º Emploi des modes 24⁵

    Indicatif 245

    Subjonctif 24

    Infinitif 24

      avec ou sans zu 248

      employé substantivement 249

      avant de suivi de l'infinitif 249

    Infinitif remplaçant le participe 249

    Participe 251

    Emploi du participe présent 25¹

    Emploi du participe passé au lieu de l'impératif . . . 251

    Emploi du participe passé au lieu de l'infinitif 252

    Emploi du participe passé au lieu du participe présent 252

    Emploi du participe absolu 252

    Emploi du participe futur 253

  3º Emploi particulier de certains verbes 253

    Auxiliaires de modes : 253

      1º Können, mögen, dürfen, pouvoir 253

      2º Müssen, sollen, devoir 254

      3º Wollen, vouloir 255

      4º Lassen, (laisser) faire 256

CHAP. VI. — *De l'adverbe* 257

  Emploi de certains adverbes 257

  Jetzt, nun, maintenant 257

  Combien 257

  Genug, ziemlich, assez 258

  Nur, erst, seulement, ne — que 25⁸

  Noch, wieder, encore 25

  Adverbes d'affirmation et de négation . . . . 25.

  Locutions adverbiales 26

    Tant, autant que ; si, aussi — que 26²

    Autant — autant 26²

TABLE DES MATIÈRES

	Pag.
D'autant mieux, plus, moins	262
Plus — plus ; moins — moins.	263
Trop — pour	263
CHAP. VII. — *De la conjonction*	264
Emploi de certaines conjonctions	264
Aber, allein, sondern, mais	264
Als, da, wie, wenn, wann, lorsque, quand.	265
Wenn et ob, — si.	266
Als ob, — comme si	266
Que, remplaçant une autre conjonction.	266
CHAP. VIII. — *De l'interjection*	268
Différents cas dont elle peut être suivie	268

SUPPLÉMENT A LA GRAMMAIRE

1º Notes sur l'orthographe en général.	269
2º Notes sur l'orthographe nouvelle.	270
3º Notes sur la ponctuation allemande	271
4º Notes sur les abréviations.	272
5º Germanismes.	273
6º Quelques proverbes allemands	275
7º Liste des noms irréguliers.	277
8º Liste complète des verbes forts et irréguliers.	290

Lyon. — Imprimerie Emmanuel VITTE, rue Condé, 30.

Règles de Zu complètes.

Les 6 modificatifs auxiliaires de modes

{ Lassen
  Müssen
  Sollen
  Dürfen
  Können }

{ Lehren
  Lernen
  Helfen
  Hören }

1ʳᵉ Règle. Ces 15 verbes n'admettent pas Zu devant l'infinitif qui les suit.

2ᵉ Règle. Ces 15 verbes remplacent leur participe par leur infinitif lorsqu'ont pour complément un infinitif.
j'ai voulu courir, il fallait leur en u ...

Nota : Bleiben et Finden ne veulent pas Zu devant l'infinitif qui marque la position.

Remarque. Dans quelques locutions on ne met pas Zu après Helfen et Kommen.

3ᵉ Règle. Tous les autres verbes veulent Zu.
idem Gänse pour Lesen veulent Zu toujours

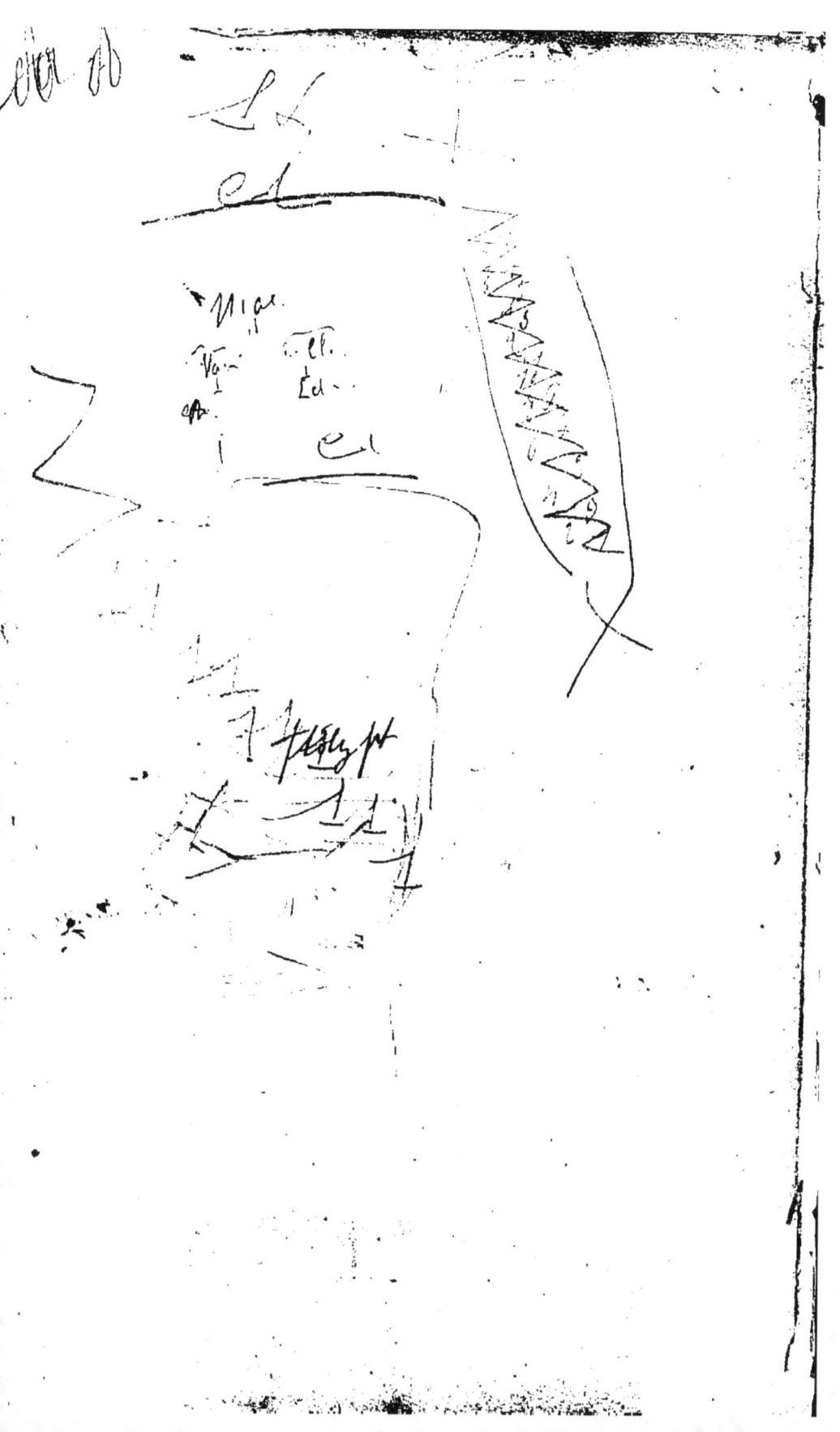

CHEZ LES MÊMES LIBRAIRES

NOUVEAU COURS DE LANGUE ALLEMANDE, PAR STOFFEL

I. Cours élémentaire. *Première partie*, 5ᵉ édition, in-12 cart.
   Prix . . . . 1 »
   — *Deuxième partie*, 4ᵉ édition, in-12 cart.
   Prix 1 60
   — *Corrigé des thèmes*, in-12 broch. 0 50

« Notre but principal, dit l'auteur, dans cette méthode élémentaire, a été de [la rendre] facile et attrayant... » [Plusieurs lettres] attestent que l'auteur a parfaitement atteint ce but. [« Vous êtes] un professeur de langues vivantes, combien votre [méthode a de succès] parmi nos élèves. » « Vous avez dû enseigner, écrit un autre, et vous connaissez bien l'écolier pour avoir si méthodiquement et si pratiquement gradué vos leçons et vos devoirs. »

II. Grammaire allemande méthodique et complète, 3ᵉ édition, in-12
    cart 2 50

« Nous avons voulu composer, dit l'auteur dans la première édition, une grammaire qui gardât un juste milieu, une grammaire claire et méthodique qui, sans être surchargée de règles inutiles, ne serait pourtant pas incomplète... »
« Plusieurs de nos confrères, disons-nous dans la nouvelle édition, en France et en Belgique, ont jugé notre grammaire digne de leur collaboration, et nous ont envoyé des notes détaillées et des remarques judicieuses dont nous avons profité avec empressement et reconnaissance. » De sorte que ce livre, passé par le crible de plusieurs, est devenu plus clair, plus complet et plus pratique encore.
Citons encore une lettre qui résume l'opinion d'un grand nombre de professeurs :
« Cette grammaire plaît beaucoup à cause de la précision, de la clarté et de la méthode avec lesquelles l'auteur a agencé les différentes parties... Les éloges qu'elle a obtenus ne sont nullement exagérés... »

III. Exercices et thèmes sur la Grammaire méthodique et
     complète, d'après une méthode nouvelle, 3ᵉ édition, in-12 cart,
     Prix 2 50
     Le même, livre du maître 2 50

Ce livre renferme non seulement un grand nombre d'exercices calqués, numéro par numéro, sur les règles de la grammaire, et des morceaux choisis qui servent de préparation au thème du baccalauréat, mais encore des questions faciles de philologie et de littérature, avec un tableau synoptique des auteurs allemands, quelques notions sur la métrique, de nombreux extraits, les synonymes et homonymes, des gallicismes et germanismes.

Conversations classiques (Deutsche Gespräche), [nouvelle] édition, in-18. . . . . 0 80

« Ce livre, dit l'Annuaire de l'enseignement libre, est appelé à rendre les plus grands services aux élèves et aux maîtres. A la veille de leur examen, les candidats du baccalauréat ès lettres (1ʳᵉ partie) devront tous l'avoir entre les mains. »

Petit Catéchisme allemand, traduit du français, suivi des principales prières en allemand et d'un petit examen de conscience en allemand-français. 1 vol. in-18 . . . . . . 0 50

www.ingramcontent.com/pod-product-compliance
Lightning Source LLC
LaVergne TN
LVHW021956060526
838201LV00048B/1589